华中农业大学公共管理学院学科建设经费资.
国家自然科学基金项目（编号：71373097）成果

农户有效参与提升农地整治项目绩效的机理及政策响应机制

汪文雄　著

科 学 出 版 社
北　京

内 容 简 介

本书运用新公共管理理论、SCP 分析范式、项目治理理论等讨论了农户有效参与、农地整治项目管理行为、农地整治项目绩效三个变量间的相互影响关系，从理论上揭示了农户有效参与影响农地整治项目绩效的机理；对农地整治项目农户有效参与程序进行了重构，构建了农户有效参与的概念模型；建立了农户有效参与、农地整治项目管理行为、农地整治项目绩效的测度指标体系，并运用湖北省 15 个县（市、区）的调查数据和 SEM 对三者之间的关系进行了实证分析，并进一步借助中介效应分析模型对农地整治项目管理行为的中介效应进行了验证与测算；运用分位数回归模型和人因系统理论等探讨了农地整治项目农户有效参与的差异及其成因；此外，运用超效率 DEA 模型和双重差分计量模型研究了传统政府主导模式和农户有效参与模式农地整治前后土地利用效率的差异。

本书可供各级政府自然资源管理部门和农业农村管理部门及其工作人员、相关领域的科研院所研究人员及高等院校师生参考。

图书在版编目（CIP）数据

农户有效参与提升农地整治项目绩效的机理及政策响应机制 / 汪文雄著. —北京：科学出版社，2020.1
　ISBN 978-7-03-061993-8

Ⅰ. ①农… Ⅱ. ①汪… Ⅲ. ①农村－土地整理－研究－中国 ②农村－土地政策－研究－中国 Ⅳ. ①F321.1

中国版本图书馆 CIP 数据核字（2019）第 166196 号

责任编辑：邓　娴 / 责任校对：贾娜娜
责任印制：张　伟 / 封面设计：无极书装

科学出版社 出版
北京东黄城根北街 16 号
邮政编码：100717
http://www.sciencep.com

北京捷迅佳彩印刷有限公司 印刷
科学出版社发行　各地新华书店经销

*

2020 年 1 月第　一　版　　开本：720×1000 B5
2020 年 1 月第一次印刷　　印张：14 1/2
字数：285 000
定价：130.00 元
（如有印装质量问题，我社负责调换）

前　言

　　农地整治可实现粮食增产、农民增收及农业增效，是推进中国新农村建设和解决"三农"问题的重要措施。近几年的中央一号文件和《国民经济和社会发展第十三个五年规划纲要》等都明确提出要加大力度开展农村土地整治重大工程和示范建设，提升耕地持续增产的能力。我国经过近十多年来农地整治的实施，虽然取得了显著的成绩，但仍存在很多问题，如农民未能通过适宜的渠道表达自己的利益诉求，使项目的规划设计脱离实际；农地权属调整不到位，使整治后的土地细碎化程度并未得到改善；因缺乏农民的有效监督，施工过程中合谋导致严重的工程质量问题；等等，这些问题都严重阻碍了农地整治目标的实现。为有效解决上述问题，政府国土部门积极鼓励和引导农民的参与，以期通过农民的全程参与，提高项目的选址立项、规划设计的科学性和合理性，增强农地整治工作的可实施性与可操作性，促进农地整治项目绩效的提高。虽然积极引入农民参与，但目前更普遍的情况是农民参与多趋于形式化，农地整治项目绩效依旧低下。因此，本书提出"农户有效参与对农地整治项目绩效影响路径及其效应"这一问题，以期通过对农户有效参与影响农地整治项目绩效的基本路径及其效应的探讨，厘清农户有效参与对农地整治项目绩效的作用机理，并进一步研究不同区域农户和不同类型农户有效参与的差异及成因，不同模式农地整治前后土地利用效率的差异，为改善农地整治项目绩效提供政策参考。

　　首先，本书基于已有的文献研究成果和相关理论，构建了农地整治项目农户有效参与的概念模型，提出了农户有效参与、农地整治项目管理行为、农地整治项目绩效三个变量间的理论影响路径，建立了农户有效参与、农地整治项目管理行为、农地整治项目绩效的测度指标体系；然后，根据湖北省15个县（市、区）的调查数据，采用结构方程模型（structural equation modeling，SEM）对不同模式下（岗前平原工程模式区和丘陵工程模式区）的农户有效参与、农地整治项目管理行为和农地整治项目绩效之间的影响路径进行了验证分析，并进一步借助中介效应分析模型对农地整治项目管理行为的中介作用进行了判定检验，测算了农户有效参与影响农地整治项目绩效的直接效应与间接效应。通过研究分析，得出以下结论：农户有效参与度越高，农地整治项目管理行为情况越好，农民对农地整治项目绩效的满意度就越高；农户有效参与不仅可以通过农地整治项目管理行为的优化间接对农地整治项目绩效产生影响（$F \to M \to P$），而且对农地整治项目绩效也有直接的影响（$F \to P$）；农户有效参与对农地整治项目绩效的间接影响效应均占到了总效应的85%左右，远大于直接效应。这表明农户有效参与对农地整治项目绩效的提升路径主要在于农地整治项目管理行为的优化；说明提高农户有效参与度，促进农地整治项目管理行为的优化，是提升农地整治项目绩效更为有效的途径。

其次，依据人因系统理论构建农户有效参与的影响因素的指标体系，比较分析农地整治项目中不同区域农户以及不同类型农户有效参与的差异；运用分位数回归模型分别针对全部样本、不同区域农户样本、不同类型农户样本进行实证分析，探究在不同农户有效参与度水平上各影响因子对其贡献度及变化情况；运用分位数分解模型，揭示不同区域农户以及不同类型农户有效参与差异产生的原因。研究表明：参与能力的增强、参与机会的增加、参与动力的提升对农地整治项目中农户的有效参与均有重要的影响，不同工程模式区农户有效参与的影响因素却不尽相同，即使同一因素在不同分位点上对不同工程模式区农户有效参与度的贡献率也大小不一，由参与能力造成的特征差异对总差异的解释能力极强，是导致丘陵工程模式区与岗前平原工程模式区农户有效参与度差异的决定性因素，然而由参与机会和参与动力导致的系数差异同样也是不容忽视的影响因素；不同类型农户有效参与的影响因素也存在一定差异，即使是同一因素，在不同分位点上对不同类型农户参与的贡献率也存在着较大差异，由参与机会和参与动力造成的系数差异是导致纯农业型农户有效参与度低于兼业型农户的主要原因，在两类兼业型农户的比较中由参与机会和参与动力造成的系数差异同样具备对总差异的强大解释能力，而由参与能力造成的特征差异是导致非农业型农户有效参与度低于兼业型农户的主要原因。

最后，选取了农户有效参与模式农地整治项目和传统模式农地整治项目，对不同模式农地整治前后土地投入与产出的变化进行描述性分析，在此基础上运用超效率 DEA（data envelopment analysis，数据包络分析）模型测算出了不同模式农地整治前后农户的土地利用效率。运用双重差分计量模型，通过比较传统模式整治项目区与未整治项目区土地利用效率差异分析农地整治项目对土地利用效率的净影响，通过比较农户有效参与模式整治项目区与传统模式整治项目区土地利用效率差异分析农户有效参与对土地利用效率的净影响，得到主要结论如下：与传统模式相比，农户有效参与模式农地整治对土地利用效率的促进作用更大。农地整治后，农户有效参与模式整治项目区户均土地利用效率提高了 0.121 2，传统模式整治项目区户均土地利用效率提高了 0.080 6，未整治项目区户均土地利用效率提高了 0.040 1，说明农户有效参与模式比传统模式农地整治更有效率，对土地利用效率的促进作用更大。

  本书是笔者主持的国家自然科学基金项目（71373097）的部分研究成果，感谢课题组各位老师的大力支持与帮助。笔者指导的硕士研究生朱欣、李敏、汪萍、陈智鑫、哈元琪、冯彦飞等在课题研究过程中进行了踏实认真的研究工作，为本书的撰写做出了贡献。感谢华中农业大学公共管理学院领导和老师的大力支持。由于作者水平有限，书中不足之处在所难免，欢迎批评指正。

汪文雄

2018 年 8 月于武汉狮子山

目　录

第1章　绪论 ·· 1
　1.1　研究背景与意义 ··· 1
　1.2　国内外研究进展 ··· 3
　1.3　研究内容和研究方法 ·· 12
　1.4　研究的创新之处 ·· 14

第2章　农户有效参与影响农地整治项目绩效的理论分析 ························· 15
　2.1　相关概念界定 ··· 15
　2.2　理论基础 ··· 18
　2.3　农户有效参与影响农地整治项目绩效的路径分析 ······················· 25

第3章　农地整治项目农户有效参与程序的重构 ···································· 27
　3.1　现行农地整治项目实施的程序 ··· 27
　3.2　农地整治项目实施的现状分析 ··· 32
　3.3　农户有效参与农地整治项目的实施程序 ···································· 34
　3.4　农地整治项目农户有效参与的概念模型 ···································· 41
　3.5　本章小结 ··· 45

第4章　测度指标体系构建与样本分析 ·· 46
　4.1　变量测度指标体系的构建 ·· 46
　4.2　研究区域与资料来源 ·· 52
　4.3　样本特征 ··· 54
　4.4　变量特征 ··· 57
　4.5　本章小结 ··· 75

第5章　农户有效参与对农地整治项目绩效影响路径的实证分析 ············· 77
　5.1　SEM 模型的构建 ··· 77

5.2　信度与效度检验 79
　　5.3　模型结果分析 80
　　5.4　本章小结 89

第6章　农户有效参与对农地整治项目绩效影响效应的测算 91
　　6.1　模型的构建 91
　　6.2　变量量化处理 95
　　6.3　模型运算结果与分析 99
　　6.4　本章小结 103

第7章　农地整治项目农户有效参与的差异及其成因分析 104
　　7.1　分位数回归与分解模型 104
　　7.2　多重共线性诊断 106
　　7.3　变量选取 107
　　7.4　农地整治项目农户有效参与的差异分析 110
　　7.5　农地整治项目农户有效参与的分位数回归 112
　　7.6　农地整治项目农户有效参与差异的成因分析 138
　　7.7　本章小结 153

第8章　不同模式下农地整治前后土地利用效率比较分析 155
　　8.1　基于 SE-DEA 的土地利用效率测度模型构建 155
　　8.2　研究区域与数据来源 159
　　8.3　不同模式农地整治前后农户土地投入与产出比较分析 162
　　8.4　农户土地利用效率的测度 165
　　8.5　传统模式整治项目区与未整治项目区土地利用效率差异分析 167
　　8.6　农户有效参与模式整治项目区与传统模式整治项目区土地利用
　　　　效率差异分析 175
　　8.7　本章小结 183

第9章　结论与政策建议 185
　　9.1　研究结论 185
　　9.2　政策建议 187

参考文献 190

附录一 203

附录二 216

第1章 绪 论

1.1 研究背景与意义

1.1.1 研究背景

大力推进农地整治、大规模建设高标准基本农田，是实现耕地数量管控、质量管理和生态管护目标，促进国家粮食安全、经济安全和生态安全的有效手段。国务院发布的《全国国土规划纲要（2016—2030年）》明确提出以耕地面积不减少和质量有提高、建设用地总量减少、农村生产生活条件和生态环境改善为目标，整体推进田水路林村综合整治。"十三五"期间要实现建成8亿亩[①]生产能力稳定、质量优良的基本农田的战略目标。

2001年以来，全国通过土地整治共建成2亿多亩高产稳产的基本农田，使得耕地质量提高、农业抗灾能力增强、农业生产成本降低、生态环境和居住环境得以改善。虽然我国农地整治取得了显著成绩，但是仍存在以下问题：由于项目信息不公开或未充分公开，农户对农地整治项目的重要性认识不足，农户参与意愿不强；未充分征求农户意见或农户无法通过有效渠道表达自己的利益诉求，致使规划设计脱离实际，项目施工过程受到农户阻挠；农户没有参与项目决策的权利和机会，项目决策不完善损害了农户利益，致使农民"被上楼"的现象发生，甚至发生严重土地冲突事件；项目施工缺乏农户有效监督。

2012年6月国土资源部颁布的《高标准基本农田建设标准》中要求：充分尊重当地农村集体经济组织和农民的意愿，发挥农民的主动性和积极性，鼓励群众全程参与。2016年颁布的《全国土地整治规划（2016—2020年）》提出：鼓励各地因地制宜成立土地整治理事会，明确公众参与方式，完善公众参与程序，提高

---
① 1亩≈666.7平方米。

民主决策水平,切实做到整治前农民自愿、整治中农民参与、整治后农民满意。以上文件反复强调了我国农地整治项目的农户参与问题。为提高农地整治项目的绩效,以更好地满足农业生产等要求,一些地方政府国土部门采取措施引导农户参与。例如,湖南长沙县和望城区、江苏金坛市[①]、重庆江津区和垫江县、湖北鄂州市及恩施土家族苗族自治州、贵州赫章县和金沙县、广西龙州县等地方政府国土部门在农地整治实践中探索农户参与模式,并取得较好效果。然而一些地方政府国土部门在农地整治中虽然引入了农户参与,但是由于农户有效参与度较低导致项目并未取得理想的绩效。基于此,提出了"农户有效参与提升农地整治项目绩效的机理及政策响应机制"这一问题。

1.1.2 研究意义

探索农户有效参与度的测度、农户有效参与提升农地整治项目绩效的机理、农户有效参与的驱动因子、不同模式农地整治前后土地利用效率比较及政策响应机制,从而为全国大范围开展的农地整治项目提供理论依据与案例支持,为政府规范与指导我国农地整治项目农户有效参与的实践活动提供政策建议,这对促进我国农地整治事业的健康发展、保障国家粮食安全、解决"三农"问题具有重要意义。

1. 理论意义

目前学术界对农户参与对农地整治项目绩效影响的机理及效应研究尚不足,本书基于利益相关者理论、新公共管理理论、新公共参与理论、经典 SCP(structure-conduct-performance,结构—行为—绩效)分析范式及项目治理理论,借鉴国内外已有文献的研究成果,结合我国农户参与农地整治项目的具体特征,构建了农地整治项目农户有效参与的概念模型、农户有效参与对农地整治项目绩效的影响路径;通过实证分析对理论模型进行验证、测算其影响效应,进而厘清农户有效参与影响农地整治项目绩效的作用机理,并进一步研究不同区域和不同类型农户有效参与的差异及成因,不同模式农地整治前后土地利用效率的差异。这在一定程度上弥补了该领域学术研究的不足,为今后的相关研究提供参考,具有一定的理论价值与创新意义。

---

① 1993 年 11 月 10 日,经国务院批准,设立金坛市(县级);2015 年 4 月,经国务院批准,撤销县级金坛市,设立常州市金坛区,本书为 2015 年之前的研究,故用金坛市。

2. 现实意义

本书基于相关理论剖析农户有效参与、农地整治项目管理行为、农地整治项目绩效三者之间的关系，并通过湖北省 15 个县（市、区）的问卷调查数据就农户参与对农地整治项目绩效的影响路径进行实证研究，分析农户有效参与提升农地整治项目绩效的影响路径，找出提高农户有效参与、促进农地整治项目绩效改善的方法与途径，对政府相关政策的制定具有重要的现实指导意义。

1.2 国内外研究进展

1.2.1 公众参与的研究进展

1. 公众参与的相关理论

1）公众参与式发展理论

参与式发展理论是 20 世纪 60 年代在反思传统发展模式的基础上逐步形成的。进入 70 年代后，参与式发展理论逐步成为重要的创新性理论并应用于国际发展领域。1990 年以来，参与式发展理论开始成熟和完善。它包含了赋予弱势群体权利、强调社会各阶层平等参与权和反映赋予基层大众权利的过程三个层面的含义（Murray and Green，2002；袁方成，2006）。随着我国不断引进参与式发展的理论和实践，参与式发展理论在我国各个领域得到广泛应用。学者研究得比较多的是参与式发展理论在生态能源建设、环境保护、社区建设、农村建设等方面的应用（华永新，2008；陈绍军等，2011；戴洁等，2011；孙平，2014）。参与式发展理论应用于农村则强调培养农村社区的自治力量，将农民的主体作用充分发挥出来（季丽新和吴君，2013）。研究农民参与到各个项目中正是参与式发展理论的体现，使农民和项目之间形成一种良好的交流互助机制，共同促进经济社会的发展（王先锋，2014；路泽亮等，2014）。

2）公众参与阶梯理论

1969 年 Arnstein 的论文《公民参与的阶梯》被公认为是研究公众参与问题领域的权威性成果。Arnstein（1969）将公众参与形式分为了三个层次、八个等级，如表 1-1 所示。

表 1-1 公众参与阶梯等级表

层次	等级	描述
无参与（低）	政府操纵	政府按照自己的意图和目的操纵公众参与的过程
	训导后执行	政府以公众参与为手段，实现公众支持自己的目标
象征性参与（中）	告知	政府将决策结果告知公众，使参与者拥有知情权
	征询意见	政府在公开决策选项后听取参与者的意见
	政府退让	政府垄断所有决策权，仅仅向公众公开参与的方案并听取公众意见
高层次参与（高）	合作	公民与政府共享决策权利，一起分担规划和做出决策的责任
	授权	政府将决策权授予公众，公众可代政府行权
	公众控制	公众直接制定公共决策并执行、监督等，不存在中间环节

其公众参与阶梯理论说明了公众参与是一种逐级递进的层级关系，体现了从完全地忽视公众参与到渐渐地意识到公众参与的必要性和重要性的思想历程。1993 年，Weidemann 和 Femers 在学者 Arnstein 研究的基础上提出了一套新的参与阶梯理论。而 1998 年 Kingston 根据决策过程中政府给予公众的权力大小对该阶梯进行了修改，去掉了无公众参与的阶段，划分了六个不同程度的公众参与，最上面的三层是参与程度高的层次，底部的三层为参与程度低的层次。Kingston 阶梯理论表明高一级的参与需要建立在低一级参与的基础上，随着参与程度的提高，公众参与的影响也逐步扩大。

2. 公众参与模式的研究

有效的公众参与必须有着良好的管理体系，保证公众参与绩效的实现。公众参与模式研究最早开始于 20 世纪 50 年代或 60 年代，研究者通过制定员工参与模式来达到激励员工、提高决策接受度的目的。1973 年 Vroom 和 Yetton 建立了公众参与的领导者-参与模型（Vroom-Yetton 模型，V-Y 模型）。其他学者们对将 V-Y 模型运用于资源利用、生态系统管理等方面的适用性进行了讨论分析和修正（Thomas，1990；Sample，1993；Daniels et al.，1996）。Lawrence 和 Deagen（2001）在此基础上对 V-Y 模型进行了二度修正。邹俊和吴元其（2008）提出了"公众-决策者"、"公众-利益集团"和"公众-精英"三种公民参与的模式，并验证得出最适合当前我国政府工作的模式是"公众-决策者"。刘慧（2014）提出了治理农村环境的"以政府为主导，以农民为主体，以环保组织和传媒为'两翼'"的公众参与模式。一些学者依据不同主体参与的程度，归纳公众参与的模式为公众主动发起型、政府主导型、非政府主导型等（卢小丽等，2012；任民，2014）。

3. 公众参与的影响因素研究

国内外许多学者对公众参与的影响因素进行了研究：Jackson 等（1993）对公众参与环境保护行为的影响因素进行了研究，结果表明获得经济补偿、奖励和保护环境的成就感是影响公众参与的主要动机；公众的个体特征、技术知识、参与氛围、参与成本和收益等对公民参与行为有重要影响（Stern et al., 1995；Vantanen and Marttunen，2005；Hardiker and Grant，2011）；公民受教育程度影响到公众参与国家政治（Predescu and Darjan，2010）；信息搜集渠道的畅通对公民的参与有至关重要的作用；公众边际满意度的高低会影响到公众的情绪，若边际满意度高则公众会选择积极地参与规划（吴人韦和杨继梅，2005；黄幸婷和张坤，2012）；王凤（2008）利用陕西省 2006 年的横截面数据实证研究了影响公民参与环境保护行为的因素，研究结论表明，公众受教育程度、具备的环保知识对公民社会环保和个人环保的行为都有显著影响；公众的积极参与态度和自我环境意识对公众参与环保行为有显著的正向影响（刘敏岚，2013；姜维国，2014）。

4. 公众参与的有效性研究

关于公众参与的有效性研究，国外较多的是进行实证研究。约翰·克莱顿·托马斯制定了一个公众有效参与的评价模型，其中包含两个关键变量，即政策的质量和政策公众接受性（Thomas，1990），这个模型成为国内外学者研究公众有效参与的理论基础。很多学者对环境评价中的公众参与进行了相关研究，提出了评价公众有效参与的指标体系，据此提出提高公众有效参与的手段。公众参与程序的设计和过程管理对于实现公众有效参与至关重要（Creighton，2005）。Stockemer 和 Carbonetti（2010）、Leendertse 等（2012）分别从不同参与主体的角度尝试性研究了公众有效参与对项目实施效果的影响。罗鹏飞（2012）从效率与公平的视角探讨了城市规划中的公众参与问题，他认为提高公众参与的有效性是改善城市规划中决策绩效的有效途径。张鲁萍（2013）分析了我国公众参与政府决策面临的现实困境，提出了公众参与政府决策的选择路径。也有研究表明非官方组织参与项目也能够对公众参与的有效性产生非常大的积极作用（刘伟华和张宏玉，2014）。

1.2.2　农民参与农村公共产品供给的研究进展

鉴于农地整治项目具有的公共品特性，因此本书研究可以参考农民参与农村公共品供给的相关研究成果，希望能达到触类旁通的效果。

国外关于农民参与农村公共品供给的研究主要集中在农村水利工程建设、道路和电力设施等方面。国外许多学者都在探索如何提高灌溉系统的运行效率，他们普遍认为将政府包揽的管理责任部分或者全部移交给农民协会，满足农业用水户的共同兴趣和利益，才是最有效的解决途径（Ostrom，1999）。Shyamsundar 等（2007）考察了农民参与农田灌溉管理与水稻收成之间的关系，认为农民参与能使灌溉用水得到有效控制从而显著提高水稻的产量。

我国许多学者针对农民参与农村公共品供给的投资意愿及其影响因素进行了研究。学者们从理论层面和实证层面分析了农民参与农业水利基础设施建设的意愿及其影响因素，研究发现家庭农业劳动力人数、粮食收入比重、易洪易涝面积所占比重、村庄双季稻种植面积所占比重、自然灾害对农业生产的影响、种粮补贴与种粮投入的比例、受访农民对现阶段农业灌排设施状况的评价等因素对农民参与农业水利建设的意愿有显著的正向影响（朱红根等，2010；刘辉和陈思羽，2012）。部分学者从农民参与农业基础设施建设投资和管护等角度分析了影响农民参与的因素（罗小锋，2012；胡晓光和刘天军，2013；董海峰等，2013）。有学者引入农民信任因子，得出越相信社会的农民越会选择投入劳力参与供给，而农民收入越高的越会选择投入资金参与供给（蔡起华和朱玉春，2014）。学术研究者对农民参与农田灌溉管理和建设的研究也较为关注，通过实证分析显示农民的教育程度、年龄、非农劳动力占家庭劳动力比例、政府支持程度、非农业收入比重、农民社会资本、灌溉配套设施完好程度等是农田灌溉管理和建设中影响农民参与积极性的重要因子（张兵等，2009；蔡荣和蔡书凯，2013）。而钱文荣和应一道（2014）的研究表明，在供给建设农村公共基础设施中，相比于农民的个体特征，家庭特征更能影响农民的参与意愿。

1.2.3　农地整治项目农户参与的研究进展

1. 国外农地整治项目农户参与的研究进展

关于农地整治项目公众参与的研究最具有代表性的是德国、荷兰和日本的土地整理研究。

在德国，公众参与被认为是农村持续、健康发展的关键要素，国家规划和实施土地整治的核心目的是实现整个整治区域长久的生态环境保护和农村的全面协调发展。德国在农村土地整治中强调政府的权力是有限的,追求公众责任的有效性,将公民参与机制应用到农村土地权属的调整、农村公共基础设施的规划、镇村改造的规划等方面(陈易,2002)。同时德国还在法律上给予公众参与土地整治的权威保障,通过《土地管理法》明确规定土地整治中公众参与的形式、程序等内容,保证公民合理和合法地参与土地整治。在德国,由参与者组成的联合会执行土地整治(Erich,1999);而国家的其他部门及社会公共利益组织等也有参加土地整治的义务和权利。同时德国在筹措土地整治资金方面,采取的是"政府资助、参与者自筹"的模式,主要由国家负责80%,参与者负责20%(施引芝,1998)。有学者指出中欧不能完全照搬西欧的做法,农地整治项目的成功与否关键在于公众是否愿意参与并是否能付出努力(Dijk,2007)。

在荷兰的土地整治中,项目的启动和实施由项目区有核心利益关系的农民和团体决定和主导,政府只是起辅助作用(Noort,1987)。同时荷兰管理土地整治项目的组织是采取选举制度的方式公开选举成立的,并在1954年的《荷兰土地整治条例》中有明确规定。Tan等(2009)提出实施土地整治时必须依照"只有项目区大部分的土地使用者和所有者都赞成设计的土地整治方案才可正式开始"的原则。通过公众参与,荷兰土地整治中表现出明晰的利益关系:一是参加土地整治项目管理人数必须多于项目区土地使用者和所有者总人数50%;二是以整治前的原始土地价值作为分配土地收益的依据;三是土地整治项目的规划方案符合实际需求(蒲春玲等,2004)。

日本也相当注重从法律上保障土地整治项目的开展,《耕地整理法》是管理土地整治的核心法律。联合会法人制度是日本专门设置的促进耕地整治组织相互合作的制度,并规定只有编制了耕地整治的设计书并获得有关人员的一致同意后才可开展项目。日本农地整治项目的参与者也涉及多方的利益主体。Nagamine(1986)指出日本农地整治项目资金一部分来源于拍卖部分土地,这部分土地通常由土地所有者按照15%~30%的比例上交(特别个例是60%)。此外日本的农地整治还可以通过低息贷款、国家拨款和土地拍卖款等多种途径获得整治资金,这对发展中国家的土地整治具有重要的借鉴意义(Sorensen,2000)。

2. 国内农地整治项目农户参与的研究进展

从国内期刊上发表的论文看,农地整治项目相关研究主要集中在农户参与的必要性、农户参与存在的问题及解决对策、农户参与的机制和农户参与的影响因素四个方面。

1）农地整治项目农户参与的必要性研究

农民参与土地整治项目，有利于改进项目的规划方案，获得项目相关者支持，并能有效增加他们对社会的责任感，同时还能使建设和运营项目的风险得到有效控制（徐雪林，2004）。而在农地整治规划中农民参与显得尤为重要，如果农民不参与规划制定，在规划实施阶段农民将很难积极参与，并且农地整治规划具有较强的技术性、综合性和不确定性，只有吸收农民的实际经验才能使规划真正地切合实际，达到预期效果（薛继斌等，2004；毕宇珠，2009）。王会（2012）提出公众参与的必要性表现在可以提高项目的科学性和透明性、增加项目的可接受性，实现决策的民主化。同时农民参与农地整治项目是保障农民权益得到实现的有效途径（吴九兴和杨钢桥，2014b；李斯敏和臧俊梅，2014）。

2）农地整治项目农户参与存在的问题及解决对策的研究

目前我国公众参与体系还不完善、制度仍不健全，农民参与土地整治项目还是一种低层次的参与。国内学者对我国土地整治项目中农民参与存在的问题进行了探讨，笔者总结多位学者的观点得出我国农民参与土地整治主要存在以下问题：农民参与的范围和深度都不够，公众并没有参与到项目的每一个阶段（刘建生等，2010；王瑷玲等，2005；吴九兴和杨钢桥，2014b）；农民参与机制不健全、参与方法单一、农民参与人数很少、参与的形式很难做到双向沟通（赵建宁和洪土林，2010；胡甜等，2014）；依靠农村民间组织来实现农民话语权依然很困难（文枫等，2009）；农民参与还缺乏合法性和保障性，法律制度不完善使农民的参与活动具有很大的主观性和随意性（文枫和景军，2009；刘新卫和吴初国，2013）；其他学者研究还表明农民参与农地整治项目存在着参与的信息渠道不畅、农民监督机制不完善等问题（杜源泉和杜静，2008；吴九兴和杨钢桥，2014a）。

这些学者针对上述问题提出了一些对策建议。例如，文枫等（2009）提出成立农民参与代表会、构建农民参与体系、提高农民参与意识并培育农民参与能力、完善相关法律法规、加强农民参与的激励与约束。刘建生等（2010）指出要从政府的有效组织、公众的全程参与、制度的健全和机制的完善四个途径实现土地整治中的农民参与。

3）农地整治项目农户参与机制的研究

由农地整治项目现行的运作程序可以看出，我国农民参与的机制还存在缺陷，有很多亟待解决的问题。国内学术界对土地整治项目农民参与机制进行了研究，如杜源泉和杜静（2008）对土地整治农民的参与机制进行了总体框架的设计，概括出公众参与土地整治规划的方式有公告、听证会、问卷调查、网络及电话信函五种方式。文枫等（2009）提出了一种由农民与规划设计专家和政府之间相互联动合作的参与公众决策的机制。鲍海君和吴次芳（2004）仅仅研究土地整治项目单一阶段的农民参与机制。其他研究学者针对农地整治项目农民参与存在的上述问题，开始从参与组织设置、参与程序、参与的法律保障等角度关注公众参与机制设计（李建强等，2005；刘洋和欧名豪，2008；高明秀等，2008；赵谦，2010）。也有研究提出成立民间协会组织、增加社会资本是完善我国农民参与土地整治机制的重要方面（李琰，2013；石峡等，2014）。

4）农地整治项目农户参与的影响因素的研究

关于农地整治项目农民参与影响因素方面的研究都是实证分析。汪文雄等（2010a）的实证研究结果揭示农户受教育的程度等个体特征、非农就业比例等家庭特征、制度环境等因素极大地影响着后期管护中农民的参与意愿。以潍坊市为研究区域，徐国柱（2008）对制约农民参与农地整治项目的因子进行了探究。而陈倩（2010）以辽宁省辽阳市农民作为调查对象，研究了农村居民点整治过程中的农民参与行为。有些学者的研究指出是否为村干部、耕地面积、受教育程度、政策认知程度、家庭农业收入比重、农民感知参与受重视程度、农民满意度、农民感知被鼓励程度等都是影响农民参与行为选择的关键因子（吴九兴和杨钢桥，2013；王文玲等，2012；朱欣和王文玲，2014）。吴诗嫚等（2013）构建了一个农民合作博弈模型，对农民是否愿意参与农地整治项目的规划设计阶段进行了研究。还有学者分别基于计划行为理论（吴九兴和杨钢桥，2014b）、成本收益理论（田甜等，2014）、感知价值-行为意愿逻辑（杨钢桥等，2014）对农地整治项目农民的参与行为进行了探究。

1.2.4 农地整治项目绩效评价的研究进展

绩效评价是农地整治项目中的重要环节，在理论和实践上都具有重要的意义，国内很多学者针对农地整治项目的绩效评价进行了有益的探讨。具体可从评价内容、评价方法两个方面进行概括。

1. 评价内容

对评价对象所涉及的内容进行界定是农地整治项目绩效评价的核心之一。根据评价内容性质的不同可将其分为"结果性评价"、"过程性评价"以及"过程-结果综合性评价"。

结果性评价指以农地整治项目的实施效果为主要对象进行的评价。魏凤娟等（2014）基于村级领导满意度的视角，从整理后耕地状况、工程措施效果、排灌设施治理、项目区生态环境和项目管护情况等五个方面建立了农地整治效果评价的指标体系。杨鸿泽（2014）基于公共治理理论，从增强资源保障、促进粮食安全、发展现代农业、推进社会和谐发展、构建节约型社会和实现环境友好等六个方面建立了农地整治效果评价的指标体系，但未进行实证分析。郭刚等（2011）从资金使用情况、项目执行情况、项目管理情况和项目建设情况等四个方面建立了评价指标体系，并以宁夏回族自治区土地整治项目中的10个试点项目为例，进行了实证分析，得出了相应的结论。韩冬和韩立达（2013）针对农地整治后的绩效，从国家政策绩效、地方政府的发展绩效、村集体和农户的绩效等三个方面建立了评价指标体系，根据成都市2001~2010年农地整治的数据，进行了定量分析，得出成都市农地整治的绩效较好，但仍然存在许多问题。此外，土地整治效益评价中最常见的也最具代表性的是结果性绩效评价。王万茂（1997）较早地对土地整治效益进行了评价，并认为可以从不同角度进行分类，如可分为间接效益与直接效益、综合效益与单项效益、近期效益与远期效益、整体设计效益与局部设计效益等。之后有诸多学者从经济效益、社会效益和生态效益三个方面对土地整治综合效益进行评价（雷亚芹，2012；张勋胜等，2013；张庶等，2014）。于晓梅等（2012）在进行土地整治综合效益评价时，除了考虑经济效益、社会效益和生态效益，还分析了资源效益；部分学者还考虑了土地整治的景观效益（韩丽娟，2012）。

过程性评价是指以对农地整治项目开展的过程为主要对象进行的评价。杨钢桥等（2012）针对农地整治项目的选址阶段，建立了基于价值链的效率评价模型，并进行了实证分析，结果表明效率测度模型可有效分析选址工作的不足。汪文雄等（2013a）基于价值链增值，依据标杆管理原理从项目的选址、项目的可行性论证、项目的勘测、权属调整方案制订和项目的规划设计等五个方面建立了农地整治项目前期阶段效率测度模型，并进行了实证分析。针对农地整治项目的立项决策阶段，文高辉等（2015）基于农户的视角对农地整治项目立项决策进行评价，通过对湖北省多个项目区的实证分析，得出不同项目区立项决策效率值。汪文雄等（2013b）依据标杆管理原理，从招投标与合同签订、施工准备、施工管理、权益分配与确认、竣工验收等五个方面建立了评价指标体系，并进行了实证分析。文高辉等（2014）针对农地整治的规划和实施阶段，建立了基于农民视角的农地整治项目绩效评价模型，利用实证分析，得出毛嘴项目绩效水平高于张沟项目和新沟项目，农地整治项目施工建设阶段的工程质量及规划设计方案的科学性和合理性是可以提高农地整治项目绩效水平的。

为了进一步弥补已有农地整治项目绩效评价体系的不足，学者们尝试从过程-结果的视角构建评价指标体系，即以农地整治项目过程与项目实施结果为主要对象进行评价。一些学者认为农地整治的绩效是行为与结果的有机结合，建立了基于项目实施绩效和项目效益绩效的综合评价体系，并进行了定量分析（王喜等，2014；文高辉等，2014）。郑华伟等（2014）、李冰清等（2015）认为除了项目实施绩效和项目效益绩效，还应考虑项目决策；张勋胜等（2013）认为土地整治的绩效包括项目实施绩效、项目效益绩效和附加效益。

此外，为了有效评价土地整治效率，一些学者从投入-产出的视角评价土地整治项目绩效。汪文雄等（2014a）基于标杆管理，用单位面积投资和平均建设规模作为投入指标，经济效果、社会效果、生态环境效果作为产出指标，构建投入-产出评价指标体系，并利用DEA进行了实证分析。倪楠和郭韬（2014）从资金投入、人力投入、经济效益、社会效益和生态效益五个方面构建了评价模型，并借助超效率DEA进行了实证分析。杜鑫昱等（2015）在进行土地整治项目绩效评价时，除了考虑项目的投入与产出，还将农地整治项目的实施过程和效果纳入评价指标体系。

2. 评价方法

评价方法是将理论模型与实践相结合的重要纽带，已有文献研究表明，农地整治项目绩效评价中应用的评价方法呈现出较为多样、广泛和复杂的特点，目前应用的方法已多达数十种，包括层次分析法、模糊综合评价法、德尔菲法、偏好比率法、熵权法、DEA、TOPSIS法、神经网络分析、物元分析、模糊识别法和主成分分析法等。

其中，层次分析法和模糊综合评价法是农地整治项目绩效评价中运用较为普遍的两种方法，目前已经运用得比较成熟，而且这两种方法常常同时出现在文献中（展炜等，2009；郭刚等，2011；杨俊等，2013；刘姝驿等，2013）。一些学者将层次分析法与物元分析相结合，进行相应的实证分析（李正等，2010；王亚飞，2013）。而近年来许多学者对物元分析十分青睐，并将其运用到农地整治项目的绩效评价领域（吕铮，2013）。而随着研究的不断深入，DEA（倪楠和郭韬，2014；汪文雄等，2014a）、神经网络分析（梁彦庆等，2011）、TOPSIS法（文高辉等，2014，2015）和偏好比率法（汪文雄等，2014a）等逐渐被引入农地整治项目的绩效评价中，使评价方法更加丰富和复杂。

1.2.5　现有研究的不足

由上可知，国内外学者对公众参与理论、农地整治项目的公众参与、农地整治项目绩效等方面的研究较为深入，这对本书研究农户有效参与提升农地整治项目绩效的作用机理等问题具有极大的启发，但存在以下四个方面的不足。

第一，缺乏对农地整治项目农户有效参与度的深入研究。尽管学者们认识到农地整治项目中农户参与至关重要，但对农户有效参与认识不足，也未能建立农地整治项目农户有效参与度的测度模型。

第二，多主体（政府、农户等）和多维度（过程和结果）视角的农地整治项目绩效测度未得到足够重视。现有的农地整治项目绩效测度仅以反映项目结果的效益为主，同时也忽视了项目最终使用者——农户的利益诉求。应从政府与农户、过程和结果的视角全面研究农地整治项目的绩效问题。

第三，缺乏农户有效参与提升农地整治项目绩效的机理的研究。目前学者们仅关注农地整治项目绩效的影响因素，尚未从理论和实证两方面研究农户有效参与对农地整治项目绩效的提升机理。

第四，未能揭示农地整治项目农户有效参与的驱动因子，以及不同区域、不同类型农户有效参与的差异及其成因。

1.3　研究内容和研究方法

1.3.1　研究内容

本书旨在研究农户有效参与对农地整治项目绩效的影响路径及其效应，厘清农户有效参与影响农地整治项目绩效的作用机理，为有效改善农地整治项目绩效提供一定理论与政策参考。研究目的具体如下。

（1）阐释农地整治项目中农户有效参与、农地整治项目管理行为、项目治理以及农地整治项目绩效的概念，从本质上对其内涵进行界定。

（2）通过农地整治项目实施程序的分析，探讨项目各阶段实施中存在的主要问题，运用典型成功案例法总结经验，建立一套农地整治项目农民参与的实施程序；分析托马斯公众参与有效决策模型的不足并以其重构模型为基础构建一个农地整治项目农户有效参与的概念模型。

(3）基于利益相关者理论、经典的 SCP 分析范式以及项目治理理论，结合我国农地整治项目具体特征，对农户有效参与、农地整治项目管理行为以及农地整治项目绩效三者之间的关系进行分析，构建出各变量之间合理的理论影响路径。

（4）基于实证分析，运用 SEM、中介效应分析方法对农户有效参与影响农地整治项目绩效的理论路径进行验证，并定量测算各路径影响效应，进一步厘清农户有效参与影响农地整治项目绩效的作用路径。

（5）依据人因系统理论构建农户有效参与的影响因素的指标体系，比较分析农地整治项目中不同区域以及不同类型农户有效参与的差异；运用分位数回归模型分别针对总体样本、不同区域农户样本、不同类型农户样本进行实证分析，探究在不同农户有效参与度水平上各影响因子对其的贡献度及其变化情况；运用分位数分解模型，揭示不同区域以及不同类型农户有效参与差异产生的原因。

（6）运用双重差分（difference in difference，DID）模型分析了传统模式整治项目区与未整治项目区农户在农地整治前后的土地利用效率差异，以揭示农地整治对土地利用效率的净贡献；运用 DID 模型分析了农户有效参与整治项目区与传统模式整治项目区农户在农地整治前后的土地利用效率差异，以揭示农户有效参与农地整治对土地利用效率的净贡献。

1.3.2 研究方法

（1）文献研究法。通过查阅大量国内外相关研究文献，基于公众参与理论、托马斯有效决策理论、人因系统理论等相关理论，并将之运用到农地整治项目农户有效参与度指标体系构建和农户有效参与驱动因子分析中；对利益相关者理论、经典 SCP 分析范式以及项目治理理论等相关理论进行系统分析，并将其运用到农户有效参与影响农地整治项目绩效的理论路径的分析与构建中。

（2）实地调查法。本书基于已有的文献研究分析，设计并编制了问卷，在经过预调研对问卷进行修正后，在湖北省内选取了 15 个县（市、区）开展实地问卷调查，以获取第一手研究数据资料，为本书的进一步研究提供了基础数据资料，保证了本书研究结果的科学性。

（3）定量分析法。构建 SEM 对农户有效参与、农地整治项目管理行为以及农地整治项目绩效三者之间的影响关系进行定量分析，然后运用中介效应分析方法进一步对三者之间的影响效应进行定量测算，从而进一步验证影响路径的合理性与正确性。本书首先运用分位数回归和分解模型研究不同区域、不同类型农户有效参与差异的成因；其次运用 DID 模型分析传统农地整治和农户有效参与农地整治两种模式对土地利用效率的影响。

1.4 研究的创新之处

（1）基于托马斯有效决策理论和该模型的重构模型，本书构建了一个农地整治项目农民参与的概念模型，并从参与领域、参与主体、参与渠道、参与深度和参与效度五个维度建立了农地整治项目农户有效参与度的测度指标体系，运用模糊综合评价法测度了研究区域农民参与的有效度，揭示了不同区域农地整治项目农户有效参与的差异。

（2）基于人因系统理论，本书从参与能力、参与机会和参与动力三方面分析了农地整治项目农户有效参与度的影响因素，并通过计量方法，采用农民问卷调查数据对理论分析进行了验证，揭示了不同区域农户有效参与度差异的成因。

（3）目前国内对农户有效参与提升农地整治项目绩效机理的研究较少。本书合理借鉴公共项目管理研究中的相关内容，以产业组织、项目治理等理论为依据，分析了农地整治项目过程中农户有效参与对农地整治项目绩效的影响关系，提出了农户有效参与、农地整治项目管理行为以及农地整治项目绩效这三者之间的理论路径，对农户有效参与提升农地整治项目绩效的内在机理研究进行了有益探索。

（4）本书合理借鉴公共项目管理研究中的相关内容，基于农地整治项目具体内容与特征构建了农地整治项目管理行为、农地整治项目绩效的测度指标体系，并运用计量方法——SEM，结合农民问卷调查数据，对农户有效参与、农地整治项目管理行为以及农地整治项目绩效之间的理论关系进行了实证分析，揭示了三者之间基本的影响路径。

（5）本书运用中介效应分析方法，验证了农户有效参与影响农地整治项目绩效的基本理论路径与机制；同时，通过测算其影响效应，找出了农户有效参与影响农地整治项目绩效的主要途径，并以此为基础针对性地提出了进一步促进农地整治项目绩效改善的政策建议。

第 2 章　农户有效参与影响农地整治项目绩效的理论分析

2.1　相关概念界定

2.1.1　农户有效参与

"有效"一词最早出现在《汉书·元帝纪》一书中："娄敕公卿,日望有效";《辞海》将其解释为"有效果、有作用"。顾名思义,所谓"有效参与"是指有效果、有作用的参与。在公共管理中,学者们普遍将"公众有效参与"作为落实和确保参与者目标实现的必要条件和重要标准(Furia and Wallace,2000;Eiter and Vik,2015)。江月和牛文安(2011)将"公众有效参与"界定为:参与者可以表达自己的偏好并且能作为管理者的决策依据,同时能对自己的参与结果感到满意。陈昕(2010)、熊天漂(2014)认为"公众参与的有效性"主要体现在公众参与活动对相关事务产生影响程度以及参与目标的实现程度。然而,Juliette等(2013)则认为公民参与的有效不仅要注重参与目标的实现程度,同时还要注重参与所取得的政策结果与社会结果,即公众参与有助于政策目标的实现和增加信任、解决矛盾冲突。刘红岩(2014)基于托马斯有效决策模型对"公众有效参与"的内涵从"谁参与""参与什么""如何参与"三个方面进行了深入剖析,汪文雄等(2015a)、李敏(2015)则在此基础上分别对"公众有效参与""农户有效参与"的概念作了较为深入而具体的阐释,本书将沿用其基本内涵。

因此,本书农地整治项目中的"农户有效参与"是指政府国土部门应该保证农民尽早地知道在农地整治项目决策体系或实施过程中影响到他们利益的建议,保证农民有机会、有渠道参与,使他们的意见被项目管理者和决策者知晓;同时，确保农民知道通过自己的参与能够影响政府国土部门的决策或项目实施，并清楚项目决策是如何做出的以及管理者或决策者未采纳意见的合理解释（李敏，2015）。

2.1.2 农地整治项目管理行为

项目管理最早源于美国，是第二次世界大战的产物。20世纪初期到中期项目管理主要被运用在国防建设部门与建筑公司。之后伴随着系统工程方法等相关理论实践的发展与运用，项目管理逐渐应用到电子通信、金融、公共管理等众多领域。与此同时，为了满足各领域日益复杂的项目管理需要，项目管理逐渐吸收和融合了风险管理、沟通管理等内容，渐渐形成了一套完整的项目管理方法体系（郑华伟，2012）。有学者较早对项目管理的内涵进行了界定，Oisen（1971）认为项目管理是工具与技术的集中运用；Munns和Bjeirmi（1996）则认为项目管理是控制项目目标实现的过程。此后，诸多学者在此基础上对项目管理的内涵进行了融合、补充和发展，普遍认为：项目管理是指项目管理者在有限的资源约束条件下，以科学的理论为指导，把各种知识、技能、手段以及技术运用到项目计划、组织、领导、协调、控制等活动中，充分发挥资源的潜在价值，以达到项目的要求（高向军，2003；杜亚灵，2009；陈旭清等，2010；郑华伟，2012）。

因此，本书中"农地整治项目管理行为"是指农地整治项目管理者以科学的理论为指导，为达到农地整治项目要求，充分发挥项目区资源的潜在价值，将各种知识、技能、手段以及技术运用于农地整治项目全过程，有效开展计划、组织、领导、协调、控制等一系列管理活动的行为。

2.1.3 农地整治项目治理

1989年世界银行首次在官方文件中用"治理危机"（crisis in governance）来形容非洲当时的情形，自此"治理"一词便正式走入公众的视野，并被广泛地运用于政治学、经济学和管理学等社会科学研究中。"治理"英文为"governance"，有掌控、引导、操纵之意。关于"治理"的概念，全球治理委员会（1995）在一份研究报告中作了较为全面的界定，报告中指出"治理是各种公共的或私人的个人和机构管理其共同事务的诸多方式的总和，是使相互冲突的或不同的利益得以调和并且采取联合行动的持续的过程"。这既包括有权要求人们服从的正式制度和规则，也包括各种人们同意或符合其利益的非正式的制度安排。这个概念得到了学者们的广泛认同。此后，也有学者在此基础上进一步对治理的内涵进行了发展与补充。杜亚灵（2009）结合公司治理理论的内容，认为治理是以协调利益相关者之间的关系使其利益达到趋同为目的的，通过构建一套正式或非正式的制度体系来维持项目交易中良好秩序的过程；治理的核心本质在于协调利益相关者之间的关系，并化解利益相关者之间的利益冲突（严玲等，2004；杨建平，2009）。

因此，本书中"农地整治项目治理"是指通过构建合理的制度体系，明确农地整治项目中各相关利益主体的责、权、利，维持项目交易中良好秩序，有效协调利益相关者之间的关系、化解他们之间的利益冲突，最终实现农地整治项目的目标。

2.1.4 农地整治项目绩效

"绩效"英文为"performance"，《牛津现代高级英汉词典》将其解释为"执行、履行、表现、成绩"，《朗文词典》将其解释为"正在进行的活动或者已经完成的某种活动（取得的成绩）"。因此，"绩效"不仅可以看作一个过程的表现，也可以作为该过程的结果（郝晓玲和孙强，2005）。学术界对"绩效"内涵的界定尚未形成统一的观点，主要存在以下四种观点（杜亚灵，2009；白俊峰，2010）：第一种观点认为绩效是结果，以 Bernardin 和 Beatty（1984）等为代表，他们认为绩效是工作的结果，是对工作成果的记录；第二种观点则认为绩效是过程，以 Jensen 和 Murphy（1990）、Campbell 等（1993）的观点为代表，认为绩效是有助于实现组织目标的行为；第三种观点认为绩效是"结果"及其产生"过程"的统一体，有学者认为单纯地将绩效作为"结果"或是"过程"都是有失偏颇的，将两者统一结合能更好地解释实际现象；第四种观点则认为"绩效"不应拘泥于对历史的反映，同时也应关注未来，即"绩效=实际结果+预期结果"。但在目前的实际运用中，第三种观点得到了学者们的广泛运用。对于农地整治项目而言，绩效是项目过程（行为）与项目结果的统一；项目过程表现在项目建设过程中的投入、组织、管理等，项目的结果则表现为项目建设形成的产品和所提供的服务。然而，农地整治项目并不同于一般性的私人项目，它具有公共物品的特性，故其概念的界定必须要考虑农地整治项目公益性目标——经济、效率、效益、公平。

因此，结合农地整治项目的特征，本书认为"农地整治项目绩效"是指开展农地整治项目活动所取得的相对于项目目标的有效性，具体表现为项目投入的经济性、项目生产的效率性、项目产出的效益性及资源配置的公平性。在此基础上，可以按照绩效的内涵，将农地整治项目绩效分为农地整治项目过程绩效和农地整治项目结果绩效。此外,值得一提的是农民作为农地整治项目的使用者与最终受益者,其满意度是衡量项目绩效的有效尺度,因此本书中将"农地整治项目绩效"界定为"农民视角下的农地整治项目绩效"。

2.2 理论基础

2.2.1 利益相关者理论

1. 利益相关者理论的内容概述

利益相关者理论（stakeholders theory）的提出源于对英、美奉行的"股东至上"的公司治理理念的挑战。20世纪中期"股东至上"的公司治理模式在英、美盛行,它集中强调了公司股东的权益,认为股东是公司的所有者,公司的运作以股东利益最大化为目的;在这种治理模式下,公司雇员的利益受到了严重的损害,同时也极大地制约了公司的长远发展。在此背景下,1963年斯坦福研究院的一个研究小组率先根据与"股东"（shareholders）相对应的词,提出了"利益相关者"（stakeholders）这一概念,用于指代那些没有利益相关者的支持,公司企业活动就无法进行的群体,包括股东、雇员、顾客、供货商、债权人和社会。学术界普遍认为1984年Freeman的《战略管理:一种利益相关者方法》一书的出版是利益相关者理论正式产生的标志。Freeman（1984）认为利益相关者不仅要参与企业经营活动、对企业进行监督,还要承担企业的经营风险;他在书中将"利益相关者"界定为"能够影响一个组织目标实现或受到一个组织实现其目标过程影响的所有个体和群体",并将政府职能部门、社区等纳入了利益相关者的范畴,赋予了利益相关者更加广泛的内涵。Freeman从战略管理的角度帮助当时的人们认识到利益相关者对企业持续经营发展的作用,受到了广泛的认可与赞誉。

到20世纪90年代以后,利益相关者理论的研究得到不断地深入与细化。但在实际的研究中,Freeman对利益相关者泛化的界定使研究者们难以确立一个明确的研究对象或者研究范围,其局限性逐渐显现。为此,有诸多学者对利益相关者的理论进行了发展。Clarkson（1995）进一步丰富了其内涵,认为在企业中投入了一定的资产或有价值的东西,并承担企业经营风险的群体是利益相关者;并根据利益相关者与企业的相互依赖程度将其分为初级利益相关者（离开他们企业无法正常运行的群体）和次级利益相关者（可以影响企业,也可被企业影响的群体）。Mitchell等（1995）认为利益相关者必须至少具备合法性、权力性和紧迫性这三个属性的一种,并提出从这三个属性对利益相关者进行区分,将其分为确定型利益相关者(同时拥有三种属性)、预期型利益相关者(同时拥有两种属性)、潜在型利益相关者(只拥有其中一种属性)。据统计,自利益相关者理论提出到 20 世纪 90 年代,西方研究者所提出的利益相关者的定义就多达二十七种(Mitchel et al., 1997)。国内有学者(杨瑞龙和周业安,2000)将相关定义归纳为三类:第一类最为宽泛,认为凡是能影响企业活动与被企业影响的人或团体都是利益相关者;第二类稍窄,将政府职能部门和社会组织团体等排除在外,认为凡是与企业有直接关系的人或团体都是利益相关者;第三类最窄,认为只有在企业中投入了专用性资产的人或团体才是利益相关者。由此,随着学者们研究的深入,利益相关者理论的理论框架不断地完善、成熟,并广泛地运用于公共管理、生态环境管理、旅游管理等领域。

2. 利益相关者理论对本书研究的启示

利益相关者理论的核心在于强调利益相关者对企业或组织持续经营和发展的作用,提出企业或组织的最终目标应是实现利益相关者共同利益的最大化。目前,我国的农地整治项目多为政府直接主导建设,其投资资金大,项目工期长,涉及政府、农民、企业等众多利益相关主体。但现阶段我国的农地整治项目大多以政府包揽一切的方式进行,政府、农民和企业在力量对比上出现严重失衡,作为项目核心利益主体的农民利益被弱化,严重影响了农地整治项目目标的实现。农地整治项目具有复杂性与综合性,利益相关者理论的引入有利于拓宽农地整治项目的研究视角,综合考虑各利益相关主体的行为,确保各利益相关主体拥有平等参与项目决策的机会,真正关注农民主体的利益诉求。通过利益相关者合作协商,同时建立约束利益相关主体的行为机制,将有利于提升农地整治项目的建设效果,实现共同利益最大化。

2.2.2 新公共管理理论

1. 新公共管理理论的内涵

"新公共管理"最初出现是被用来统称那些在政府行政改革过程中采用的新途径和方法的(Hood, 1991)。20 世纪 70 年代末,西方"集权化的大政府"治理模式出现失灵,专注规则和等级制的政府已经很难有效运转(奥斯本和盖布勒,1996),于是在英国、美国等西方各国开展了一场以评判官僚制政府为核心的政府行政改革,其行政改革方向主要包括:政府职能定位和政务输出的市场化导向以及制度设计的分权化导向（钟俊生和赵洪伟，2011）。"新公共管理"的主要内容：政府是政策管理者而非政策执行者，并强调政府管理的职业化和专业化；适当借鉴和引入企业科学的管理方法，如实施严格的行政绩效评估；政府应转变权力集中的管理方式，通过权力的分散化增强政府应对能力；采纳私营企业管理方面的成功经验，如注重人力资源对企业的重要价值；引入竞争机制，破除政府供给公共服务的垄断性，鼓励私营公司参与公共品供给；政府应转变直接投入的公共服务提供模式，重视提供公共服务的效率和质量；强调公务员可以有独立的政治选择（陈振明，2000；丁煌，2005）。在新公共管理运动发展过程中形成的一系列理论被称为新公共管理理论。新公共管理运动的持续探索使新公共管理理论在全球性制度创新运动中不断得到充实和发展，并成为政府治理和有效维护社会稳定的基础理论。

2. 新公共管理理论的核心观点

作为政府行政管理新模式的新公共管理，其理论本质上不同于以往的行政理论，新公共管理理论的核心观点可以概括为以下四个方面。

第一，重新定位政府职能为掌舵者。新公共管理理论强调政府在行政工作中的职能是管理而非执行，政府应该专注于政策的制定。政府不掌舵而忙于划桨是导致政府管理低效的关键原因，因此，新公共管理理论认为作为掌舵机构的政府，其主要职责是寻找实现目标的最好途径，并施加手段，合理地引导私人部门"划桨"。

第二，重塑政府组织形式。新公共管理理论主张政府应该改变原先权力集中的管理方式，从等级命令的管理向参与协作的管理方式转变。同时，其还主张政府应借鉴私营企业成功的管理模式、方法和技巧，如注重创新能力的培养、强调投入产出分析和服务水平的提高等（钟俊生和赵洪伟，2011）。

第三，将公众视为客户，建立企业化形式的政府。新公共管理理论将政府定位为提供服务的"企业家"，服务理念是以人为本；社会公众则作为"客户"，通过缴纳税收的方式向政府购买公共服务（黄建荣，2005）。以顾客需求为中心的管理模式使政府具有更强的责任心，有助于公民真正享受到所需的公共服务。

第四，引入竞争机制到公共管理中。新公共管理改变了传统的政府强势干预公共管理模式，主张政府采用市场竞争方式实行公共管理，充分运用市场机制使社会群体参与提供公共服务，能有效节约成本并实现公共服务质量的提高（朱米均，2006）。

2.2.3 新公共参与理论

1. 新公共参与理论的内涵

自 20 世纪末期进入信息社会以来，世界各国都表现出"公共参与"需求的不断膨胀，若仍用旧的视角强调公民参与的种种弊端或者抵制参与的行为则显得不合时宜，于是新公共参与运动迅速发展。新公共参与运动迫使公共官员回答一些难题。公共参与哪些领域是有价值的，哪些无价值？假如应该引入公众参与，那哪些公众应该参与，以什么方式参与？这是公共参与研究领域面临的基础性难题。同时政府公信度下降，公共管理问题越来越复杂，形式上的公众参与不能解决根本问题，如何借助公众参与真正解决社会事务不断得到探索和实践，在这样的环境背景下新公共参与理论开始形成并不断完善。新公共参与理论把公民责任纳入参与的目的中，认为公民参与不单单是分割政府的权力，而且是作为公共事务的责任主体，享受利益的同时与政府共同承担责任。

2. 新公共参与理论的核心观点

新公共参与理论的"新"主要体现在界定公众参与的内涵上，其有两个核心的观点。

（1）强调参与制定公共政策并非公民唯一的权利，还应分权给公众让其参与政策的执行过程，并对政策的执行发挥实质性的作用。同时进一步提出在项目管理中引入公众的参与，让公众参与公共项目的实际的管理程序。

（2）新公共参与拓宽了参与主体的类型和参与的途径，强调并不只是社会的精英有权利和责任参与社会的公共事务，该理论提出任何公民，不管是上层的社会阶级人民，还是中层、下层的社会阶级群体，亦或者是收入低的贫困群众，只要与公共政策和项目有利益关系，都可通过多种多样的渠道参与进来。

2.2.4 SCP 分析范式

1. SCP 分析范式概述

产业组织理论的思想渊源应追溯到亚当·斯密关于市场竞争机制的论述。1890 年，英国经济学家马歇尔（A. Marshall）首次在其著作《经济学原理》中引入了产业组织的概念；1933 年，美国哈佛教授张伯伦（Chamberlin）和英国剑桥教授罗宾逊（Robinson）提出的垄断竞争理论，成为产业组织理论的又一主要思想来源。20世纪30年代以后，产业组织理论的研究得到了不断地丰富和发展，出现了三个主要学派：以梅森（Mason）和贝恩（Bain）为代表的"哈佛学派"；以施蒂格勒（Stigler）等为代表的"芝加哥学派"和"新产业组织理论"；由于前两者的理论基础和研究方法基本相同，学术界普遍将其统称为"传统产业组织理论学派"。

20世纪30年代至50年代，哈佛学者梅森（Mason）和贝恩（Bain）在承袭了张伯伦等的理论研究成果的同时，基于研究和实践将产业分解为特定的市场，按照结构、行为、绩效三个方面对其进行了分析，建立了产业组织理论的基本分析范式，即SCP，形成了产业组织理论的基本研究体系。哈佛学派认为，结构、行为、绩效之间存在因果关系，即市场结构（S）决定市场行为（C），市场行为（C）决定市场绩效（P）。但施蒂格勒（Stigler）等为代表的"芝加哥学派"认为，结构、行为、绩效之间的关系是交互复杂的，简单的因果关系并不能反映现实的情况；在市场分析中，效率有着至关重要的作用。基于大量的实证研究，芝加哥学派批判了哈佛学派的"集中度-利润"的假说，认为并不是市场结构（S）决定市场行为（C），进而决定市场绩效（P）；而是市场绩效（P）和市场行为（C）决定市场结构（S）（黄慧春，2011）。到了20世纪80年代，以威廉姆森、泰勒尔等为代表的经济学家将交易费用理论、博弈论等相关理论引入产业组织理论的研究中，彻底改变了传统产业组织理论仅从技术和垄断竞争的角度考察企业和市场的观念，实现了从重视市场结构研究到重视市场行为的转变，建立了双向的、动态的研究框架，逐渐形成了新产业组织理论研究体系（杨建文等，2004；王冰和黄岱，2005；黄慧春，2011）。新产业组织理论认为SCP框架是一个循环的流程，S、C、P之间不仅存在着$S \rightarrow C \rightarrow P$的单向决定，而且还存在着$P \rightarrow C \rightarrow S$这样一个反向决定，其本质是一个周而复始、不断发展的循环过程（朱焕，2004）。

从产业组织理论的发展过程可以看出，SCP分析范式长期以来一直是产业组织理论的核心，是其研究的基本框架。在市场组织分析中，市场结构（S）反映的是市场买者之间、卖者之间、买者与卖者之间，以及买卖集团之间的诸多关系和特征（竞争市场、垄断市场等）；市场行为（C）则是在充分考虑市场结构的基础上，企业在市场上为赢得更多的利润和市场占有率而采取的各种决策管理行为；市场绩效（P）则是指企业在一定的市场结构中，通过一定的市场行为所产生的经济效果，是对市场运行效率以及资源配置优劣的评价（尹贻林和杜亚灵，2011）。

2. SCP 分析范式对本书研究的启示

SCP 分析范式主要是考察某一产业的经济绩效状况，揭示其绩效运行的内在规律性，以寻求提高产业经济绩效的对策。近年来，有学者将 SCP 分析范式运用于公共项目管理研究领域，为公共项目绩效改善的研究提供了新视角。学者杜亚灵（2009）通过对 SCP 分析范式中市场结构（S）、市场行为（C）、市场绩效（P）内涵的界定以及对其适用条件的考察，将 SCP 分析范式引入公共项目管理研究中，构建了 GMP 分析框架，即公共项目治理→公共项目管理→公共项目绩效（governance-management-performance）：在公共项目中，项目的治理（G）是指对项目利益相关主体之间相互关系的规范与调整，与市场组织分析中的市场结构（S）的核心内容基本一致；项目管理（M）行为的核心在于项目管理者为获取更多、更长远的利益，实现项目价值最大化所采取的管理决策行为，与市场行为（C）的核心内容对应；而公共项目中项目的绩效（P）则是指在一定的制度框架和一定项目管理者的管理决策行为下对项目所取得的效果进行的一种评估，对应于市场绩效（P）（尹贻林和杜亚灵，2011）；这为公共项目绩效改善路径的研究提供了新的思路。农地整治项目具有公共物品的特性，属于公共项目，GMP 分析框架的引入将有利于为提升农地整治项目绩效的研究提供思路。

2.2.5 项目治理理论

1. 项目治理理论概述

项目治理理论的提出源于对项目管理理论的反思。20 世纪 90 年代，虽然项目管理理论和技术在实践中得到了广泛的运用，但由于项目制度层面的问题逐渐凸显，其对公共项目管理中出现的"危机"也束手无策。在此背景下，项目治理理论应运而生。目前来看，国内外关于项目治理理论的研究仍处于起步阶段。

荷兰伊拉兹马斯大学的 Turner 和 Keegan 最早开始对项目治理理论进行研究，Turner（2005）认为项目治理是一种解决项目交易冲突并获得良好秩序的制度框架，其目的在于让各利益相关者在潜在的威胁和机会中认识到共同的利益。Winch（2001）秉承 Williamson 的交易费用经济学理论基础，从微观层次对建设项目的全生命周期交易进行分析，建立了包括利益相关者在内的项目全过程的交易治理理论框架。

国内较早关注到项目治理理论研究的是以天津理工大学尹贻林教授为核心的研究团队。该团队将项目治理理论运用到公共管理领域，并取得了丰硕的研究成果：严玲等（2004）认为公共项目治理理论的提出是管理研究发展的必然结果，并结合对项目多级委托代理链的分析，对公共项目治理的概念进行了界定：项目治理是一种制度框架，体现了项目参与方和其他利益相关者之间的权、责、利的关系。杜亚灵（2009）认为项目治理的本质是为了协调利益相关者之间的关系，化解利益相关者之间的利益冲突而开展的一系列制度层面的活动；具体而言，项目治理是指通过构建一套正式或者非正式的制度体系，明确各利益相关主体的权、责、利，并采取相关措施维持项目交易中的良好秩序，有效协调各利益相关主体之间的利益冲突，确保项目目标的实现（杨建平，2009）。尹贻林和杜亚灵（2011）认为项目治理包括治理结构和治理机制两部分，前者规定项目主要参与方的构成及其之间的关系，后者包括政府监督和社会监督在内的监督机制及利益相关者的积极参与机制。

从上述学者的研究中可以看出，项目治理的本质是明确项目利益相关主体在项目中角色关系的过程（郑华伟，2012），其根本任务是构建合适的管理环境，使项目的任务执行者能获得合适的项目资源和使用这些资源的权力，确保项目目标的实现（严玲，2005）。

2. 项目治理理论对本书研究的启示

农地整治项目的治理从本质上看是要调整主要参与者或核心利益相关者之间的关系，以建立一种良好的秩序。目前，我国农地整治项目存在的突出问题是项目业主与受益者相分离，项目最终的使用者及核心利益相关者——农民因未参与或参与不足对项目的诉求难以得到满足，使得项目建成后无法发挥效益。因此，我国农地整治项目治理结构的优化目标就是通过调整农民参与的构成及其关系，以确保农民参与；而农地整治项目治理机制有待完善的方面就是要通过建立一些监督机制和积极参与机制确保农民参与的有效性，即农地整治项目治理就是要重点解决好农民参与问题，因此可用农户有效参与这一变量来刻画农地整治项目治理。当前，中国政府提出的鼓励农户全程参与农地整治项目，其实质就是通过项目治理结构的优化和治理机制的完善以改变农地整治项目存在的突出问题。

2.3 农户有效参与影响农地整治项目绩效的路径分析

2.3.1 农地整治项目绩效的影响因素分析

在公共项目管理中，根据项目绩效影响因素在一定时期内是否能为人力改变，可划分为可控因素与不可控因素两大类（尹贻林和杜亚灵，2011）。可控因素主要包括项目治理与项目管理两大范畴。前者主要通过构建合理的制度体系，明确和规范项目利益主体的责、权、利，从而建立起一种良好的项目交易秩序，并通过各种方法和手段来维持这种秩序，以求有效地协调利益相关者之间的关系，从而促进项目绩效的改善。后者主要通过项目管理者运用各种知识、手段和技能，保障项目目标的顺利实现，进而促进项目绩效的改善（尹贻林和杜亚灵，2011）。二者分属于不同的层面，前者属于制度层面，后者属于管理层面。不可控因素主要指不为人的意志所左右的项目影响因素，如法律法规、技术水平、自然条件等。目前，由于我国各地区的农地整治项目建设标准和具体实施办法都依据相关法律法规以及国土资源部门指导性文件进行制定，项目绩效受法律法规、技术水平等不可控因素影响较小，因此，可以认为项目治理与项目管理是提升农地整治项目绩效的主要影响因素。

2.3.2 农地整治项目绩效的影响路径分析

1. 农户有效参与（F）→农地整治项目管理行为（M）

在 GMP 分析框架中，项目治理被认为可以通过治理结构的改善和相关机制的建立与优化对公共项目管理行为产生影响（尹贻林和杜亚灵，2011）。就目前来看，引入农户参与，提高农户参与的有效性就是农地整治项目治理的具体体现。农地整治项目涉及政府有关部门、施工、监管以及农民等多个利益主体。由于农民长期被排斥在项目管理和决策之外，农地整治项目治理结构出现失衡，作为项目核心利益主体的农民利益被弱化，相关参与者和监管机制也难以发挥有效作用，项目管理效率低下，项目绩效不理想。在农地整治项目中，通过鼓励农民参与，提高农民参与的有效性，可以转变农民主体的弱势地位，有效调节项目利益主体的构成及其之间的利益关系，强化项目参与机制和监督机制在项目管理中的作用，进而促进项目管理者行为的优化，如管理效率提高、决策质量的改善等。由此，可以认为：在农地整治项目中，农户有效参与对农地整治项目管理行为的优化具有积极作用。

2. 农地整治项目管理行为（M）→农地整治项目绩效（P）

在公共项目管理研究中，项目管理行为通常被界定为项目管理者运用各种知识、手段和技能，保障项目要求顺利实现的"过程"；而项目绩效通常代表着项目的"结果"（Turner，2003）。"过程"必然会对"结果"产生影响，农地整治项目亦然。农地整治项目管理者的管理行为、决策行为，如项目目标的明确性，计划的完备性，管理者对项目资源的管理能力、组织协调能力等，必然会对农地整治项目绩效产生影响。同时，大量的研究实践表明，有效的项目管理可以提高 30%的项目绩效甚至更多（Turner，2003）。由此可以认为：在农地整治项目中，项目管理行为的优化可促进项目绩效的提升。

3. 农户有效参与（F）→农地整治项目绩效（P）

在农地整治项目中，项目治理的结果就是农户有效参与机制的构建。从理论上说，制度或机制本身是一种生产力，但并不具备生产能力，它往往需要通过项目管理，才能对项目绩效产生影响（Turner，2003）。具体来说，农户有效参与机制的引入主要涉及整治项目利益相关主体的构成及其之间关系的调整，以及项目利益主体的参与和监督机制的完善，而项目管理行为则是在项目治理的框架下对项目资源的充分利用及制度体系的执行与落实。若只构建农户有效参与的机制，而不对项目资源充分利用，不对机制予以充分执行与落实，项目的绩效也不会得到有效改善。因此，可以认为：农户有效参与有助于农地整治项目绩效的改善，但其主要通过农地整治项目管理行为间接对农地整治项目绩效产生积极的影响。

第 3 章 农地整治项目农户有效参与程序的重构

3.1 现行农地整治项目实施的程序

当前我国农地整治项目实施主要分为选址与立项决策、规划设计、施工与竣工验收三个阶段,本章从这三个阶段分别阐述农地整治项目实施的具体程序。

3.1.1 农地整治项目选址与立项决策阶段的实施程序

农地整治项目的选址与立项决策主要包含项目选址、项目勘测、项目可行性研究和项目评审四个环节的工作,具体程序如图 3-1 所示(李文静,2013)。

(1)项目选址环节:①乡(镇)人民政府依据土地利用的总体规划,以及社会经济发展规划,拟定农地整治区(集中连片)并向县级国土部门提交申报计划;②县国土资源局[①]根据上报情况及实际情况拟定备选项目区域,并组织农业、水利、环保等七个部门在内的考核队确定最终的项目实施区;③县国土资源局将项目选址上报省国土资源厅,经省国土资源厅[①]审核通过后进入全省的农地整治项目库;④省国土资源厅联合财政厅将确定的项目年度建设计划和预算下达各县国土资源局;⑤县国土资源局根据计划公开招标测绘和可研单位,遴选出最佳的测绘和可研单位并与之签订委托协议。

(2)项目勘测环节:①测绘单位组建专业的测绘小组到项目区进行实地测绘;②根据测绘结果绘制地形图,编写项目区勘测报告;③修改和完善形成最终

---

① 2018 年 3 月,组建自然资源部,不再保留国土资源部,地方陆续改为自然资源厅、自然资源局,因为本书研究的时间为 2015 年之前,仍用原来名称。

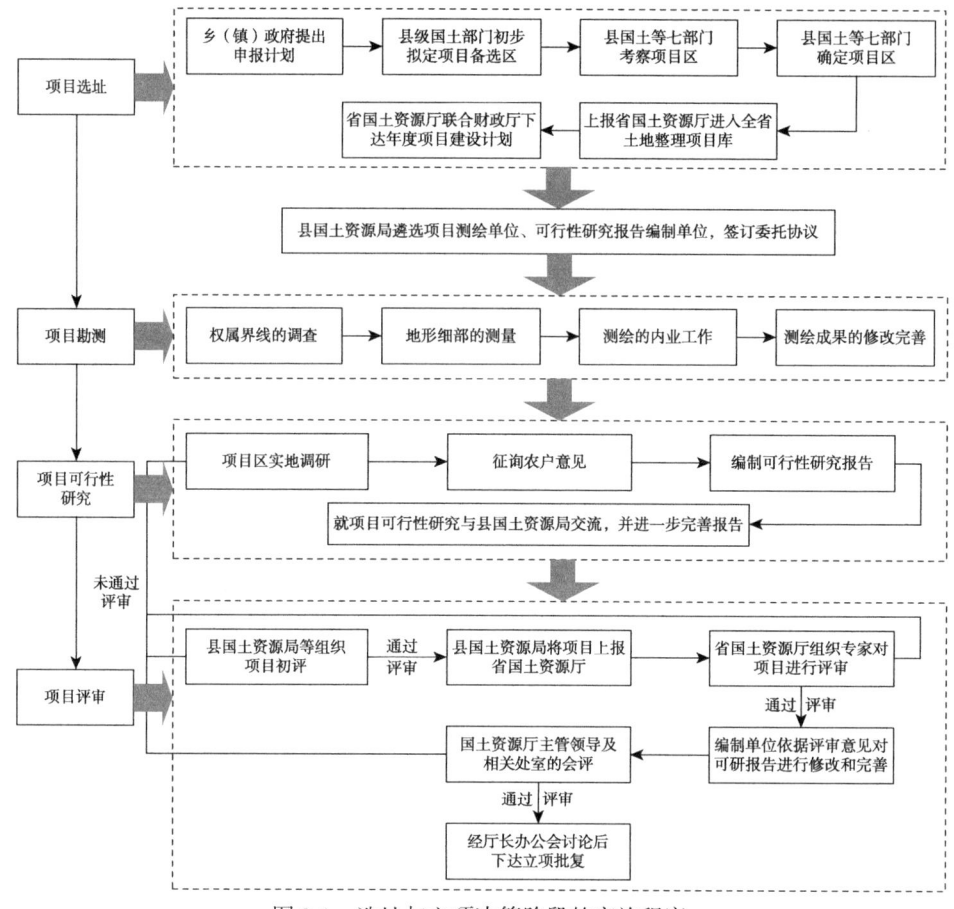

图 3-1 选址与立项决策阶段的实施程序

的测绘成果，为项目可行性研究提供基础资料。

（3）项目可行性研究环节：①可研单位组建小组到项目区开展踏勘调研，征询项目区农民的意见，获取实际数据和各项资料；②编制初步的可研报告；③可研工作小组就初步可研报告征询县国土资源局的意见，修订完善方案形成最终可研报告，上报县级国土资源局。

（4）项目评审环节：①县国土资源局会同农业、交通、水利、财政等部门及各领域专家、乡（镇）政府、农民代表组成评审小组，对项目立项决策方案开展初评工作，可研方案通过初审后向省国土资源厅提交立项申请；②省国土资源厅委托地（市、州）国土资源局对申报项目进行实地审查，对审查通过的项目，省国土资源厅组织专业技术评审小组审核可研报告；③编制单位依据评审的意见修改和完善可研报告，国土资源厅主管领导及相关处室的会议研究各申报项目是否立项入库；④召开厅长办公会，最终确定立项入库的项目，并将立项批复下达各县级国土资源局。

3.1.2 农地整治项目规划设计阶段的实施程序

农地整治项目规划设计阶段主要包括规划设计单位的遴选、规划设计的准备、编制规划设计方案、规划设计的评审四个环节，其具体程序如图 3-2 所示（李文静，2013）。

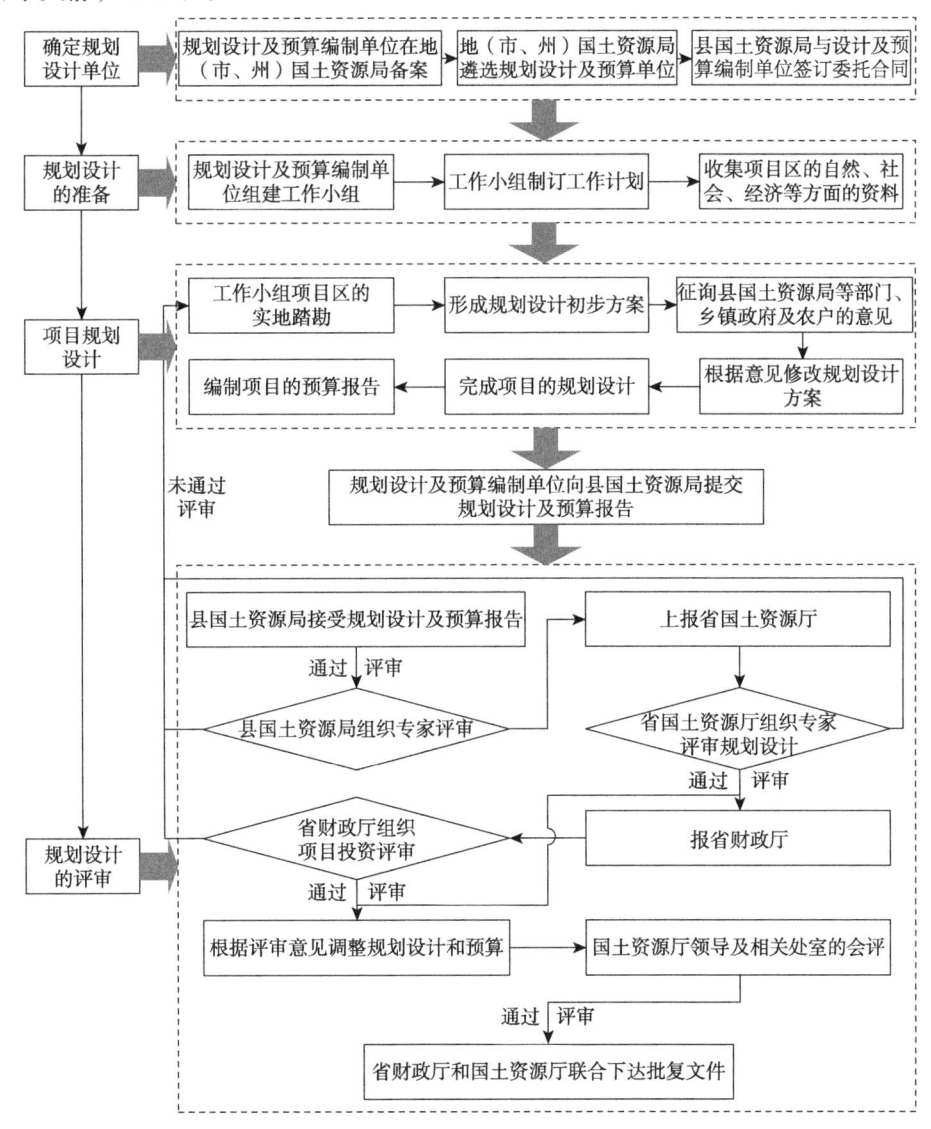

图 3-2 规划设计阶段的实施程序

（1）确定规划设计单位环节：①以公开招标的方式遴选规划设计及预算编制单位；②县国土资源局与之签订规划委托合同。

（2）规划设计的准备环节：①规划设计及预算编制单位组建规划编制小组，并制订工作计划；②规划编制小组赴项目区实地踏勘调研，收集基础数据资料，主要涵盖项目区的自然条件（如水资源分布情况）、土地利用（土地权属、耕地细碎化情况）、经济（如农村物价水平）、村规划资料等方面。

（3）规划设计方案编制环节：①依据调研的数据，编制项目区初步的规划设计方案；②规划单位就制订的初步方案向国土资源局、农业、环保和水利等部门、乡镇府及项目区农民征询意见，修改形成最终的规划设计方案，并编制项目的预算报告；③编制单位将最终方案和预算报告提交至县国土资源局。

（4）规划设计评审环节：①县国土资源局组织评审小组对方案展开初评工作，通过初审后提交至省国土资源厅；②省国土资源厅组织专业的技术评审小组审核规划设计方案；③审核通过后，省财政厅依据相关规定组织评审小组对项目预算进行评审；④规划设计及预算编制单位依据评审意见修改调整规划设计和预算；⑤省国土资源厅联合财政厅下达批文。

3.1.3 农地整治项目施工与竣工验收阶段的实施程序

项目施工与竣工验收的实施程序包含五个环节，分别是设立项目组织机构、招标、施工、设计变更环节及竣工验收，如图3-3所示（李文静，2013）。

（1）设立项目组织机构环节：①由县政府成立领导小组专门负责管理农地整治项目，由县国土资源局负责统筹协调，检查、纪检监察、财政和审计等部门负责监督，乡级政府负责当地群众与施工单位的协调工作；②县土地整治中心组建工程指挥部，并编制项目实施的具体方案。

（2）项目招标环节：①县土地整治单位编制施工招标方案；②市（州）国土资源局对招标方案进行审批；③审批通过后，运用网络、报纸等媒体公开发布施工及监理的招标公告；④市（州）国土资源局组织评标专家小组遴选出最佳的工程监理单位，并与之签订监理合同；⑤县土地整治中心组织项目施工单位的招标工作，确定最佳施工单位并与之签订施工合同。

（3）项目施工环节：①县土地整治单位公开发布项目公告；②施工单位按照实施计划进行工程进度和质量的控制以及环境保护的管理，监理单位则对项目的施工过程进行全面监督，县土地整治中心对项目的实施情况和资金使用情况进行管理。

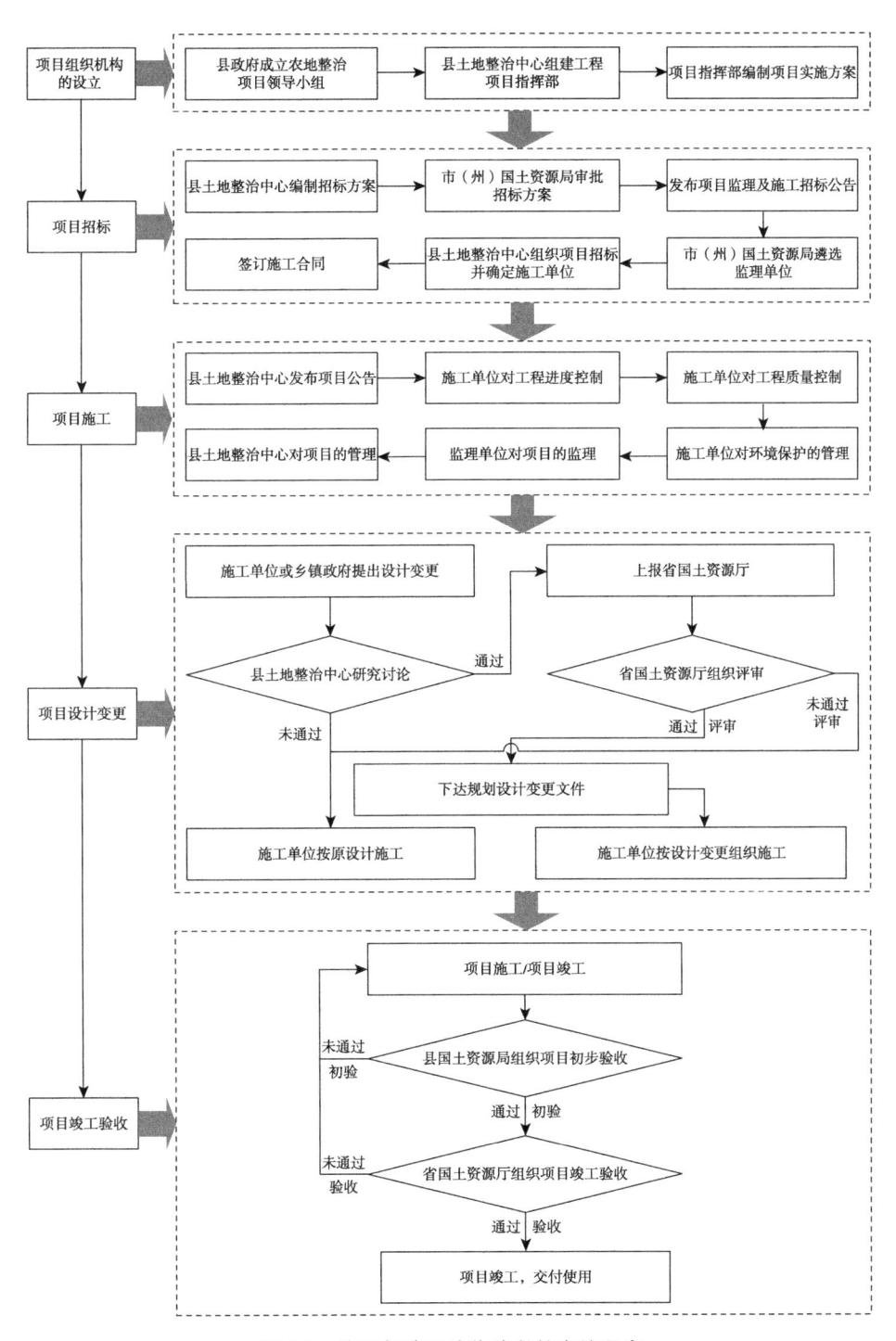

第3章 农地整治项目农户有效参与程序的重构 ·31·

图 3-3 施工与竣工验收阶段的实施程序

（4）项目设计变更环节：①施工单位或乡镇政府准备设计变更材料向县土地整治中心提出设计变更申请；②县土地整治中心就变更申请开展研究讨论会，讨论通过后报省国土资源厅（如果变更未通过施工单位按原设计组织施工）；③省国土资源厅组织专业评审小组对规划设计变更的原因、变更方案的合理性和可操作性等进行审查，评审通过后省国土资源厅下达规划设计变更文件。

（5）项目竣工验收环节：①工程建成后，施工单位准备材料向县国土资源局提交竣工验收申请；②县国土资源局对工程质量进行初步验收；③省国土资源厅组织相关部门的专业人员对工程进行验收，通过省国土资源厅验收后项目正式完工，投入使用。

3.2 农地整治项目实施的现状分析

3.2.1 实施农地整治项目的主要目标

实施农地整治可以改善农民生产条件和居住环境，提高利用土地的效率，保护农村生态，实现社会效益、经济效益和生态效益三者的统一（赵微和汪文雄，2010；王瑷玲等，2005；张正峰和陈百明，2003）。2015年中央一号文件指示，农地整治需要围绕促进农民增收和城乡发展一体化，统筹实施全国高标准农田建设总体规划，加强农业生态治理，创新土地流转和规模经营方式，深入推进农业结构调整，实现耕地数量的增加和农地质量的提高，保障农民收入的持续增加[①]。

3.2.2 农地整治项目实施目标的实现情况

我国农地整治项目经过十多年的发展取得了较大的成就，增加耕地面积的目标得到有效的实现，仅2010~2014年耕地的增加面积就达179.2万公顷，弥补了因受灾害而被损坏和因建设而被占有的农地面积，稳定了我国农地的面积，有利于我国粮食的安全[②]。2001~2010年我国建成了超过1 333.3万公顷稳产高产的基本农田，而在第十一个五年计划期间，通过土地整治，农民年均就获得了700多元的人均农业增收，而仅参与该工程的全国农民所取得的劳务收入超过了

---

① 中国农业新闻网：http://www.farmer.com.cn/ywzt/ssd/201504/t20150416_1025978.htm.
② 国土资源部：《2014年中国国土资源公报》，2015.

150亿元[①]。农村居民点的集中整治对我国农村的建设起到了较大促进作用，集约了土地，带来了集聚经济效益。通过我国农地整治开展实际情况可以看到，耕地面积的增加和农业生产条件的改善都得到真正的实现，然而其他目标的实现，如增加农民收入、规模化经营生产都是体现在个别和几个典型案例上，并不是体现在全国范围内的农地整治项目上的整体效果。在当前农村土地整治项目实施过程中还存在许多问题，影响着农地整治目标的实现程度。这些问题反映在农地整治项目的每一阶段中，每一个阶段中一些环节的工作效率低都会影响到农地整治项目的整体实施效果。

3.2.3 农地整治项目各阶段实施中存在的问题

（1）项目的选址与立项决策阶段。首先，当前农地整治项目的申报由乡（镇）政府独立进行，未征询项目区农民关于开展农地整治项目紧迫程度的意见，使得有限的国家资金很难投入最急需农地整治的地方，这导致农地整治财政资金分配不合理和不公平，资金利用效率低；同时未从农民那里了解当地实施农地整治能增加耕地的程度和平整后田块集中连片的程度，使得项目完成后新增耕地率十分不理想，田块也不能实现规模化经营（汪文雄等，2013a）。因此项目申报应将农地整治项目紧迫度作为核心考虑的指标，让农民主动参与项目的申报。其次，该阶段未编制农地权属调整方案，致使整治后田块细碎化程度难以得到改善，因此应依据农民的意愿编制出一个农地权属调整的方案。另外在可行性研究方案编制过程中可研小组未充分征询当地农民在农业生产中遇到的困难和亟待解决的问题（汪文雄等，2013a），方案中设计的工程措施不能满足项目区农业生产需求，各项工程内容的重要程度及优先顺序安排不合理，各项工程的布局不科学，农业生产问题得不到根本解决。因此在可行性研究报告编制过程中要让农民充分地参与，征询农民意见，了解他们对各项工程的实际需求，并向经验丰富的农民寻求好的解决问题的工程措施。

（2）规划设计阶段。我们在实地调研过程中发现农地整治项目区许多沟渠都被废置不用，通过与农民的交流了解到这些沟渠存在设计不合理的问题，有的渠道位置过低，水根本无法达到农田，而有的渠道离水源太远，无法发挥作用；农民还普遍反映田间道路未进行整治，使得到田间劳作非常不方便且相对耗时耗人力，这些都综合反映了现行农地整治项目规划设计方案中存在的不合理问题。由于规划编制阶段农民参与程度低，规划编制小组并未对项目区进行深入勘探，未广泛征询农民的意见，未了解农民的生产需

---

① 国土资源部：《全国土地整治规划》（2011—2015年），2012.

求，同时规划小组也未重视农民提出的问题和意见；规划方案编制出来后也未公开征询农民的建议就直接定案，致使规划方案严重不符合项目区农民的诉求，许多单项工程建成后不能发挥实际作用而被农民闲置，造成农地整治项目资金的浪费，甚至妨碍农业生产，成为农村自然生态的破坏者（胡小芳等，2008；黄琦，2008）。因此编制规划设计方案必须注重农民的参与，以确保规划方案的合理性。

（3）施工与竣工验收阶段。首先，现实中农地整治项目区许多工程损坏程度相对严重，一些工程新建后，使用时间很短就出现质量问题，这些都反映出农地整治项目工程质量低的问题。项目工程质量低主要有以下原因：施工单位为确保自己的经济利益最大化而偷工减料；农地整治项目施工中低安全事故发生率的特点使得某些政府人员、监理单位与施工单位合谋（黄熙和王春峰，2010）；施工单位随意改变规划设计使得最后完成的项目不满足农民的需求。出现上述原因主要是因为在施工与竣工验收阶段缺乏有效的监督，而农民是监督施工的有利主体。农民参与项目工程的施工监督是解决项目监管不力和合谋问题的有力措施（汪文雄等，2013b；吴诗嫚，2014）。因此要在施工阶段引入农民的监督。其次，施工中设计变更过多，施工单位未经农民同意随意改变规划设计，使得最后完成的项目不满足农民的需求，故设计变更中要加强农民的有效参与。另外负责权属调整的机构存在职责分工不明确的问题，致使权属调整工作效率低，并引发土地权属调整争议事件（胡昱东和吴次芳，2009）。而在村委领导下，农民主动积极地参与农地权属调整的分配可有效提高效率，避免争端。因此在权属调整落实环节应积极引导农民参与。

3.3 农户有效参与农地整治项目的实施程序

由农地整治项目实施过程中存在问题的分析可知，大部分原因是农地整治项目实施过程中许多的工作环节农民没有参与或参与程度很低。实践证明，农地整治项目决策过程中引入有效的农民参与可提高决策的合理性和项目操作性，并提升农民支持的程度（李文静，2013）。农民参与农地整治项目决策的制定和执行已是不可逆转的趋势（王会，2012）。因此解决农地整治项目上述问题的途径是农民的参与，准确地说是农民的有效参与，下面通过几个典型的案例说明农户有效参与农地整治项目的必要性和重要性。

3.3.1 农民参与有效性的典型案例分析

1. 广西龙州县农民自主的"小块并大块"农地整治新模式

广西龙州县在全县大力推广"小块并大块"的农地整治新模式，这种模式全程都非常注重农民的自主参与。首先在开展项目之初，龙州县国土资源局联合乡镇政府，聘请有经验的乡（村）干部和农民到各村进行宣传和思想工作，用事实积极告知农民参与的重要性，鼓励和引导农民参与，同时给予农民充分的自主决策权利，由农民自行决定是否参与项目；出台激励措施，鼓励农民自主申报农地整治项目。在农地权属方案编制环节，农民参与村"一事一议"和村民代表大会共同讨论农地权属调整方案，并提出修改意见，方案确定后需向农民公开并经过三分之二农民的同意才可实施；在农地权属方案落实环节，由农民主导权属分配工作，极大地保障了权属分配工作的顺利落实；同时权属分配后，农民在新地块划分图上按手印方可生效，这种做法确保了农地调整的程序和成果都是合法的，且全程都有农民的参与并取得了农民的认同，极大地减少了争议的发生。

该县自开展农民自主参与的农地整治到 2013 年，已整治了全县 26.7%的农地面积，1.33 万公顷[①]，田块得到大规模的归并，实现了农业经营的规模化和管理的现代化；新增耕地用来发展无公害蔬菜种植产业，亩产达 5 000 斤[②]，增加了当地农民的收入；交通条件的改善使农民与企业实现了长期合作。

2. 湖北仙桃市张沟镇高效种养基地农地整治项目

湖北仙桃市张沟镇作为新农村建设实验区的重点镇，对仙桃市整体经济社会发展有着重要影响。然而由于气候条件带来的旱灾和水灾较多，以及低水平的农田水利设施建设，该镇的农业生产面临着较多的障碍，如土地利用效率低。仙桃市国土资源局联合乡（镇）政府通过实地考察，征询当地农民的意见，综合评估该地区开展农地整治项目的紧迫程度；同时结合区域特点评估张沟镇实施农地整治后农地集中连片的程度及新增耕地率，由农民和乡镇政府共同申报项目，而仙桃市国土资源局对申报项目按紧迫程度排序，将张沟镇选为仙洪新农村建设试验区较早实施农地整治的区域。

---

① 人民网：http://gx.people.com.cn/n/2014/0126/c179464-20479628.html.
② 1 斤=0.5 千克

张沟镇自实施农地整治项目以来,已平整超过130公顷的土地,疏挖渠道超过17万米,建设高标准农田水利设施1600处。通过农地整治项目的实施,张沟镇旱涝问题基本得到解决,农民综合生产能力显著增强;土地连片促使农业经营规模化,带动了当地特色产业的发展,其打造了百里养鳝经济圈,新增养鳝面积700公顷,成为全国养鳝第一镇,促进了项目区农民收入水平的提高。

3. 江苏金坛市上阮村的农地整治模式

江苏金坛市国土资源局秉承着"农民说好才是真的好"的原则,引导农民全程参与上阮村2000余亩"望天零星田"的农地整治工程。在项目开展前,国土资源局联合该村干部每家每户地走访,征询农民的意见,并召开村民动员大会,取得村民的同意并让农民在协议书上签字。在项目施工环节,市国土资源局聘请上阮村的农民作为正式的监督人员,全程参与农地整治工程施工的监督:农民作为监督员参与监督工程的竞标,确保施工单位选择公开公平;项目施工过程中,农民作为"巡查员"定期巡查项目的施工,及时反馈监督过程中发现的问题,并督促施工单位返修;工程项目完成后,由农民代表组成"验收小组"对项目单项工程进行严格的竣工验收,只有农民验收代表签字同意后施工单位才能结算工程款。

上阮村实行的这种农民全面、严格地参与项目工程的监督方法,确保了该村实施的26个农地整治项目都按照规划的高标准完成了。通过农地整治项目的实施,上阮村90%的农地完成了整治,建立了1.05万亩的现代农业产业园区。截至2012年底,该村取得8770万元的总经济产值,村民人均年收入由8年前的不足5000元增加到14900元,青中年农民被吸引而离城返村工作,农村焕发出充满活力的面貌。

3.3.2 农地整治项目农民参与实施程序的构建

1. 选址与立项决策阶段农民参与的实施程序

为提高农地整治项目选址与立项决策阶段农民参与的程度,本节对现行立项决策程序进行优化,设计出农民参与模式下项目选址立项决策阶段的实施程序,其主要包含农民申报、项目选址、项目勘测、确定权属调整方案、项目可行性研究、项目评审六个环节的工作,具体优化程序如图3-4所示。

第3章 农地整治项目农户有效参与程序的重构 ·37·

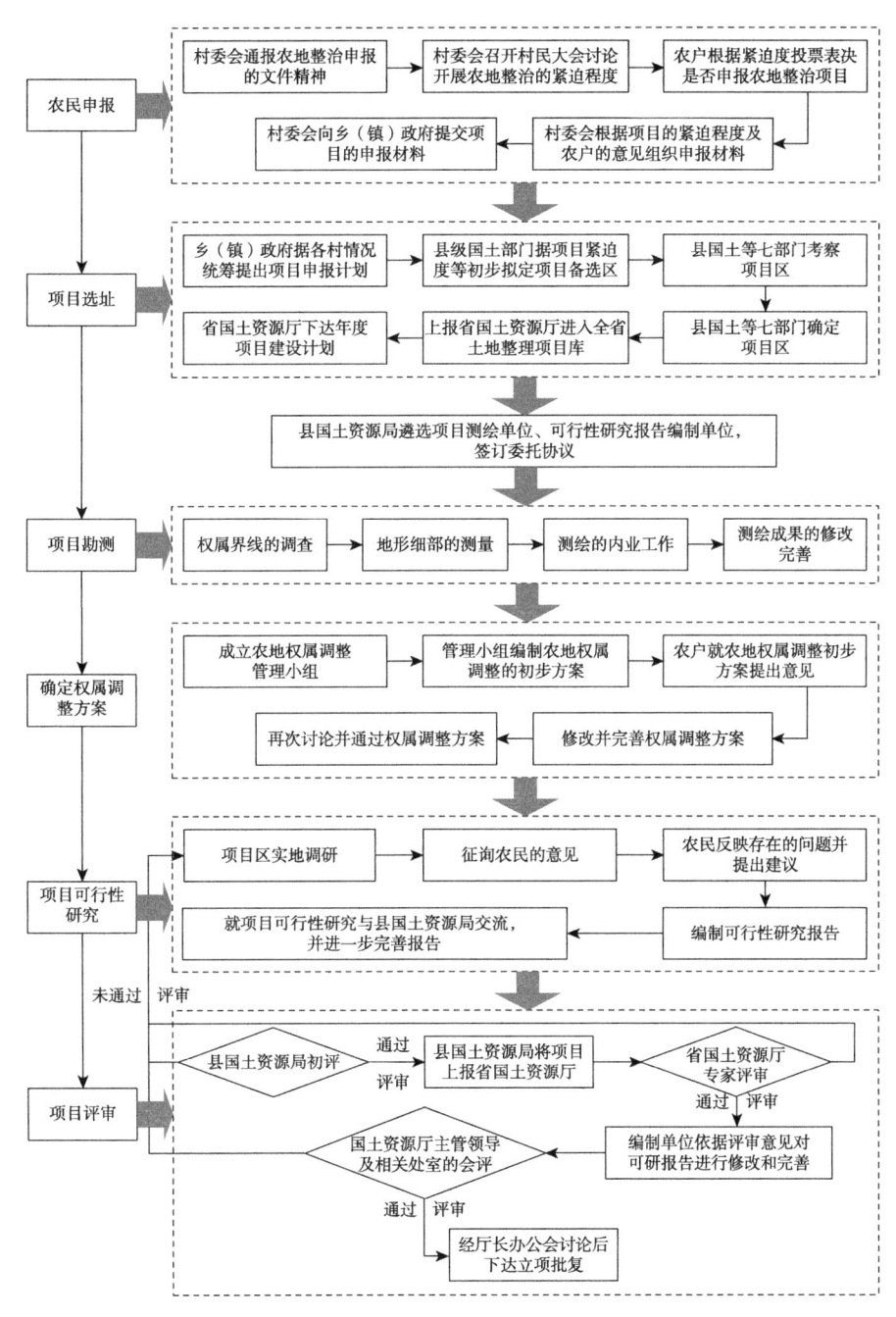

```
农民申报
  ├─ 村委会通报农地整治申报 → 村委会召开村民大会讨论 → 农户根据紧迫度投票表决
  │  的文件精神              开展农地整治的紧迫程度    是否申报农地整治项目
  └─ 村委会向乡（镇）政府提交 ← 村委会根据项目的紧迫程度及
     目的申报材料              农户的意见组织申报材料

项目选址
  ├─ 乡（镇）政府据各村情况 → 县级国土部门据项目紧迫 → 县国土等七部门考察
  │  统筹提出项目申报计划    度等初步拟定项目备选区    项目区
  └─ 省国土资源厅下达年度 ← 上报省国土资源厅进入全省 ← 县国土等七部门确定
     项目建设计划              土地整理项目库            项目区

     县国土资源局遴选项目测绘单位、可行性研究报告编制单位，
                   签订委托协议

项目勘测
     权属界线的调查 → 地形细部的测量 → 测绘的内业工作 → 测绘成果的修改完善

确定权属调整方案
  ├─ 成立农地权属调整 → 管理小组编制农地权属 → 农户就农地权属调整初步
  │  管理小组              调整的初步方案          方案提出意见
  └─ 再次讨论并通过权属调整方案 ← 修改并完善权属调整方案

项目可行性研究
  ├─ 项目区实地调研 → 征询农民的意见 → 农民反映存在的问题并提出建议
  └─ 就项目可行性研究与县国土资源局交流， ← 编制可行性研究报告
     并进一步完善报告

项目评审
     县国土资源局初评 →通过评审→ 县国土资源局将项目 → 省国土资源厅专家评审
     ↑未通过评审                上报省国土资源厅        ↓通过评审
     国土资源厅主管领导 ← 编制单位依据评审意见对
     及相关处室的会评      可研报告进行修改和完善
     ↓通过评审
     经厅长办公会讨论后下达立项批复
```

图 3-4 选址与立项决策阶段农民参与的实施程序

与农地整治项目选址与立项决策阶段的实施程序相比，优化设计出的选址与立项决策阶段农民参与的实施程序主要有以下不同点：①为满足农地整治项

目紧迫度不高，提高有效利用率，参照广西龙州和仙桃张沟镇农地整治中推行的鼓励农民自主参与项目申报的做法，农民参与的实施程序中加入了农民申报环节：首先是各村村委会向村民通报农地整治申报的文件精神，村委会召开村民大会讨论本村是否迫切需要开展农地整治项目。其次村委会依据项目的紧迫度表决结果和农民的意见组织农地整治项目申报的材料，并将之提交给乡（镇）政府。②为解决农地整治后田块细碎化程度未能得到改善的情况，结合广西龙州农地整治中通过"一事一议"和村民代表大会引导农民参与农地权属调整方案编制的做法，加入了编制农地权属调整方案的环节：首先，项目区村委会成立农地权属调整的管理小组，其依据项目区情况编制初步的农地权属调整方案。其次，召开村民大会或"一事一议"会议广泛征询农民的意见，管理小组根据农民的意见修改并完善方案后提交村委会。最后，村委会再次召开村民大会和农民进一步讨论，获得农民同意后确定权属调整方案并公示。③针对可研方案编制不合理造成项目工程措施不能解决农民生产实际困难的情况，在可研方案编制环节加入征询农民意见的步骤，注重考虑农民反映的问题并吸纳其提出的合理意见。

2. 规划设计阶段农民参与的实施程序

为提高农地整治项目规划设计阶段农民参与的程度，本节对现行规划设计程序进行优化，设计出农民参与模式下项目规划设计阶段的实施程序，其主要包括规划设计单位的确定、规划设计的前期准备、制订规划设计方案及规划设计的评审四个环节的工作，具体优化程序如图 3-5 所示。

与农地整治项目规划设计阶段的实施程序相比，优化设计出的规划设计阶段农民参与的实施程序主要有以下不同点：①为解决规划设计方案由于未充分征询项目区农民的意见的需求而导致规划方案设计得不合理问题，农地整治项目工程建成后不能高效发挥作用或无法使用被闲置的情况，在编制初步规划设计方案之前，重点访谈当地村委会和村民，了解村农业基础设施情况及农业生产方面存在的障碍，征询农民对农地整治规划的要求和建议，据此编制出规划设计及预算的初步方案。②为进一步保证规划设计的合理，使规划设计尽可能地满足农民的要求和生产需求，初步规划设计方案编制后，将初步方案告知项目区农民，询问他们的意见，根据他们的意见修改和完善项目的规划设计方案。③为有效提高项目规划设计的实用性，依据江苏金坛上阮村实施农地整治中秉承的"农民说好才是真的好"的原则，加入农民评审环节：完成规划设计方案后，需组织农民代表评审会议，从农民的角度评价规划设计的合理性，并将农民代表评审结果在项目区各村小组公布，农民无异议后，规划设计方案才提交至上一级。

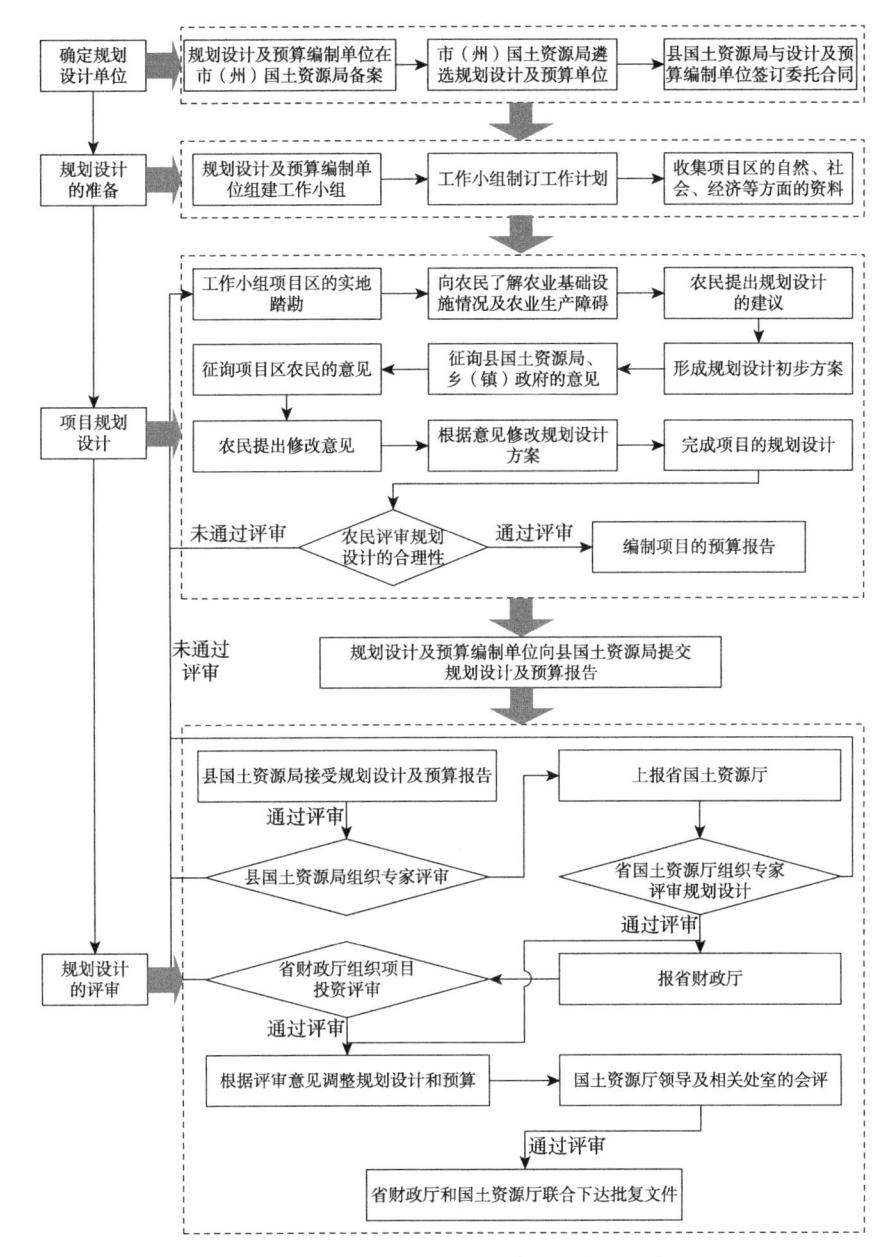

图 3-5　规划设计阶段农民参与的实施程序

3. 施工与竣工验收阶段农民参与的实施程序

为了提高农地整治项目施工与竣工验收阶段农民参与的程度，本节对现行施工与竣工验收程序进行优化，设计出农民参与模式下项目施工与竣工验收阶段的实施程序，其主要包括五个环节的工作，分别是设立项目组织机构环节、项目的招标环节、项目的施工环节、项目的设计变更环节和项目的竣工验收环节，具体优化程序如图 3-6 所示。

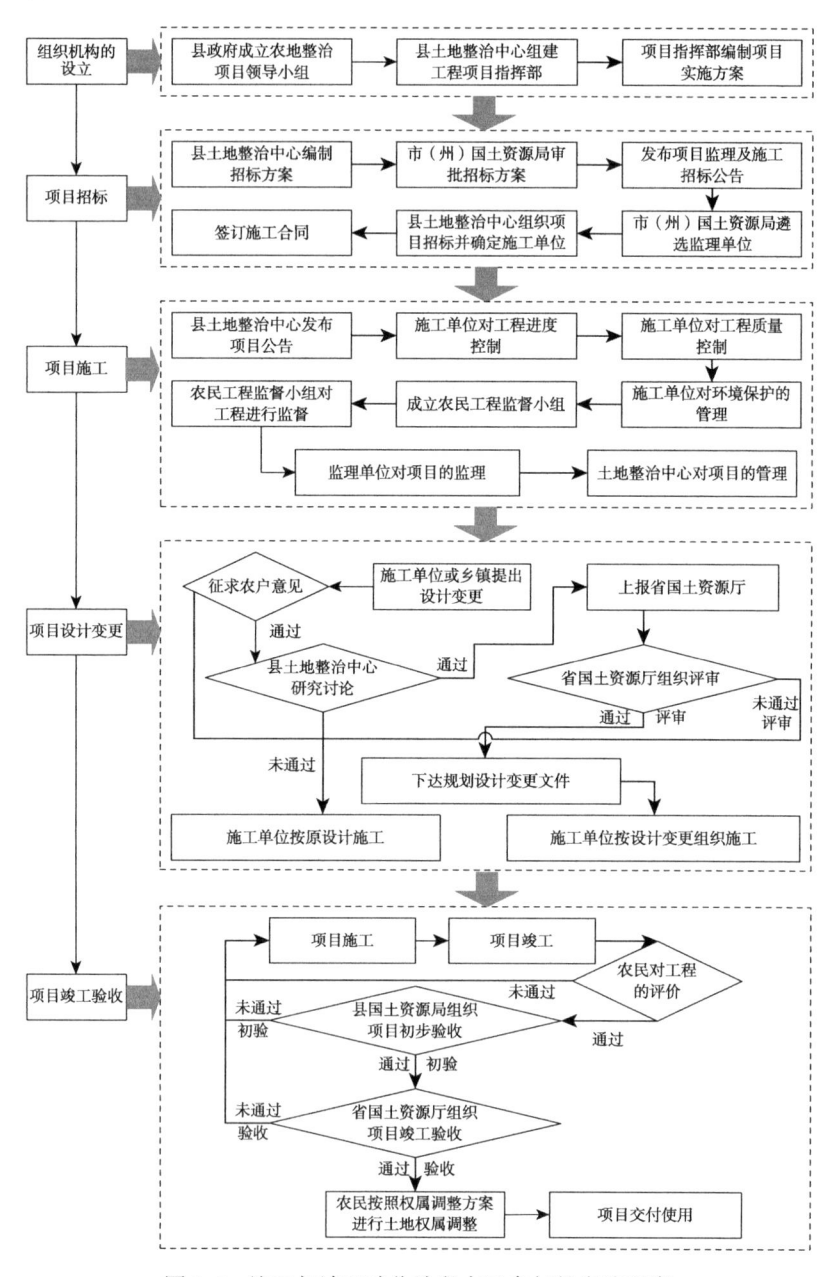

图 3-6 施工与竣工验收阶段农民参与的实施程序

与农地整治项目施工与竣工验收阶段的实施程序相比，优化设计出的施工与竣工验收阶段农民参与的实施程序主要有以下不同点：①为解决施工阶段施工单位偷工减料、政府和监理单位与施工单位合谋等导致项目工程质量低的问题，参照江苏省常州市金坛市国土资源局实施农地整治中聘请农民作为正式的监督人员监督施工过程的做法，在项目施工环节提出组建农民工程监督小组，赋予农民监督权，对工程的施工进行监督。②针对施工过程中施工单位随意变更设计导致工程完工后达不到原有的设计效果问题，在设计变更环节，提出设计变更要征询农民意见的步骤，经村民参与"一事一议"讨论确定后方能提出设计变更申请。③依据江苏省常州市金坛市上阮村实施农地整治中秉承的"农民说好才是真的好"的原则，在项目竣工验收环节加入农民评审环节：项目工程内容全部完成后，要先由村委会组织农民代表评审会议，评价工程建设的质量，并将农民代表评审结果公布，农民无异议后，施工单位方可提交验收申请。④为提高农地权属调整落实工作效率，减少调整过程矛盾冲突的发生，参照广西龙州县推行的以农民为主政府为辅的开展权属调整工作的做法，引入由农民主导调整农地权属的环节：项目通过省国土资源厅验收后，按照制订的权属调整方案，村民小组在乡（镇）政府指导和村委会负责下，组织农地权属调整的具体工作，权属调整完成后项目才可以正式交付使用。

3.4 农地整治项目农户有效参与的概念模型

3.4.1 托马斯有效决策模型

1. 托马斯有效决策模型的内涵

美国学者约翰·克莱顿·托马斯（Thomas）通过对典型案例的调查和研究，提出了著名的公民参与决策随机性的分析模型——有效决策模型。这个模型中有两个核心变量，即政策的质量和政策的公众可接受性，他认为二者的平衡是选择公众参与的领域和参与的程度的依据（王春雷，2008）。如果政策的质量是政府决策所主要追求的，那就必须保证决策过程具备更多的专业化元素；如果希望决策被公众接受的程度更高，则应更注重公众参与的效果，由此可见两者此消彼长（托马斯，2005）。托马斯还依据需要达到的政策可接受性目标，将公众参与按照参与类型和深度两个方面进行划分，公共管理者可根据公众参与的类型选择合适的参与途径。在该模型中，为确定公共决策更注重于两个核心变量中的哪一个，设置了 7 个需要政府管理者回答的问题，使政策制定科学合理（表 3-1）。

表 3-1 托马斯有效决策模型 7 个问题

1	2	3	4	5	6	7
决策质量要求什么？	政府有充足信息吗？	问题是否被结构化？	决策执行必须考虑公众的接受程度吗？如果无公众参与决策将是失效的吗？	谁是相关的公众？	政府与公众是否具有一致目标？	公众对于解决问题办法的选择是否存在冲突？

同时依据这几个问题的不同回答，确定了 5 种公众参与的管理决策模型，具体如图 3-7 所示。公民参与有效决策模型为政府在决策制定中确定公民参与的范围和程度提供了参考。

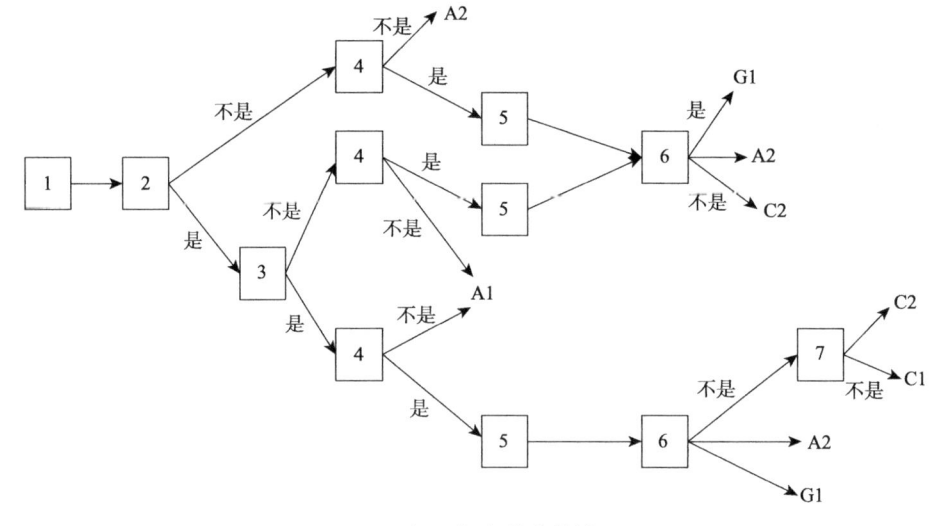

图 3-7 托马斯有效决策模型
A1=自主式管理决策；A2=改良式自主管理决策；C1=分散式公民协商决策；C2=整体式公民协商决策；G1=公共决策

2. 托马斯有效决策模型应用存在的缺陷

本书研究的核心是农户有效参与，而托马斯有效决策模型虽然提供了一个评判公众参与有效性的标准，可以让决策者按照这个标准确定参与决策的程度，然而对"公众有效参与"究竟该如何具体实现这一方面并没有给出解答（刘红岩，2014），因此在应用该模型时存在一定缺陷，具体表现在以下几个方面。

（1）该模型中提出了 5 个公共管理决策模型，每种模型都代表了不同的公众参与程度，强调了区分参与程度的重要性。但其非常抽象，并没有提出一个衡量参与程度的办法和标准。

（2）该模型中提出通过 7 个问题的回答决定出采取的管理决策，这是一种自上而下的问答模式，全过程都由公共管理者掌控公众参与的程度和范围，而公众如何参与、公众参与的结果怎样自下而上准确地传递给管理决策者，这些问题该模型都未给出答案。

（3）该模型从两个维度界定了公众参与的有效性，然而忽视了对参与结果的评估，没有对自己的模型进行一个验证，是一个静态模型，因此运用该模型直接测度参与有效性缺乏强有力的依据。

（4）通过该模型确定的管理决策仅仅只是一个公共事务整体的公众参与范围和程度，并没有与公共事务决策制定的每一个过程相关联，很难实现有效参与。

3.4.2 农地整治项目农户有效参与概念模型的构建

1. 概念模型构建的依据

托马斯有效决策模型为政府管理者在不同公共政策的制定、政策的执行过程中选择不同范围和不同程度的公民参与提供了参考，但在实践中证明这一随机性决策模型未对参与效度进行具体阐述，也未能完整地回答究竟怎样做才能实现公民的有效参与，更未能指出如何评估公民参与的有效性。为此，该模型引入国内后，国内学者从有利于实现有效参与的基本原则出发对该模型进行了本土化重构（刘红岩，2014）。要实现有效的参与必须解决三个核心问题：参与的主体是谁、参与的内容是什么、参与的方式是什么，即确保有广泛性或代表性的主体参与、有清晰的参与领域、有多种适宜的参与渠道以保证参与的畅通，确保参与的深度，保证公民参与过程中意见表达的自主性、充分性等，并知晓意见的反馈情况。农地整治项目涉及的公民主要是项目区的农民，因此以托马斯公众参与有效决策模型为基础重构的新模型可以为研究农地整治项目农户有效参与提供较好的理论基础。

2. 构建农户有效参与的概念模型

农民是农地整治项目最终的使用者和受益者，农地整治项目通过服务于项目区农民的农业生产从而保障国家的粮食安全。因此，农地整治项目的决策既要考虑农民的可接受程度，同样也需考虑决策质量，两者同等重要，这就决定了农地整治项目必须引入农民参与。就参与主体而言，既包括单个农民（如普通农民、农民精英），也包括各种农民组织（如农村合作社、耕地保护协会、村委会等）。农民精英主要是指靠智慧和勤劳致富的家庭农场主和部分农民知识分子等，他们的认知能力、思维能力和表达能力等参与能力较之普通农民要强，其有效参与度也更高；同时，因农民组织的组织联盟能力、资源集聚能力及协商沟通能力等参与能力要强于非组织的农民个体，故有农民组织的参与要比非组织的个体农民参与效果更佳。项目区各农户的农业生产情况也不尽相同，项目应在确保决策质量的条件下尽可能地满足大多数农户的需求，因此农民参与主体应具有良好的广泛性或代表性，以确保参与者能代表广大农民的利益。

根据相关文献研究和工程实践，在农地整治项目的选址与立项决策阶段，存在的突出问题是有限的国家资金很难投入最急需农地整治的地方以确保公平性、编制的农地整治初步方案缺乏科学性（如整治目标不明确、各工程内容的重要程度及优先顺序安排不合理、各项工程的布局不科学等）、未编制农地权属调整方案致使整治后田块细碎化程度未能得以改善、农地整治项目可行性研究报告脱离实际等；在规划设计阶段，存在的问题是设计单位因未能充分调查研究，对项目区的农业基础设施情况及生产障碍缺乏了解，初步设计方案和规划设计未充分征求农民意见致使设计缺乏科学性和合理性；在施工与竣工验收阶段，存在的问题是政府国土部门与施工单位合谋导致工程质量低下（汪文雄等，2013a，2013b，2013c；王文玲，2012）。上述问题的解决有赖于项目区广大农民的参与，这也为农民参与领域的确定提供了依据。同时，政府国土部门应针对具体的参与领域为农民参与提供多种适宜的渠道，以确保参与的有效性。参与的深度是指农民对项目决策或实施过程的影响程度，可从参与的层次考察，即农民参与的意见能够传达到政府权力层级的高度决定农民参与的诉求实现的程度。农地整治项目农民参与的效度包括参与的自主性、参与的充分性、意见的表达效果、意见的接受程度及未接受意见的反馈情况等。从参与的自主性而言，农民应该对参与的农地整治事项有清晰的认识，不受他人的干扰；农民参与的充分性是指就农地整治的相关事项能进行深入辩论，反复比较，以形成相对统一的意见；农民意见的表达效果是指针对农地整治项目具体事项能完整、准确和清楚地表达自己的意见或观点；未接受意见的反馈情况是指政府国土部门或其委托单位（如可行性研究单位、规划设计单位、监理单位等）对未接受意见的解释等反馈情况。综上所述，构建农地整治项目农户有效参与的概念模型，如图 3-8 所示。

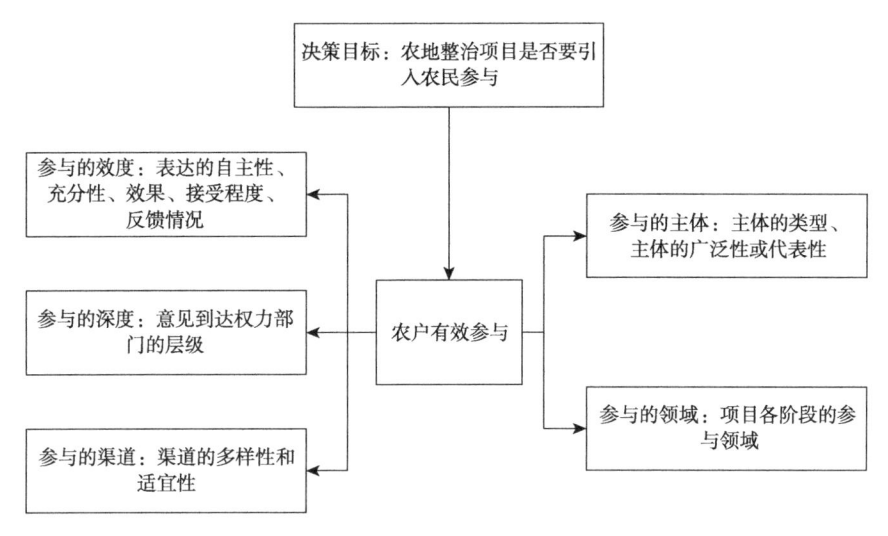

图 3-8 农户有效参与概念模型

3.5 本章小结

本章阐述农地整治项目三个阶段的实施程序，分析了当前我国农地整治项目建设过程中突出的问题；针对如何解决这些问题，对典型农地整治项目案例取得成功的做法进行分析，表明农户有效参与农地整治项目的立项决策、规划设计和施工监督能显著提高农地整治项目实施效果；基于此，借鉴成功案例的经验设计了农地整治项目各阶段农民参与的实施程序。以托马斯有效决策模型为理论基础，通过对文献的梳理分析了该模型在引入国内实践运用中存在的不足，基于国内学者对该模型重构的研究成果，构建了农地整治项目农户有效参与的概念模型，为第 4 章测度农户有效参与度奠定了基础。

第4章　测度指标体系构建与样本分析

在第 3 章中，笔者通过已有文献成果与相关理论的分析，围绕农户有效参与（F）、农地整治项目管理行为（M）及农地整治项目绩效（P）这三个变量，构建了农户有效参与影响农地整治项目绩效的基本理论路径。本章旨在结合项目实际，构建农户有效参与（F）、农地整治项目管理行为（M）及农地整治项目绩效（P）这三个变量的测度指标体系，并在此基础上对样本数据进行初步统计分析，揭示研究区域样本及其变量特征，为进一步研究农户有效参与对农地整治项目绩效的影响路径及其效应奠定基础。

4.1　变量测度指标体系的构建

4.1.1　测度指标选取的原则

科学地选取变量测度指标，构建合理的测度指标体系是保证研究的科学性、准确性的前提。为使构建的指标体系能准确客观地对变量进行测度，测度指标的选取必须遵从以下原则。

1. 科学性原则

科学性是指农户有效参与（F）、农地整治项目管理行为（M）及农地整治项目绩效（P）这三个变量的指标体系构建必须以科学的理论和研究成果为基础，这意味着：第一，所选取的指标内涵应明确且具有代表性，能科学地反映出变量的属性或特征；第二，要科学地选择指标量化方法和数学分析模型。

2. 可行性和可操作性原则

可行性和可操作性原则是指在指标选取的过程中，不仅要考虑所选取指标的内涵能在理论上得到详细明确的阐释，还要考虑在实际调研过程中指标数据的可获得性以及是否便于量化分析。

3. 独立性原则

各变量的测度体系往往涉及较多指标，为确保测度结果的合理性与准确性，在指标选取中必须要充分、细致地明确各指标的内涵与界限，尽量避免指标之间的交叉重叠，保证各指标之间相互独立。

4. 精简性原则

若指标体系中存在过多的测度指标，往往会分散重要指标对变量的解释度，降低方法的有效性。因此在测度指标的选取过程中，在保证指标系统尽可能全面涵盖的同时，也要确保测度方法的有效性，将全部信息尽可能集中在核心指标中，精简指标体系。

4.1.2 各变量测度指标体系的构建

本书主要涉及农户有效参与（F）、农地整治项目管理行为（M）及农地整治项目绩效（P）这三个变量，因此本节测度指标体系的构建将分别围绕这三个变量进行。

1. 农户有效参与（F）测度指标体系

托马斯有效决策模型是构建农户有效参与（F）测度体系的重要理论依据。20世纪60年代，公众参与在美国联邦政府项目中得到了广泛运用，研究者和实践者们一致认为公众参与有助于提高政府公共项目服务绩效（托马斯，2005）。但随着公众参与的逐渐深入，人们开始发现公众参与并不必然对项目的决策过程都产生积极影响。为此，美国著名公共管理学者托马斯基于平衡与随机性观点提出了"公众参与有效决策模型"，将有关公共决策制定和执行的两个核心变量——政策的质量与政策的可接受性引入公众参与有效决策模型中，为衡量公众参与的范围与程度提供了依据。托马斯（2005）认为政策的质量与政策的可接受性是此消彼长的，如若政府追求的是政策的质量就要保证政策决策过程更多地具备专业化的元素；如若政府追求的是政策的可接受性就应该确保公众参与的效果；在该模型中，政府管理决策者需要回答 7 个问题以明确公共决策的要求，并理性地思考政策制定和执行过程中各利益相关主体的边界；同时进一步依据问题的不同回答（公共决策的性质），划分了 5 种决策类型：自主式管理决策（A1：公共管理者在没有公众参与的情况下独自进行决策）、改良式自主管理决策（A2：公共管理者从不同的公众群体中收集信息，然后独自决策，这种情况下公众的要求或建议有可能会得不到反映）、分散式公民协商决策（C1：公共管理者与不同的公众群体探讨，听取观点建议，并做出反映这些群体要求的决策）、整体式公民协商决策（C2：公共管理者与作为单一集合体的公众探讨问题，并做出反映公众群体要求的决策）、公共决策（G1：公共管理者与整合起来的公众探讨问题，并试图就问题的解决方案达成共识）。

虽然托马斯公众参与有效决策模型为公众参与的有效性的评判提供了理论依据，但是对公民究竟如何才能实现有效参与以及如何评估公民参与的有效性，该模型未能给以完整的阐述与解释。为此，国内学者在该模型的运用实践中，结合研究实际，从有利于实现有效参与的基本原则出发对原模型进行了本土化重构。汪文雄等（2015a）以本土化重构后的有效决策模型为基础，提出了农户有效参与的概念模型，并结合农地整治项目各阶段内容与特征，从参与范围、参与主体、参与渠道与深度、参与效度建立了农地整治项目农户有效参与的测度指标体系，为本章中农户有效参与测度指标体系的建立提供了参考。

本节在此沿用了汪文雄等（2015a）所构建的测度指标体系，即从参与范围（Scop）、参与主体（Part）、参与渠道与深度（Chan）、参与效度（Vali）对农户有效参与度进行测度，具体内容见表 4-1。农民参与范围（Scop）涉及农地整治项目的选址与立项决策、规划设计、施工与竣工验收三个阶段，在不同的项目阶段，参与范围的内容不同，因此其各阶段的测度指标也存在差异。在参与范围（Scop）这一维度中，$x_1 \sim x_4$ 为选址立项阶段测度指标，$x_5 \sim x_7$ 为规划设计阶段测度指标，$x_8 \sim x_{11}$ 为施工与竣工验收阶段测度指标。参与渠道与深度（Chan）是指农民在农地整治项目决策与实施过程中的影响程度，可通过农民的意见或观点到达权力部门的等级来刻画。在参与效度（Vali）这一维度中，"农民参与的自主性"是指农民能对农地整治项目参与事项有清晰的认识，不受他人干扰；"农民参与的充分性"是指农民能对参与的农地整治相关事项充分发表意见，进行深入讨论比较并形成统一的意见；"农民意见的表达效果"则是指农民能针对农地整治项目的具体事项将自己的观点或意见完整、准确、清楚地表达出来。

表 4-1　农户有效参与测度指标量表

潜变量	观测变量	代码	定义	取值
参与范围 （Scop）	参与有关农地整治的必要性及紧迫性的讨论	x_1	未参与/参与	0 或 1
	参与农地整治初步方案的讨论	x_2	未参与/参与	0 或 1
	参与农地权属调整方案的讨论	x_3	未参与/参与	0 或 1
	参与项目可行性研究的论证与评审	x_4	未参与/参与	0 或 1
	配合设计单位的调研并及时回答提问	x_5	未参与/参与	0 或 1
	针对规划设计初步方案提意见	x_6	未参与/参与	0 或 1
	参与规划设计合理性讨论或评审	x_7	未参与/参与	0 或 1
	参与日常工程质量监督	x_8	未参与/参与	0 或 1
	参与设计变更的讨论或被征求意见	x_9	未参与/参与	0 或 1
	参与工程质量的验收活动	x_{10}	未参与/参与	0 或 1
	参与农地权益分配与确权活动	x_{11}	未参与/参与	0 或 1
参与主体 （Part）	农民参与的主体类型	x_{12}	单一~五种及以上	0.2~1
	农民参与的广泛性	x_{13}	很不广泛~很广泛	0.2~1
参与渠道与 深度 （Chan）	农民参与渠道的种类数	x_{14}	单一~五种及以上	0.2~1
	农民参与渠道的适宜性	x_{15}	不适宜~很适宜	0.2~1
	农民意见到达权力部门的层级	x_{16}	很低~很高	0.2~1
参与效度 （Vali）	农民参与的自主性	x_{17}	很低~很高	0.2~1
	农民参与的充分性	x_{18}	很低~很高	0.2~1
	农民意见的表达效果	x_{19}	很不好~很好	0.2~1
	政府国土部门或委托代理部门对农民意见的接受程度	x_{20}	很低~很高	0.2~1
	未接受意见的反馈情况	x_{21}	很少~很多	0.2~1

2. 农地整治项目管理行为（M）测度指标体系

农地整治项目管理行为（M）包括了目标管理、决策与计划、执行、资源管理、组织与协调等职能（Mir and Pinnington，2014）。目标管理是农地整治项目管理的首要任务，其目标主要体现在提高耕地质量、改善农业生产条件、确保工程质量和工期、保护生态环境等，目标管理就是要确保上述目标的明确性、科学与合理性（目标要依据国家和地方的政策、规划设计规范或标准、工程预算定额及施工规范等制定）、各参与主体（农民、政府等）的目标一致性，并明确项目的实施范围（项目边界或项目范围）。在决策与计划过程中，应确保项目决策的科学性（决策的制定要依据相应的政策、规范和标准，满足农户的农业生产要求）、各项工作计划的完备性（项目选址与立项决策、规划设计、施工与竣工验收三大阶段各项工作计划完整、具体）、计划与目标相匹配。在项目执行环节，应努力实现工作任务执行的及时性和规范性、计划与任务执行相匹配、落实工作任务的检查与反馈等。农地整治项目的资源主要包括资金资源、项目区可利用的旧设备及水工建筑物、农村劳动力资源等，其资源管理就是要做好各项资源的准备工作、科学管理与合理利用上述各项资源，实现资源的优化配置。组织与协调的作用就是围绕农地整治项目既定的各项目标，协调各参与主体（特别是农民与其他实施主体）之间利益，共同全力地配合项目的实施，以形成高效的建设团队，努力实现农地整治项目的建设目标。组织与协调主要是明确各参与主体的职责，实现农民与政府国土部门、中介咨询机构、施工单位等之间的良好沟通和协调。本节从目标管理（Aim）、决策与计划（Plan）、执行（Impl）、资源管理（Reso）以及组织与协调（Coor）这 5 个方面构建了农地整治项目管理行为的测度指标体系，并分别根据农地整治项目各工作内容与主要职能对各方面的测度指标进行具体化分析，最终形成了 5 个一级指标，18 个二级指标的农地整治项目管理行为的测度指标体系，具体见表 4-2。

表 4-2 农地整治项目管理行为测度指标量表

潜变量	观测变量	代码	定义	取值
目标管理 （Aim）	各主体目标的明确性	y_1	很差~很好	0.2~1
	目标的科学与合理性	y_2	很差~很好	0.2~1
	各参与主体的目标一致性	y_3	很差~很好	0.2~1
	项目范围的明确程度	y_4	很差~很好	0.2~1
决策与计划 （Plan）	决策的科学性	y_5	很差~很好	0.2~1
	各项工作计划的完备性	y_6	很差~很好	0.2~1
	工作计划与目标的匹配性	y_7	很差~很好	0.2~1
执行 （Impl）	工作任务执行的及时性	y_8	很差~很好	0.2~1
	工作任务执行的规范性	y_9	很差~很好	0.2~1
	工作计划与任务执行的匹配程度	y_{10}	很差~很好	0.2~1
	工作任务检查与反馈情况	y_{11}	很差~很好	0.2~1
资源管理 （Reso）	资源的准备情况	y_{12}	很差~很好	0.2~1
	资源的科学管理情况	y_{13}	很差~很好	0.2~1
	资源的合理利用情况	y_{14}	很差~很好	0.2~1
组织与协调 （Coor）	各参与主体职责的明确程度	y_{15}	很差~很好	0.2~1
	政府与农民间的沟通和协调情况	y_{16}	很差~很好	0.2~1
	设计单位与农民间的沟通情况	y_{17}	很差~很好	0.2~1
	施工单位与农民间的沟通情况	y_{18}	很差~很好	0.2~1

3. 农地整治项目绩效（P）测度指标体系

当前学术界关于农地整治项目绩效（P）的讨论已经从重视项目结果的绩效观逐渐向过程与结果并重的绩效观转变。在农地整治项目中，项目的立项决策、规划设计以及项目施工是项目过程的体现，项目的竣工验收则为项目结果的体现。在项目立项过程中，工程措施方案的合理性、农地权属调整方案的合理性是农民主要关注的内容；在项目规划设计过程中，土地平整工程、灌排工程、田间道路以及农田防护等几大基本工程的规划布局的合理性是农民关注的焦点；在项目施工过程中，农民主要关注的内容是项目的资金控制，施工的友好性，施工对环境、农业生产的影响，以及项目的变更是否合理；项目竣工后，农民关注的主要内容是工程按期完工率、田水路林村基本工程的质量以及农地权属调整的结果等。因此，本节基于农民的视角从决策方案的合理性（Sche）、规划布局的合理性（Layo）、施工管理的效果（Cons）以及竣工工程的满意度（Comp）这4个方面，并依据农地整治项目各阶段农民关注的具体内容，共选取20个测度指标构建了农地整治项目绩效测度的指标体系，具体见表4-3。

表4-3 农地整治项目绩效测度指标量表

潜变量	观测变量	代码	定义	取值
决策方案的合理性（Sche）	工程措施方案的合理性	z_1	很不合理~很合理	0.2~1
	农地权属调整方案的合理性	z_2	很不合理~很合理	0.2~1
规划布局的合理性（Layo）	平整工程规划布局的合理性	z_3	很不合理~很合理	0.2~1
	灌排工程规划布局的合理性	z_4	很不合理~很合理	0.2~1
	田间道路工程规划布局的合理性	z_5	很不合理~很合理	0.2~1
	农田防护工程规划布局的合理性	z_6	很不合理~很合理	0.2~1
	居民点整理工程规划布局的合理性	z_7	很不合理~很合理	0.2~1
施工管理的效果（Cons）	设计变更的满意程度	z_8	很不满意~很满意	0.2~1
	项目投资控制情况	z_9	偏差很大~偏差很小	0.2~1
	施工过程中友好性	z_{10}	很不满意~很满意	0.2~1
	环境保护的满意度	z_{11}	很不满意~很满意	0.2~1
	施工对农业生产负面影响程度	z_{12}	很大~很小	0.2~1
竣工工程的满意度（Comp）	按期完工率的满意度	z_{13}	很不满意~很满意	0.2~1
	平整工程质量的满意度	z_{14}	很不满意~很满意	0.2~1
	灌排工程质量的满意度	z_{15}	很不满意~很满意	0.2~1
	田间道路工程质量的满意度	z_{16}	很不满意~很满意	0.2~1

续表

潜变量	观测变量	代码	定义	取值
竣工工程的满意度（Comp）	农田防护工程质量的满意度	z_{17}	很不满意~很满意	0.2~1
	居民点整理工程质量的满意度	z_{18}	很不满意~很满意	0.2~1
	耕地质量提高的满意度	z_{19}	很不满意~很满意	0.2~1
	农地权属调整结果的满意度	z_{20}	很不满意~很满意	0.2~1

4.2 研究区域与资料来源

湖北省是较早开展农地整治项目的省份之一，农地整治项目覆盖范围广，经过多年的发展已逐渐形成一套较为成熟的农地整治项目实施管理模式。因此，本节选取了湖北省内农地整治项目区作为研究区域，进行实证分析。

4.2.1 研究区域概况

湖北省位于中国中部偏南，地处长江中游，坐拥江汉平原，是我国重要的粮、棉、油生产基地。多年来，湖北省农地整治工作的开展，为粮食产量的提高做出了重要贡献，促进了湖北省农业的发展。湖北省根据地区的地形地貌自然条件、社会经济条件、农业发展限制条件等一致性原则，将农地整治划分为3个一级工程类型区：鄂东低山丘陵类型区（Ⅰ）、鄂中平原类型区（Ⅱ）、鄂西高原山地类型区（Ⅲ）。根据工程措施的不同特征，进一步将3个一级工程类型区划分为7个二级工程模式区[①]：Ⅰ₁为低山工程模式区、Ⅰ₂为丘陵工程模式区、Ⅱ₁为平岗工程模式区、Ⅱ₂为岗前平原工程模式区、Ⅱ₃为水网圩田工程模式区、Ⅲ₁为河沟谷盆地工程模式区、Ⅲ₂为岩溶坪坝工程模式区。本节在此选取了具有代表性的丘陵工程模式区（Ⅰ₂）与岗前平原工程模式区（Ⅱ₂）作为研究区域。在丘陵工程模式区（Ⅰ₂）中选取了大悟县、孝昌县、安陆市、咸宁市咸安区、赤壁市、大冶市、红安县、麻城市共8个县（市、区）；在岗前平原工程模式区（Ⅱ₂）中选取了当阳市、沙洋县、武汉市江夏区、鄂州市鄂城区、鄂州市华容区、嘉鱼县、天门市共7个县（市、区），样本共涉及15个县（市、区），49个乡镇，295个行政村。

丘陵工程模式区（Ⅰ₂）农地整治项目的主要目标是：通过农田水利设施的建

---

① 资料来源：湖北省国土资源厅.土地开发整理工程建设标准，2008.

设，完善和配套农田沟渠排灌设施，解决区域内地势较低的农地排水问题、区域季节性的干旱问题和丘陵地的洪涝问题；同时，通过加强林网的建设，提高农地对自然灾害的抵御能力，改善和提高土壤的物理性状，增强农田保肥保水的能力，提高该区域农地旱涝保收的能力，并实现农业生产的稳产高产和生态环境的显著改善。岗前平原工程模式区（II_2）农地整治项目的主要目标是：合理调整农地生产结构，建立配套的田、路、林、渠系统网，增加粮食种植面积，降低洪涝旱灾的影响，建设完善农田防护林网，减少土地被冲刷、风蚀和沙化的面积，保护农田和村庄生态环境。

4.2.2 问卷设计与数据收集

1. 问卷设计

为了分析农户有效参与（F）、农地整治项目管理行为（M）和农地整治项目绩效（P）之间影响关系，验证农户有效参与影响农地整治项目绩效的理论路径，本章根据各变量的测度指标体系（表 4-1~表 4-3）设计了调查问卷。调查问卷主要由四个部分组成：第一部分为受访农民及其家庭的基本特征；第二部分为农民对农地整治项目农户有效参与的评价，分别从项目选址与立项决策、项目规划设计及项目施工与竣工验收这三个阶段，对农民参与范围（Scop）、参与主体（Part）、参与渠道与深度（Chan）及参与效度（Vali）进行调查；第三部分为农地整治项目行为的评价，对项目的目标管理（Aim）、项目的决策与计划（Plan）、项目的执行（Impl）、项目资源管理（Reso）及组织与协调（Coor）情况进行调查；第四部分则为农地整治项目绩效的评价，基于农民的视角从项目决策方案的合理性（Sche）、规划布局的合理性（Layo）、施工管理的效果（Cons）及竣工工程的满意度（Comp）进行调查。问卷第二部分中有关参与领域的指标有参与和未参与两种情况，未参与的情况取值为 0，参与的情况取值为 1；而第二、三、四部分其他指标的度量采取利克特五分量表法，每项指标由劣到优的赋值依次是 0.2、0.4、0.6、0.8、1.0。

2. 数据收集

为保证问卷的科学合理性，在正式开展问卷调查前，笔者组织了所在课题组部分成员进行了预调研，对问卷设计的合理性以及问卷可行性与可操作性进行了初步的评估和分析；并就预调研过程中发现的问题对问卷进行了修订。2014 年10~11月，2015 年 9~10 月，笔者所在课题组组织了硕士研究生、博士研究生深入农地整治项目区开展问卷调查，调查共涉及湖北省 15 个县（市、区）的 26 个农地整治项目区。调查人员主要采取了入户访谈的形式，通过随机抽样方法抽取被访谈者，每个村选取 2~4 个村民，针对农户有效参与、农地整治项目管理行为、项目绩效等问题进行调查，共收回有效问卷 1 077 份，其中丘陵工程模式区（I_2）533 份，岗前平原工程模式区（II_2）544 份，样本的空间分布情况见表 4-4。

表 4-4 样本的空间分布情况

区域类型	调查区域	调研项目数/个	有效样本数/份	有效样本占比
岗前平原工程模式区（II_2）	江夏区	2	48	4.46%
	鄂城区	1	44	4.09%
	华容区	1	49	4.55%
	嘉鱼县	2	93	8.64%
	天门市	2	94	8.73%
	当阳市	3	144	13.37%
	沙洋县	2	72	6.69%
	小计	13	544	50.51%
丘陵工程模式区（I_2）	咸安区	2	70	6.50%
	赤壁市	2	69	6.41%
	大冶市	2	71	6.59%
	红安县	2	69	6.41%
	麻城市	2	77	7.15%
	大悟县	1	51	4.74%
	孝昌县	2	79	7.34%
	安陆市	1	47	4.36%
	小计	14	533	49.49%
总计		26	1 077	100.00%

4.3 样 本 特 征

4.3.1 样本的基本构成

总样本的基本构成如表 4-5 所示。从受访农民的性别来看，以男性居多，占到了调查总样本的 61.90%，女性相对较少，仅占总样本的 38.10%；由于目前我国广大农村地区的农业生产经营活动主要以农村家庭为主体进行,男性农民在家庭农业生产中起着重要的主导作用,因此对与农业生产密切相关的农地整治项目会更加关注,对项目的相关内容了解更多。受访农民的年龄主要集中在 46~65 岁,占到了总样本的 62.77%,处于该阶段的农民大多拥有丰富的农业生产经验,对农地整治项目相关内容的了解与评价也会更客观,符合调查需要。在受访农民中,以中小学教育程度的农民居多,占调查人数的 71.58%,受教育程度水平偏低,这与参与调查农民年龄偏大所处年代背景有关。在参与调查的农民中,专职从事农业生产的农民 617 名,占调查人数的 57.29%,兼业从事农业生产农民 376 名,占调查人数 34.91%,从事农业生产的农民(专职农业生产和兼职农业生产)共占到了总样本的 92.2%,满足问卷调查需要。此外,在参与调查的农民中,有村干部 145 名,党员 134 名;农民家庭承包地面积主要集中在 2~10 亩,占到了总样本的 61.56%。

表 4-5　总样本的基本构成

统计指标	项目	数量	比例
性别	男	667	61.90%
	女	410	38.10%
年龄	35 岁及以下	62	5.76%
	36~45 岁	190	17.64%
	46~55 岁	395	36.68%
	56~65 岁	281	26.09%
	65 岁以上	149	13.83%
受教育程度	文盲或者半文盲	133	12.35%
	小学	394	36.58%
	初中	377	35.00%
	高中	146	13.56%
	大专及以上	27	2.51%
社会资源	村干部	145	13.46%
	党员	134	12.44%
目前从事工作	农业生产	617	57.29%
	农业生产+打零工	376	34.91%
	长期在外务工	84	7.80%

续表

统计指标	项目	数量	比例
家庭规模	1~2 人	47	4.36%
	3~4 人	377	35.00%
	5~6 人	473	43.92%
	7 人及以上	180	16.71%
家庭承包地规模	2 亩及以下	158	14.67%
	2~5 亩	307	28.51%
	5~10 亩	356	33.05%
	10~20 亩	201	18.66%
	20 亩及以上	55	5.11%

4.3.2 不同区域受访农民基本特征

不同区域受访农民的基本特征如表 4-6 所示。从家庭结构来看，总样本中家庭人口规模均值为 5.12，户均劳动人口均值为 3.48，农业劳动力比重为 42.06%；岗前平原工程模式区（II_2）家庭人口规模均值为 4.93，户均劳动人口均值为 3.44，农业劳动力比重为 46.03%；丘陵工程模式区（I_2）家庭人口规模均值为 5.31，户均劳动人口均值为 3.51，农业劳动力比重为 38.01%。由此可以看出，岗前平原工程模式区（II_2）和丘陵工程模式区（I_2）农民家庭人口规模、户均劳动人口均值都比较接近；而农业劳动力比重方面，岗前平原工程模式区（II_2）要明显高于丘陵工程模式区（I_2），这可能是由于岗前平原工程模式区（II_2）地势较平坦，耕地资源相对较多，其需要的农业劳动力也相对较多。

表 4-6 不同区域受访农民的基本特征

区域		岗前平原工程模式区（II_2）	丘陵工程模式区（I_2）	全部样本
家庭结构特征	家庭人口规模/人	4.93	5.31	5.12
	户均劳动人口/人	3.44	3.51	3.48
	农业劳动力比重	46.03%	38.01%	42.06%
家庭经济特征	户均年收入/元	56 593.38	52 304.89	54 471.04
	农业收入比重	33.31%	22.07%	27.75%
	户均非农业收入比重	66.69%	77.93%	72.25%

续表

区域		岗前平原工程模式区（II₂）	丘陵工程模式区（I₂）	全部样本
家庭资源特征	人均耕地/亩	2.58	1.53	2.06
	户均耕地面积/亩	12.29	7.21	9.78
	耕地细碎化程度/（亩/块）	2.12	1.05	1.59

从家庭经济来看，总样本中农民户均年收入为 54 471.04 元，农业收入比重均值达到 27.75%，户均非农业收入比重为 72.25%；岗前平原工程模式区（II₂）中农民户均年收入为 56 593.38 元，农业收入比重均值达到 33.31%，户均非农业收入比重为 66.69%；而丘陵工程模式区（I₂）农民户均年收入和农业收入比重均相对较低，分别为 52 304.89 元和 22.07%，户均非农业收入比重为 77.93%。由此可以看出，岗前平原工程模式区（II₂）的农民家庭经济状况相对于丘陵工程模式区（I₂）的农民家庭经济状况较好，同时其农业收入占家庭总收入中的比例也相对较高。由于岗前平原工程模式区（II₂）地势平坦且拥有较好的农业灌排条件，利于现代化农业机械的使用，降低了农民进行农业生产的时间成本和经济成本；而丘陵工程模式区（I₂）地势高差较大，农业灌排困难，农业生产的时间成本和经济成本相对较高，其家庭经济收入也就相对低于岗前平原工程模式区（II₂）的农民家庭经济收入。

从家庭资源条件来看，总样本中人均耕地面积为 2.06 亩，户均耕地面积为 9.78 亩，耕地细碎化程度均值为 1.59 亩/块；岗前平原工程模式区（II₂）人均耕地面积为 2.58 亩，户均耕地面积为 12.29 亩，耕地细碎化程度均值为 2.12 亩/块，均明显高于丘陵工程模式区（I₂）（分别为 1.53、7.21 和 1.05）。这表明岗前平原工程模式区（II₂）拥有的耕地资源条件明显优于丘陵工程模式区（I₂），其与各区域的自然地理条件有关。岗前平原工程模式区（II₂）地势平坦，地块集中且面积相对较大，拥有良好的农业生产规模化和机械化条件。

4.4 变量特征

4.4.1 农户有效参与

在农地整治项目中，农户有效参与的情况可从参与范围（Scop）、参与主体（Part）、参与渠道与深度（Chan）、参与效度（Vali）这 4 个方面得以反映。

1. 参与范围

农民在不同的项目阶段，参与范围的内容不同，x_1~x_4 反映了选址立项阶段农民参与的情况，x_5~x_7 体现了项目规划设计阶段农民参与情况，而 x_8~x_{11} 则反映了施工与竣工验收农民参与的情况。

研究区域内农地整治项目农民的参与范围总体情况如表 4-7 所示。

表 4-7　农地整治项目农民的参与范围

区域	情况	参与有关农地整治的必要性及紧迫性的讨论 x_1 频数	占比	参与农地整治初步方案的讨论 x_2 频数	占比	参与农地权属调整方案的讨论 x_3 频数	占比	参与项目可行性研究的论证与评审 x_4 频数	占比	参与配合设计单位的调研并及时回答提问 x_5 频数	占比	参与针对规划设计初步方案提意见 x_6 频数	占比
岗前平原工程模式区	参与	166	30.51%	167	30.70%	139	25.55%	64	11.76%	210	38.60%	201	36.95%
	未参与	378	69.49%	377	69.30%	405	74.45%	480	88.24%	334	61.40%	343	63.05%
	合计	544	100%	544	100%	544	100%	544	100%	544	100%	544	100%
丘陵工程模式区	参与	148	27.77%	162	30.39%	128	24.02%	53	9.94%	193	36.21%	158	29.64%
	未参与	385	72.23%	371	69.61%	405	75.98%	480	90.06%	340	63.79%	375	70.36%
	合计	533	100%	533	100%	533	100%	533	100%	533	100%	533	100%

区域	情况	参与规划设计合理性讨论或评审 x_7 频数	占比	参与日常工程质量监督 x_8 频数	占比	参与设计变更的讨论或被征求意见 x_9 频数	占比	参与工程质量的验收活动 x_{10} 频数	占比	参与农地权益分配与确权活动 x_{11} 频数	占比
岗前平原工程模式区	参与	79	14.52%	298	54.78%	148	27.21%	142	26.10%	215	39.52%
	未参与	465	85.48%	246	45.22%	396	72.79%	402	73.90%	329	60.48%
	合计	544	100%	544	100%	544	100%	544	100%	544	100%
丘陵工程模式区	参与	60	11.26%	255	47.84%	145	27.20%	120	22.51%	67	12.57%
	未参与	473	88.74%	278	52.16%	388	72.80%	413	77.49%	466	87.43%
	合计	533	100%	533	100%	533	100%	533	100%	533	100%

如表 4-7 所示，在项目选址立项阶段，岗前平原工程模式区与丘陵工程模式区大体情况一致：农民参与农地整治初步方案的讨论（x_2）比例最高（岗前平原工程模式区：30.70%，丘陵工程模式区：30.39%），其次为参与有关农地整治必要性及紧迫性的讨论（x_1，岗前平原工程模式区：30.51%，丘陵工程模式区：27.77%）、农地权属调整方案的讨论（x_3，岗前平原工程模式区：25.55%，丘陵工程模式区：24.02%），参与项目可行性研究的论证与评审所占比例最低（x_4，岗前

平原工程模式区 11.76%，丘陵工程模式区：9.94%）。在项目规划设计阶段，两模式区参与情况大体一致：农民参与比例最高的为参与配合设计单位的调研并及时回答提问（x_5，岗前平原工程模式区：38.60%，丘陵工程模式区：36.21%）；其次是参与针对规划设计初步方案提意见（x_6，岗前平原工程模式区：36.95%，丘陵工程模式区：29.64%）；而参与规划设计合理性讨论或评审（x_7）比例最低（岗前平原工程模式区：14.52%，丘陵工程模式区：11.26%）。在项目施工与竣工验收，两模式区农民参与情况略有区别：岗前平原工程模式区中农民参与比例由高到低依次为：参与日常工程质量监督 x_8（54.78%），参与农地权益分配与确权活动 x_{11}（39.52%），参与设计变更的讨论或被征求意见 x_9（27.21%），农民参与比例最低的是参与工程质量的验收活动 x_{10}（26.10%）；而在丘陵工程模式区，农民参与比例由高到低依次为：参与日常工程质量监督 x_8（47.84%），参与设计变更的讨论或被征求意见 x_9（27.20%），参与工程质量的验收活动 x_{10}（22.51%），参与比例最低的是参与农地权益分配与确权活动 x_{11}（12.57%）。从农民参与范围上看，岗前平原工程模式区中农民参与的情况要略好于丘陵工程模式区（岗前平原工程模式区农民参与比例均高于丘陵工程模式区）；但从两区域整体来看，农民参与比例仍然偏低（参与比例基本上小于 50%）。

2. 参与主体

表 4-8 中反映了农地整治项目中农民参与主体的情况。

表 4-8　农地整治项目中农民参与主体

区域	选项	农民参与的主体类型 x_{12} 频数	占比	农民参与的广泛性 x_{13} 频数	占比
岗前平原工程模式区	⑤	223	40.99%	9	1.65%
	④	229	42.10%	55	10.11%
	③	79	14.52%	125	22.98%
	②	13	2.39%	214	39.34%
	①	0	0.00%	141	25.92%
	合计	544	100%	544	100%
丘陵工程模式区	⑤	159	29.83%	4	0.75%
	④	256	48.03%	54	10.13%
	③	91	17.07%	104	19.51%
	②	10	1.88%	145	27.20%
	①	17	3.19%	226	42.40%
	合计	533	100%	533	100%

注：⑤、④、③、②、①分别对应各指标，相应赋值为 1.0、0.8、0.6、0.4、0.2

从农民参与的主体类型（x_{12}）来看，参与主体类型④（仅村委会、农村合作社等团体组织与本村精英）在岗前平原工程模式区和丘陵工程模式区中占比均最高（岗前平原工程模式区：42.10%，丘陵工程模式区：48.03%），其次为参与主体类型⑤（既有村委会、农村合作社或耕地保护协会等团体组织，也有本村精英及普通农户，岗前平原工程模式区：40.99%，丘陵工程模式区：29.83%），参与主体类型③（仅村委会或农村合作社或耕地保护协会，岗前平原工程模式区：14.52%，丘陵工程模式区：17.07%）；而参与主体类型②（仅本村精英）与参与主体类型①（仅普通农户）在两模式区中所占比例均较小。同时，对农民参与的主体类型进一步分析可以发现，两模式区中有村委会或农民合作组织参与主体的比例累计达到了 95%左右，仅普通农户或本村精英参与的仅占 5%左右。从农民参与的广泛性（x_{13}）来看，两模式区农民参与的广泛性占比较高的主要是选项①（参与者很少）与选项②（参与者较少），这两个选项中岗前平原工程模式区累计占比达 65.26%，丘陵工程模式区累计占比达 69.60%。以上的分析表明，在目前的农地整治项目中，村委会或农民合作组织是主要参与主体，农民参与比例普遍较低。

3. 参与渠道与深度

表 4-9 反映了农地整治项目中农民参与渠道与深度的情况。

表 4-9　农地整治项目中农民参与渠道与深度

区域	选项	农民参与渠道的种类数 x_{14} 频数	占比	农民参与渠道的适宜性 x_{15} 频数	占比	农民意见到达权力部门的层级 x_{16} 频数	占比
岗前平原工程模式区	⑤	15	2.76%	11	2.02%	12	2.21%
	④	39	7.17%	108	19.85%	34	6.25%
	③	162	29.78%	261	47.98%	95	17.46%
	②	223	40.99%	143	26.29%	256	47.06%
	①	105	19.30%	21	3.86%	147	27.02%
	合计	544	100%	544	100%	544	100%
丘陵工程模式区	⑤	7	1.31%	0	0.00%	3	0.56%
	④	29	5.44%	72	13.51%	8	1.50%
	③	127	23.83%	196	36.77%	59	11.07%
	②	201	37.71%	189	35.46%	245	45.97%
	①	169	31.71%	76	14.26%	218	40.90%
	合计	533	100%	533	100%	533	100%

注：⑤、④、③、②、①分别对应各指标相应赋值为 1.0、0.8、0.6、0.4、0.2。

从农民参与渠道的种类数（x_{14}）来看，岗前平原工程模式区和丘陵工程模式区情况存在一定差异：在岗前平原工程模式区中，从农民参与渠道的种类数（x_{14}）来看，两种参与渠道（选项②）与三种参与渠道（选项③）所占比例相对较大，分别达到 40.99%、29.78%；而在丘陵工程模式区中，两种参与渠道（选项②）与单一参与渠道（选项①）所占比例则相对较大，分别达到 37.71%、31.71%。从农民参与渠道的适宜性（x_{15}）来看，两模式区内认为：参与渠道的适宜性一般（选项③）所占比例最大（岗前平原工程模式区：47.98%，丘陵工程模式区：36.77%）；其次认为农民参与渠道的适宜性较差（选项②）或很差（选项①）的累计所占比例较大（岗前平原工程模式区：30.15%，丘陵工程模式区：49.72%）。从农民意见到达权力部门的层级（x_{16}）来看，两模式区中情况差异并不显著：农民认为其意见到达权力部门的层级大都很低（选项①，未达到乡镇基层人民政府）或较低（选项②，到达乡镇基层人民政府），其累计占比分别为 74.08% 和 86.87%。这表明研究区域内农民参与农地整治项目深度有限，两模式区情况均不理想。

由此可见，岗前平原工程模式区农民参与渠道种类和适宜性情况，以及农民意见到达权力部门的层级的情况均好于丘陵工程模式区；但总的来看，目前在农地整治项目中，农民参与渠道相对较少，农民参与渠道的适宜性也一般。

4. 参与效度

表 4-10 反映了农地整治项目中农民参与效度的情况。

表 4-10　农地整治项目中农民参与效度

区域	选项	农民参与的自主性 x_{17} 频数	占比	农民参与的充分性 x_{18} 频数	占比	农民意见的表达效果 x_{19} 频数	占比	政府国土部门或委托代理部门对农民意见的接受程度 x_{20} 频数	占比	未接受意见的反馈情况 x_{21} 频数	占比
岗前平原工程模式区	⑤	5	0.92%	3	0.55%	4	0.74%	8	1.47%	3	0.55%
	④	107	19.67%	122	22.43%	69	12.68%	76	13.97%	39	7.17%
	③	235	43.20%	142	26.10%	197	36.21%	226	41.54%	163	29.96%
	②	180	33.09%	190	34.93%	229	42.10%	188	34.56%	227	41.73%
	①	17	3.13%	87	15.99%	45	8.27%	46	8.46%	112	20.59%
	合计	544	100%	544	100%	544	100%	544	100%	544	100%
丘陵工程模式区	⑤	6	1.13%	2	0.38%	2	0.38%	0	0.00%	0	0.00%
	④	82	15.38%	87	16.32%	66	12.38%	50	9.38%	19	3.56%
	③	217	40.71%	124	23.26%	178	33.40%	140	26.27%	113	21.20%

续表

区域	选项	农民参与的自主性 x_{17}		农民参与的充分性 x_{18}		农民意见的表达效果 x_{19}		政府国土部门或委托代理部门对农民意见的接受程度 x_{20}		未接受意见的反馈情况 x_{21}	
		频数	占比	频数	占比	频数	占比	频数	占比	频数	占比
丘陵工程模式区	②	196	36.77%	142	26.64%	217	40.71%	245	45.97%	240	45.03%
	①	32	6.00%	178	33.40%	70	13.13%	98	18.39%	161	30.21%
	合计	533	100%	533	100%	533	100%	533	100%	533	100%

注：⑤、④、③、②、①分别对应各指标相应赋值为 1.0、0.8、0.6、0.4、0.2

由表 4-10 可以看出，岗前平原工程模式区和丘陵工程模式区农民参与的自主性（x_{17}）情况略有差异：岗前平原工程模式区中选项①（农民对参与事项认识非常模糊，完全听从他人建议）与选项②（农民对参与事项认识较模糊，受他人干扰强）累计占比为 36.22%，小于丘陵工程模式区累计占比（42.77%）；同时岗前平原工程模式区中选项④（农民对参与事项认识非常模糊，受他人干扰小）与选项⑤（农民对参与事项认识较模糊，完全不受他人干扰）累计占比为 20.59%，大于丘陵工程模式区累计占比（16.51%）。两模式区中农民参与的充分性（x_{18}）情况也存在一定差异：岗前平原工程模式区中选项①（未能充分发表意见）与选项②（发表的意见相对较充分，但不完全统一）累计占比为 50.92%，小于丘陵工程模式区累计占比（60.04%）；同时岗前平原工程模式区中选项④（发表的意见相对较充分，且能基本统一）与选项⑤（深入辩论，反复比较。且形成了统一的意见）累计占比为 22.98%，大于丘陵工程模式区累计占比（16.70%）。上述分析结果表明，岗前平原工程模式区农民参与的自主性与农民参与的充分性较丘陵工程模式区要好，但总的来看两模式区农民参与农地整治项目事项与充分发表意见的情况均不理想。

从农民意见的表达效果（x_{19}）来看，两模式区中选项②（农民意愿和观点表达基本完整，但是不够准确清楚）与选项①（农民意愿和观点未能完整表达，且不够准确和清楚）累计所占比例分别为 50.37%、53.84%，均大于 50%。从政府国土部门或委托代理部门对农民意见的接受程度（x_{20}）来看，两模式区存在一定差异：在岗前平原工程模式区中，选项③（一般）所占比例最大，为 41.54%，其次是选项②（较低），占比为 34.56%；其中选项②（较低）与选项①（很低）所占比例累计为 43.02%。在丘陵工程模式区中，选项②（较低）所占比例最大，为 45.97%，其次是选项③（一般），所占比例为 26.27%；其中选项②（较低）与选项①（很低）所占比例累计为 64.36%，远大于岗前平原工程模式区。从未接受意见的反馈情况（x_{21}）来看，两模式区存在一定差异，其中岗前平原工程模式区选项②（较少）与选项①（很少）累计占比达 62.32%，小于丘陵工程模式区累计占比（75.24%）。以上分析表明，在目前农地整治项目中，岗前平原工程模式区中，农民意见的表达效果、政府国土部门或委托代理部门对农民意见的接受程度和未接受意见的反馈情况均要好于丘陵工程模式区，但总的来看，农民参与农地整治项目意见的表达效果，以及政府部门对农民意见的接受程度和未接受意见的反馈情况并不理想。

5. 小结

通过对岗前平原工程模式区和丘陵工程模式区农民参与范围、参与主体、参与渠道与深度以及参与效度的分析可知：虽然从目前来看，岗前平原工程模式区农户有效参与的情况略好于丘陵工程模式区，但是总的来说，农民参与农地整治项目的比例仍然较低，农民参与的范围、参与的渠道与深度有限，农民参与的效度并不理想。因此，在今后农地整治项目的开展过程中，需更进一步采取措施促进农民积极参与，提高农民参与比例与参与有效度。

4.4.2 农地整治项目管理行为

基于农地整治项目管理行为的测度指标体系，在这里本节将从目标管理（Aim）、决策与计划（Plan）、执行（Impl）、资源管理（Reso）以及组织与协调（Coor）这 5 个方面对研究区域内农地整治项目管理行为（M）特征进行分析。

1. 目标管理

农地整治项目的目标管理情况主要体现在各主体（政府、农民等）目标（如提高耕地质量、改善农业生产条件、项目工程质量、项目工期、项目投资、生态环境保护等目标）的明确性、目标的科学与合理性（目标的制定要以国家和地方政策、规划设计规范或标准、工程预算定额及施工规范等为依据）、各参与主体的目标一致性以及项目范围（项目的边界或项目的实施范围）的明确程度这 4 个方面。

本节研究区域中，农地整治项目的目标管理情况如表 4-11 所示。由表 4-11 可知，岗前平原工程模式区和丘陵工程模式区中项目目标管理的情况比较接近，反映农地整治项目目标管理情况的各项指标主要集中在"一般"（选项③）、"较好"（选项④）和"很好"（选项⑤）。两模式区比较来看，岗前平原工程模式区下各主体目标的明确性（y_1）、目标的科学与合理性（y_2）、各参与主体的目标一致性（y_3）以及项目范围的明确程度（y_4）指标中，"较好"（选项④）和"很好"（选项⑤）累计占比（47.61%，43.20%，25.18%，33.64%），基本上均大于丘陵工程模式区中相应指标累计占比（48.40%，33.21%，22.33%，26.83%）。这表明岗前平原工程模式区项目目标管理情况略好于丘陵工程模式区。从反映农地整治项目目标管理情况的4个指标来看，在两模式区中，各主体目标的明确性（y_1）情况最为理想（选项④、⑤累计占比均大于45%），其次为目标的科学与合理性（y_2）和项目范围的明确程度（y_4），各参与主体的目标一致性（y_3）的情况则相对较差。

表 4-11 农地整治项目的目标管理

区域	选项	各主体目标的明确性 y_1 频数	占比	目标的科学与合理性 y_2 频数	占比	各参与主体的目标一致性 y_3 频数	占比	项目范围的明确程度 y_4 频数	占比
岗前平原工程模式区	⑤	21	3.86%	15	2.76%	16	2.94%	16	2.94%
	④	238	43.75%	220	40.44%	121	22.24%	167	30.70%
	③	260	47.79%	246	45.22%	316	58.09%	288	52.94%
	②	24	4.41%	57	10.48%	83	15.26%	62	11.40%
	①	1	0.18%	6	1.10%	8	1.47%	11	2.02%
	合计	544	100%	544	100%	544	100%	544	100%
丘陵工程模式区	⑤	12	2.25%	4	0.75%	5	0.94%	3	0.56%
	④	246	46.15%	173	32.46%	114	21.39%	140	26.27%
	③	232	43.53%	267	50.09%	279	52.35%	292	54.78%
	②	40	7.50%	83	15.57%	123	23.08%	81	15.20%
	①	3	0.56%	6	1.13%	12	2.25%	17	3.19%
	合计	533	100%	533	100%	533	100%	533	100%

注：⑤、④、③、②、①分别对应问卷中选项"很好""较好""一般""较差""差"，各指标相应赋值为1.0、0.8、0.6、0.4、0.2

2. 决策与计划

科学的项目决策、完备的项目计划以及工作计划与目标的良好匹配是保证项目良好运行、实现科学项目管理的重要条件。因此，农地整治项目的决策与计划情况主要从项目决策的科学性（依照相关的政策、规范和标准制定决策）、各项工作计划（项目各阶段各项具体工作任务）的完备性（完整、具体）以及工作计划与目标的匹配性（一致性）这3个方面来反映。

农地整治项目的决策与计划情况如表 4-12 所示。由表 4-12 可以看出，项目决策的科学性（y_5）、各项工作计划的完备性（y_6）以及工作计划与目标的匹配性（y_7）在岗前平原工程模式区和丘陵工程模式区中各选项占比仍然存在一定差异，具体来看：项目决策的科学性（y_5）、各项工作计划的完备性（y_6）以及工作计划与目标的匹配性（y_7）指标中，"较好"（选项④）和"很好"（选项⑤）在岗前平原工程模式区累计占比依次为 50.37%、29.42%、24.27%，均大于丘陵工程模式区累计占比（38.46%、21.77%、17.82%）；这表明岗前平原工程模式区中项目的决策与计划管理情况较丘陵工程模式区更好。此外，从反映农地整治项目的决策与计划的 3 个指标来看，两模式区中项目决策的科学性（y_5）选项④、⑤累计占比均最大，其次是各项工作计划的完备性（y_6），最后为工作计划与目标的匹配性（y_7）。这表明在农地整治项目的决策与计划过程中，项目决策的科学性（y_5）情况较为理想，各项工作计划的完备性（y_6）次之，工作计划与目标的匹配性（y_7）情况则相对较差。

表 4-12 农地整治项目的决策与计划

区域	选项	项目决策的科学性 y_5 频数	项目决策的科学性 y_5 占比	各项工作计划的完备性 y_6 频数	各项工作计划的完备性 y_6 占比	工作计划与目标的匹配性 y_7 频数	工作计划与目标的匹配性 y_7 占比
岗前平原工程模式区	⑤	24	4.41%	12	2.21%	13	2.39%
	④	250	45.96%	148	27.21%	119	21.88%
	③	220	40.44%	305	56.07%	282	51.84%
	②	45	8.27%	76	13.97%	116	21.32%
	①	5	0.92%	3	0.55%	14	2.57%
	合计	544	100%	544	100%	544	100%
丘陵工程模式区	⑤	9	1.69%	5	0.94%	3	0.56%
	④	196	36.77%	111	20.83%	92	17.26%
	③	258	48.41%	308	57.79%	253	47.47%
	②	66	12.38%	99	18.57%	151	28.33%
	①	4	0.75%	10	1.88%	34	6.38%
	合计	533	100%	533	100%	533	100%

注：⑤、④、③、②、①分别对应问卷中选项"很好""较好""一般""较差""差"，各指标相应赋值为 1.0、0.8、0.6、0.4、0.2。

3. 执行

项目的执行是实现项目行为管理目标的基本前提。在农地整治项目执行的管理过程中，工作任务执行的及时性、工作任务执行的规范性、工作计划与任务执行的匹配程度以及工作任务检查与反馈情况是衡量项目执行情况的重要依据。

农地整治项目的执行情况如表4-13所示。由表4-13可以看出，在岗前平原工程模式区中，工作任务执行的及时性（y_8）指标中"较好"（选项④）和"很好"（选项⑤）累计占比为39.71%，大于丘陵工程模式区累计占比（33.77%）；这表明岗前平原工程模式区农地整治项目工作任务执行的及时性情况要好于丘陵工程模式区。但在工作任务执行的规范性（y_9）、工作计划与任务执行的匹配程度（y_{10}）以及工作任务检查与反馈情况（y_{11}）这3项指标中，"较好"（选项④）和"很好"（选项⑤）在岗前平原工程模式区累计占比依次为27.02%、19.30%、13.60%，均大于丘陵工程模式区各指标累计占比（19.89%、16.33%、12.01%）。这表明在工作任务执行的规范性（y_9）、工作计划与任务执行的匹配程度（y_{10}）以及工作任务检查与反馈情况（y_{11}）这3个方面，岗前平原工程模式区项目管理的执行情况要好于丘陵工程模式区。此外，从反映岗前平原工程模式区和丘陵工程模式区项目执行情况的指标来看，工作任务执行的及时性（y_8）情况相对最为理想；其次是工作任务执行的规范性（y_9）、工作计划与任务执行的匹配程度（y_{10}）；工作任务检查与反馈情况（y_{11}）则相对最差。

表4-13　农地整治项目的执行

区域	选项	工作任务执行的及时性 y_8 频数	占比	工作任务执行的规范性 y_9 频数	占比	工作计划与任务执行的匹配程度 y_{10} 频数	占比	工作任务检查与反馈情况 y_{11} 频数	占比
岗前平原工程模式区	⑤	26	4.78%	13	2.39%	9	1.65%	8	1.47%
	④	190	34.93%	134	24.63%	96	17.65%	66	12.13%
	③	254	46.69%	311	57.17%	298	54.78%	234	43.01%
	②	71	13.05%	80	14.71%	125	22.98%	177	32.54%
	①	3	0.55%	6	1.10%	16	2.94%	59	10.85%
	合计	544	100%	544	100%	544	100%	544	100%
丘陵工程模式区	⑤	4	0.75%	5	0.94%	6	1.13%	5	0.94%
	④	176	33.02%	101	18.95%	81	15.20%	59	11.07%
	③	283	53.10%	295	55.35%	266	49.91%	206	38.65%
	②	67	12.57%	120	22.51%	150	28.14%	190	35.65%
	①	3	0.56%	12	2.25%	30	5.63%	73	13.70%
	合计	533	100%	533	100%	533	100%	533	100%

注：⑤、④、③、②、①分别对应问卷中选项"很好""较好""一般""较差""差"，各指标相应赋值为1.0、0.8、0.6、0.4、0.2

4. 资源管理

农地整治项目中，资源管理情况具体体现在项目资源（人力、资金、可利用的旧设备及水工建筑物等资源）的准备情况、科学管理情况及资源的合理利用情况这3个方面。

农地整治项目资源管理情况如表4-14所示。由表4-14可以看出，岗前平原工程模式区和丘陵工程模式区农地整治项目资源管理情况存在一定差异。从资源的准备情况（y_{12}）来看，岗前平原工程模式区中，选项④、⑤累计占比（42.28%）大于丘陵工程模式区累计占比（29.65%）；这表明岗前平原工程模式区资源的准备情况较丘陵工程模式区更为充分。类似地，通过比较不同模式区下资源的科学管理情况（y_{13}）以及资源的合理利用情况（y_{14}）选项④、⑤累计占比（岗前平原工程模式区：29.60%，24.27%；丘陵工程模式区：21.39%，19.89%）可以发现：岗前平原工程模式区的资源的科学管理与资源的合理利用的情况，较之丘陵工程模式区更为理想。因此可以得出，岗前平原工程模式区的资源的科学管理情况要好于丘陵工程模式区，但需进一步提高。此外，从反映项目资源管理情况的3个方面来看，在两模式区中，资源的准备情况（y_{12}）均最为理想，其次为资源的科学管理情况（y_{13}），而资源的合理利用情况（y_{14}）则相对较差。

表4-14 农地整治项目资源管理

区域	选项	资源的准备情况 y_{12} 频数	占比	资源的科学管理情况 y_{13} 频数	占比	资源的合理利用情况 y_{14} 频数	占比
岗前平原工程模式区	⑤	17	3.13%	12	2.21%	15	2.76%
	④	213	39.15%	149	27.39%	117	21.51%
	③	267	49.08%	304	55.88%	299	54.96%
	②	38	6.99%	65	11.95%	81	14.89%
	①	9	1.65%	14	2.57%	32	5.88%
	合计	544	100%	544	100%	544	100%
丘陵工程模式区	⑤	1	0.19%	3	0.56%	5	0.94%
	④	157	29.46%	111	20.83%	101	18.95%
	③	318	59.66%	308	57.79%	297	55.72%
	②	52	9.76%	90	16.89%	96	18.01%
	①	5	0.94%	21	3.94%	34	6.38%
	合计	533	100%	533	100%	533	100%

注：⑤、④、③、②、①分别对应问卷中选项"很好""较好""一般""较差""差"，各指标相应赋值为1.0、0.8、0.6、0.4、0.2

5. 组织与协调

良好的组织与协调是实现成功的项目行为管理的重要体现，而良好的项目组织与协调有赖于各参与主体职责的明确以及各参与主体之间（政府与农民、设计单位与农民、施工单位与农民）良好的沟通与协调。

表4-15反映了农地整治项目管理过程中项目的组织与协调情况。由表4-15可以看出，岗前平原工程模式区和丘陵工程模式区中农地整治项目组织与协调的情况存在一定差异。在各参与主体职责的明确程度y_{15}方面，岗前平原工程模式区选项⑤"很好"、选项④"较好"、选项③"一般"、选项②"较差"、选项①"很差"所占比例依次为 2.39%、30.33%、53.86%、12.68%、0.74%；丘陵工程模式区各选项所占比例依次为 0.75%、27.02%、48.78%、20.64%、2.81%。岗前平原工程模式区中趋好选项④、⑤累计比例（32.72%）大于丘陵工程模式区（27.77%），表明岗前平原工程模式区各参与主体职责明确程度较之于丘陵工程模式区更为理想。同时，由表4-15中政府与农民、设计单位与农民、施工单位与农民间的沟通情况可以看出，岗前平原工程模式区趋好选项④、⑤累计比例均略大于丘陵工程模式区，这说明岗前平原工程模式区各参与主体间的沟通情况较之于丘陵工程模式区要略好。但整体来看，两模式区下多项指标在选项②"较差"与选项①"很差"累计比例基本上均大于 40%，这表明在农地整治项目管理中，各参与主体之间的沟通情况并不理想。

表4-15 农地整治项目的组织与协调

区域	选项	各参与主体职责的明确程度 y_{15} 频数	占比	政府与农民间的沟通和协调情况 y_{16} 频数	占比	设计单位与农民间的沟通情况 y_{17} 频数	占比	施工单位与农民间的沟通情况 y_{18} 频数	占比
岗前平原工程模式区	⑤	13	2.39%	15	2.76%	19	3.49%	19	3.49%
	④	165	30.33%	144	26.47%	72	13.24%	101	18.57%
	③	293	53.86%	170	31.25%	221	40.63%	187	34.38%
	②	69	12.68%	193	35.48%	197	36.21%	192	35.29%
	①	4	0.74%	22	4.04%	35	6.43%	45	8.27%
	合计	544	100%	544	100%	544	100%	544	100%
丘陵工程模式区	⑤	4	0.75%	4	0.75%	2	0.38%	3	0.56%
	④	144	27.02%	130	24.39%	75	14.07%	108	20.26%
	③	260	48.78%	146	27.39%	192	36.02%	165	30.96%

续表

区域	选项	各参与主体职责的明确程度 y_{15}		政府与农民间的沟通和协调情况 y_{16}		设计单位与农民间的沟通情况 y_{17}		施工单位与农民间的沟通情况 y_{18}	
		频数	占比	频数	占比	频数	占比	频数	占比
丘陵工程模式区	②	110	20.64%	194	36.40%	198	37.15%	180	33.77%
	①	15	2.81%	59	11.07%	66	12.38%	77	14.45%
	合计	533	100%	533	100%	533	100%	533	100%

注：⑤、④、③、②、①分别对应问卷中选项"很好""较好""一般""较差""差"，各指标相应赋值为1.0、0.8、0.6、0.4、0.2。

6. 小结

通过对两工程模式区中（岗前平原工程模式区和丘陵工程模式区）农地整治项目管理行为情况的分析，可以发现：从农地整治项目模式区来看，岗前平原工程模式区趋好选项④、⑤累计占比基本都大于丘陵工程模式区，说明岗前平原工程模式区项目行为管理情况较丘陵工程模式区要好。此外，从目标管理、决策与计划、执行、资源管理以及组织与协调这5个方面来看，除各主体项目的组织与协调情况外，两模式区中的目标管理、决策与计划、执行以及资源管理情况一般，仍存在较大改善空间（选项③所占比例普遍较高，但趋好选项④、⑤所占比例相对较小）。项目参与主体间的协调与沟通情况并不理想，需要今后在项目行为管理过程中，进一步采取措施加以改善。

4.4.3 农地整治项目绩效

本节基于农民满意度视角，从农地整治项目的过程与结果2个维度，对农地整治项目绩效进行测度与分析。具体来说，过程维度主要包括决策方案的合理性（Sche）、规划布局的合理性（Layo）以及施工管理的效果（Cons），结果维度则主要反映在农民对竣工工程的满意度（Comp）方面。本节在此将从这4个方面对农地整治项目绩效（P）特征进行分析。

1. 决策方案的合理性

农地整治项目根据其具体的工作内容，可划分为项目选址与立项阶段、项目规划与设计阶段、项目施工阶段、项目竣工验收阶段以及项目后期管护阶段。在项目立项过程中，工程措施方案的合理性（z_1）、农地权属调整方案的合理性

（z_2）是农民主要关注的内容。

表 4-16 反映了农地整治项目决策方案的合理性情况。从工程措施方案的合理性（z_1）来看，岗前平原工程模式区中选项③"一般"所占比例最大（41.91%），其次是选项④"较合理"（40.81%），且趋好选项④、⑤累计比例达 42.28%，大于丘陵工程模式区中趋好选项④、⑤累计比例（28.52%）。从农地权属调整方案的合理性（z_2）来看，两模式区中选项③所占比例最大（岗前平原工程模式区：51.10%，丘陵工程模式区：61.35%），趋好选项④、⑤累计比例分别达 34.37%、19.14%。由此可以看出，两模式区农民对工程措施方案的合理性（z_1）、农地权属调整方案的合理性（z_2）满意度较一般；此外，岗前平原工程模式区中趋好选项④、⑤累计比例均大于丘陵工程模式区，这也说明在农地整治项目决策方案的合理性方面，岗前平原工程模式区农民对农地整治项目决策方案的合理性整体满意度较丘陵工程模式区要高。

表 4-16 农地整治项目决策方案的合理性（过程绩效观）

区域	选项	工程措施方案的合理性 z_1 频数	占比	农地权属调整方案的合理性 z_2 频数	占比
岗前平原工程模式区	⑤	8	1.47%	14	2.57%
	④	222	40.81%	173	31.80%
	③	228	41.91%	278	51.10%
	②	75	13.79%	61	11.21%
	①	11	2.02%	18	3.31%
	合计	544	100%	544	100%
丘陵工程模式区	⑤	0	0.00%	4	0.75%
	④	152	28.52%	98	18.39%
	③	281	52.72%	327	61.35%
	②	93	17.45%	92	17.26%
	①	7	1.31%	12	2.25%
	合计	533	100%	533	100%

注：⑤、④、③、②、①分别对应问卷中选项"很合理""较合理""一般""不合理""很不合理"，各指标相应赋值为 1.0、0.8、0.6、0.4、0.2

2. 项目规划设计

在项目规划设计过程中，农地平整工程、灌排工程、田间道路以及农田防护等几大基本工程的规划设计的合理性是农民关注的焦点。表 4-17 反映了农民对农地整治项目规划设计的满意度情况。从平整工程规划布局的合理性（z_3）方面来看，两模式区中选项占比多集中在选项④（较合理）、选项③（一般）、选项②

（不合理），且选项④（较合理）所占比例最高（岗前平原工程模式区：40.81%，丘陵工程模式区：34.15%），其次是选项③（一般，岗前平原工程模式区：30.33%，丘陵工程模式区：31.33%），最后是选项②（不合理，岗前平原工程模式区：20.59%，丘陵工程模式区：28.71%）；这表明两模式区农民对平整工程规划布局的合理性的满意度相对一般，而且农民对其满意度存在较大差异。同时，从灌排工程（z_4）、田间道路工程（z_5）、农田防护工程（z_6）以及居民点整理工程（z_7）规划布局的合理性来看，两模式区中选项④（较合理）与选项③（一般）占比均较大，且选项④、⑤累计占比大于选项①、②累计占比；这表明两模式区中农民对灌排工程（z_4）、田间道路工程（z_5）、农田防护工程（z_6）以及居民点整理工程（z_7）规划布局的合理性满意度一般，但整体趋好。此外，比较两模式区项目规划设计情况，从表4-17可以看出，岗前平原工程模式区农民对农地平整工程（z_3）、灌排工程（z_4）、田间道路工程（z_5）、农田防护工程（z_6）以及居民点整理工程（z_7）的规划设计的合理性的满意度较丘陵工程模式区要好，其趋好选项④、⑤累计比例均大于丘陵工程模式区占比，且其趋坏选项①、②所占比例小于丘陵工程模式区占比。综上所述，岗前平原工程模式区农民对项目规划设计的满意情况要略好于丘陵工程模式区，但从两模式区整体来看，农民对其项目区农地整治土地平整工程（z_3）、灌排工程（z_4）、田间道路工程（z_5）、农田防护工程（z_6）以及居民点整理工程（z_7）的规划设计的合理性满意度较为一般，特别对灌排工程规划布局的合理性满意度偏低。

表 4-17　农地整治项目规划设计（过程绩效观）

区域	选项	平整工程规划布局的合理性 z_3 频数	占比	灌排工程规划布局的合理性 z_4 频数	占比	田间道路工程规划布局的合理性 z_5 频数	占比	农田防护工程规划布局的合理性 z_6 频数	占比	居民点整理工程规划布局合理性 z_7 频数	占比
岗前平原工程模式区	⑤	28	5.15%	24	4.41%	16	2.94%	30	5.51%	17	3.13%
	④	222	40.81%	204	37.50%	171	31.43%	233	42.83%	185	34.01%
	③	165	30.33%	243	44.67%	287	52.76%	188	34.56%	284	52.21%
	②	112	20.59%	62	11.40%	64	11.76%	79	14.52%	49	9.01%
	①	17	3.13%	11	2.02%	6	1.10%	14	2.57%	9	1.65%
	合计	544	100%	544	100%	544	100%	544	100%	544	100%
丘陵工程模式区	⑤	5	0.94%	6	1.13%	2	0.38%	8	1.50%	6	1.13%
	④	182	34.15%	159	29.83%	124	23.26%	178	33.40%	128	24.02%

续表

区域	选项	平整工程规划布局的合理性 z_3		灌排工程规划布局的合理性 z_4		田间道路工程规划布局的合理性 z_5		农田防护工程规划布局的合理性 z_6		居民点整理工程规划布局合理性 z_7	
		频数	占比	频数	占比	频数	占比	频数	占比	频数	占比
丘陵工程模式区	③	167	31.33%	280	52.53%	306	57.41%	236	44.28%	327	61.35%
	②	153	28.71%	80	15.01%	96	18.01%	102	19.14%	68	12.76%
	①	26	4.88%	8	1.50%	5	0.94%	9	1.69%	4	0.75%
	合计	533	100%	533	100%	533	100%	533	100%	533	100%

注：⑤、④、③、②、①分别对应问卷中选项"很合理""较合理""一般""不合理""很不合理"，各指标相应赋值为 1.0、0.8、0.6、0.4、0.2

3. 项目施工管理

在项目施工过程中，农民主要关注的内容是项目的资金控制、施工的友好性、施工对环境和农业生产的影响以及项目设计的变更是否合理。表 4-18 反映了农地整治项目施工管理的情况。从设计变更的满意程度（z_8）来看，在两模式区中，农民满意度占比主要集中在选项②（不满意）、选项③（一般）和选项④（较满意），其中选项③（一般）占比最大（岗前平原工程模式区：56.25%，丘陵工程模式区：50.28%），选项④（较满意）与选项⑤（很满意）累计占比（岗前平原工程模式区：27.39%，丘陵工程模式区：24.96%）大于选项②（不满意）与选项①（很不满意）累计占比（岗前平原工程模式区：16.36%，丘陵工程模式区：24.76%）；项目投资控制情况（z_9）各选项占比情况与设计变更的满意程度（z_8）类似。这表明在两模式区中，农民对项目设计变更的满意程度（z_8）与项目投资控制情况（z_9）的满意度一般，但整体趋好，仍有进一步改进提高空间。从项目施工过程中友好性（z_{10}）、环境保护的满意度（z_{11}）、施工对农业生产负面影响程度（z_{12}）来看，在两模式区中，农民满意度主要体现在选项④和选项⑤，其占比之和基本上大于 40%，这表明农民对施工过程中友好性（z_{10}）、环境保护的满意度（z_{11}）以及施工对农业生产负面影响程度（z_{12}）的满意程度较高，尤其是对施工中环境保护的满意度（z_{11}）和施工对农业生产负面影响程度（z_{12}）的满意度较高（选项④"满意"占比达到 50%左右）。此外，比较两模式区中项目施工管理情况可知，岗前平原工程模式区趋好选项④、⑤累计占比基本上均大于丘陵工程模式区，这表明岗前平原工程模式区农地整治项目施工管理情况整体要好于丘陵工程模式区。

表 4-18 农地整治项目施工管理（过程绩效观）

区域	选项	设计变更的满意程度 z_8 频数	占比	项目投资控制情况 z_9 频数	占比	施工过程中友好性 z_{10} 频数	占比	环境保护的满意度 z_{11} 频数	占比	施工对农业生产负面影响程度 z_{12} 频数	占比
岗前平原工程模式区	⑤	9	1.65%	6	1.10%	16	2.94%	16	2.94%	60	11.03%
	④	140	25.74%	159	29.23%	211	38.79%	289	53.13%	305	56.07%
	③	306	56.25%	275	50.55%	250	45.96%	198	36.40%	153	28.13%
	②	75	13.79%	87	15.99%	53	9.74%	35	6.43%	23	4.23%
	①	14	2.57%	17	3.13%	14	2.57%	6	1.10%	3	0.55%
	合计	544	100%	544	100%	544	100%	544	100%	544	100%
丘陵工程模式区	⑤	1	0.19%	2	0.38%	8	1.50%	7	1.31%	48	9.01%
	④	132	24.77%	172	32.27%	191	35.83%	254	47.65%	309	57.97%
	③	268	50.28%	241	45.22%	233	43.71%	215	40.34%	133	24.95%
	②	120	22.51%	91	17.07%	83	15.57%	51	9.57%	40	7.50%
	①	12	2.25%	27	5.07%	18	3.38%	6	1.13%	3	0.56%
	合计	533	100%	533	100%	533	100%	533	100%	533	100%

注：⑤、④、③、②、①分别对应问卷中选项"很满意""较满意""一般""不满意""很不满意"，其中指标 z_{12} 对应的选项⑤、④、③、②、①为"很小""较小""一般""较大""很大"，且各指标相应赋值为 1.0、0.8、0.6、0.4、0.2

4. 项目竣工验收

项目竣工后，农民关注的主要内容是项目按期完工率、田水路林等基本工程的质量以及农地权属调整的结果。表 4-19 反映了农民对农地整治项目竣工验收后相关项目内容的满意度。

表 4-19 农地整治项目的竣工验收（结果绩效观）

区域	选项	按期完工率的满意度 z_{13} 频数	占比	平整工程质量的满意度 z_{14} 频数	占比	灌溉工程质量的满意度 z_{15} 频数	占比	田间道路工程质量的满意度 z_{16} 频数	占比
岗前平原工程模式区	⑤	41	7.54%	20	3.68%	24	4.41%	20	3.68%
	④	190	34.93%	199	36.58%	191	35.11%	220	40.44%
	③	237	43.57%	223	40.99%	154	28.31%	180	33.09%
	②	71	13.05%	88	16.18%	147	27.02%	102	18.75%
	①	5	0.92%	14	2.57%	28	5.15%	22	4.04%
	合计	544	100%	544	100%	544	100%	544	100%

续表

区域	选项	按期完工率的满意度 z_{13} 频数	占比	平整工程质量的满意度 z_{14} 频数	占比	灌溉工程质量的满意度 z_{15} 频数	占比	田间道路工程质量的满意度 z_{16} 频数	占比
丘陵工程模式区	⑤	22	4.13%	5	0.94%	9	1.69%	10	1.88%
	④	166	31.14%	171	32.08%	149	27.95%	157	29.46%
	③	280	52.53%	255	47.84%	161	30.21%	223	41.84%
	②	59	11.07%	88	16.51%	186	34.90%	120	22.51%
	①	6	1.13%	14	2.63%	28	5.25%	23	4.32%
	合计	533	100%	533	100%	533	100%	533	100%

区域	选项	农田防护工程质量的满意度 z_{17} 频数	占比	居民点整理工程质量的满意度 z_{18} 频数	占比	耕地质量提高的满意度 z_{19} 频数	占比	农地权属调整结果的满意度 z_{20} 频数	占比
岗前平原工程模式区	⑤	10	1.84%	18	3.31%	20	3.68%	18	3.31%
	④	132	24.26%	173	31.80%	211	38.79%	171	31.43%
	③	360	66.18%	278	51.10%	233	42.83%	285	52.39%
	②	38	6.99%	66	12.13%	75	13.79%	44	8.09%
	①	4	0.74%	9	1.65%	5	0.92%	26	4.78%
	合计	544	100%	544	100%	544	100%	544	100%
丘陵工程模式区	⑤	6	1.13%	12	2.25%	5	0.94%	5	0.94%
	④	88	16.51%	125	23.45%	164	30.77%	101	18.95%
	③	390	73.17%	306	57.41%	244	45.78%	326	61.16%
	②	47	8.82%	77	14.45%	112	21.01%	86	16.14%
	①	2	0.38%	13	2.44%	8	1.50%	15	2.81%
	合计	533	100%	533	100%	533	100%	533	100%

注：⑤、④、③、②、①分别对应问卷中选项"很满意""较满意""一般""不满意""很不满意"，且各指标相应赋值为 1.0、0.8、0.6、0.4、0.2

从按期完工率的满意度（z_{13}）来看，两模式区中农民满意度占比主要集中在②"不满意"、③"一般"和④"较满意"这 3 个选项中，其中选项③"一般"占比最大（岗前平原工程模式区：43.57%，丘陵工程模式区：52.53%），其次是选项④"较满意"占比（岗前平原工程模式区：34.93%，丘陵工程模式区：31.14%），选项②"不满意"占比相对较小（岗前平原工程模式区：13.05%，丘陵工程模式区：11.07%）。同时比较两模式区中选项④、⑤累计占比可知，岗前平原工程模式区农民对项目按期完工率满意度累计占比（42.47%）大于丘陵工程模式区累计占比（35.27%）；这表明岗前平原工程模式区农民对项目按期完工率满意度要略高于丘陵工程模式区。从整体来看虽然农民对其所在项目区项目按期完工率满意度存在一定差异，但其农民满意度一般。从农地整治项目田水路林等项目工程质量的满意度（z_{14}、z_{15}、z_{16}、z_{17}、z_{18}、z_{19}）来看，两模式区农民对各工程项目质量的满意度主要集中在②"不满意"、③"一般"和④"较满意"这三个选项，其中选项③"一般"和④"较满意"均占比较大，选项③、④在各指标中累计占比基本上均大于70%；这表明两模式区农民对农地整治涉及各项工程质量的满意程度存在一定差异，但其满意度仍然趋好。在两模式区中，农民对农地权属调整结果的满意度（z_{20}）各选项占比与农地整治项目田水路林等项目工程质量占比情况类似，其主要集中在②"不满意"、③"一般"和④"较满意"这3个选项，其中选项③"一般"和④"较满意"均占比较大，这表明两模式区农民对农地整治项目中农地权属调整结果的满意度存在一定差异，但其满意度一般。综上可知，从项目结果维度看，两模式区农民对按期完工率的满意度、田水路林等基本工程的质量以及农地权属调整的结果的满意度存在一定差异（岗前平原工程模式区整体满意度高于丘陵工程模式区），但整体满意度较为一般。

5. 小结

通过对两模式区（岗前平原工程模式区和丘陵工程模式区）农地整治项目绩效情况（过程和结果维度）的分析，可以发现：从农地整治项目模式区来看，岗前平原工程模式区趋好选项④、⑤累计占比基本上要大于丘陵工程模式区，说明岗前平原工程模式区农民对农地整治项目绩效的满意度较丘陵工程模式区要高。此外，从反映过程绩效的决策方案的合理性、规划布局的合理性、施工管理的效果，以及反映结果绩效的农民对竣工工程的满意度来看，项目区农民对农地整治项目绩效满意程度一般，仍存在很大提升空间（基本上选项③占比最高，选项④所占比例次之；但选项⑤所占比例相对较小）。

4.5 本章小结

本章基于文献的研究成果和相关理论研究，分别构建了农户有效参与（F）、农地整治项目管理行为（M）以及农地整治项目绩效（P）这三个变量的测度指标体系，并在此基础上对研究区域（岗前平原工程模式区和丘陵工程模式区）样本数据进行了分析。

样本数据分析结果表明，岗前平原工程模式区得益于其自然条件优势，其区域内受访农民的家庭经济状况和家庭资源（耕地资源）条件，较丘陵工程模式区受访农民要好。

农户有效参与（F）、农地整治项目管理行为（M）以及农地整治项目绩效（P）这三个变量特征分析结果表明：岗前平原工程模式区农户有效参与情况、农地整治项目行为管理情况以及农地整治项目绩效均较丘陵工程模式区要好，同时也说明农户有效参与度越高，农地整治项目管理行为越好，农民对农地整治项目绩效的满意度也相对越高；这在一定程度上对所构建的理论路径进行了佐证。此外，两模式区中农户有效参与情况、农地整治项目管理行为情况以及项目区农民对农地整治项目绩效满意度较为一般（基本上选项③占比最高，选项④所占比例次之；但选项⑤所占比例相对较小），但依然存在一些突出问题（如项目各参与主体沟通与协调不理想等），需要进一步改善，这为今后进一步提高农户有效参与、优化农地整治项目管理行为及改善农地整治项目绩效提供了方向。

第5章 农户有效参与对农地整治项目绩效影响路径的实证分析

在第 4 章中，笔者通过已有文献成果与相关理论，构建了农户有效参与（F）、农地整治项目管理行为（M）及农地整治项目绩效（P）这三个变量测度指标体系，并在此基础上对样本数据进行了分析。本章旨在结合项目实际，通过构建农户有效参与（F）、农地整治项目管理行为（M）及农地整治项目绩效（P）这三个变量的测度指标体系和分析模型，采用合适的数理分析方法对上述三个变量之间的理论影响关系进行定量的实证研究，进一步对所构建的理论影响路径进行验证。

5.1 SEM 模型的构建

SEM 是利用协方差矩阵来研究变量之间关系的一种多变量统计方法，主要运用于分析观测变量与潜变量、潜变量与潜变量之间的关系。所谓潜变量（latent variable）是指无法被直接准确测量或者虽能被观测但需要通过适当的方法加以综合的变量，如社会科学中人的智力、学习动机等。相较于一次只能处理单一自变量与因变量之间相关关系的传统建模方法，SEM 可以同时处理一系列变量之间的相关关系，具有明显优势（侯杰泰等，2004）。因此本节采用 SEM 对农地整治项目中农户有效参与（F）、农地整治项目管理行为（M）和农地整治项目绩效（P）之间影响关系进行分析。

SEM 的基本思想是在利用已有的理论知识构建出反映变量间关系的理论模型基础上，通过实证调研数据对理论模型进行验证和修改，进而揭示出变量间的影响路径和影响关系的强弱。SEM 可分为测量方程（measurement equation）和结构方程（structural equation）两部分：测量模型主要描述观测变量及其潜变量之间的关系；结构模型主要描述内生和外生潜变量之间的关系。

测量方程通常表示为

$$x = \Lambda_x + \delta, y = \Lambda_y + \varepsilon$$

结构方程通常表示为

$$\eta = B\eta + \Gamma\xi + \zeta$$

其中，x 为外生指标组成的向量；y 为内生指标组成的向量；Λ_x 为外生指标与外生潜变量之间的关系，是外生指标在外生潜变量上的因子负荷矩阵；Λ_y 为内生指标与内生潜变量之间的关系，是内生指标在内生潜变量上的因子负荷矩阵；δ 是外生指标误差项；ε 是内生指标误差项；η 为内生潜变量；ξ 为外生潜变量；B 为内生潜变量之间的关系；Γ 为外生潜变量对内生潜变量的影响；ζ 为结构方程残差项，反映了 η 在方程中未能被解释的部分。

根据第 4 章理论路径分析及各变量的测度指标体系，本章构建了农户有效参与对农地整治项目绩效影响机理的结构方程理论模型（图 5-1）。该理论模型由测量模型和结构模型组成，测量模型包括三个部分：第一部分是由参与范围（Scop）、参与主体（Part）、参与渠道与深度（Chan）、参与效度（Vali）四个潜变量及其观测变量与农户有效参与构成的二阶模型；第二部分是目标管理（Aim）、决策与计划（Plan）、执行（Impl）、资源管理（Reso）以及组织与协调（Coor）五个潜变量及其观测变量与农地整治项目管理行为构成的二阶模型；第三部分是由项目决策方案的合理性（Sche）、规划布局的合理性（Layo）、施工管理的效果（Cons）以及竣工工程的满意度（Comp）这四个潜变量及其观测变量与农地整治项目绩效构成的二阶模型。结构模型主要反映农地整治项目中农户有效参与（F）、农地整治项目管理行为（M）、农地整治项目绩效（P）三者之间的关系。此处含有三个研究假设：

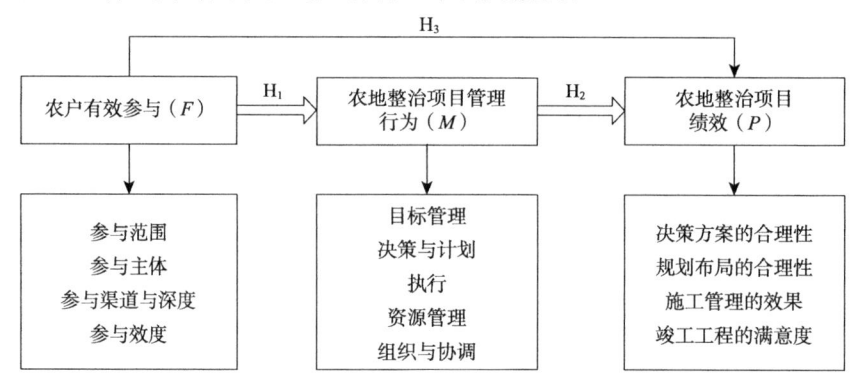

图 5-1 结构方程理论模型

H₁：农户有效参与（F）对农地整治项目管理行为（M）有直接的正向影响。

第 5 章 农户有效参与对农地整治项目绩效影响路径的实证分析

H_2：农地整治项目管理行为（M）对农地整治项目绩效（P）有直接的正向影响。

H_3：农户有效参与（F）对农地整治项目绩效（P）有直接的正向影响。

5.2 信度与效度检验

为保证研究结果的准确性，在进行模型分析之前需要对样本数据进行信度与效度的检验。信度检验即可靠性检验，用以衡量问卷调查所得结果的一致程度，也就是反映实际情况的程度。效度检验是指测量的有效性检验，用以衡量测量工具测出其测度指标的有效程度，反映测量的准确性、有用性。本节运用 SPSS18.0 软件对样本数据进行了信度与效度检验，检验结果如表 5-1 所示。

表 5-1 总样本数据信度与效度检验结果

变量	样本数量	项数	Cronbach's α	KMO	χ^2	df	p 值
农户有效参与（F）	1 077	21	0.885	0.913	8 462.853	210	0.000
农地整治项目管理行为（M）	1 077	18	0.924	0.939	961.162	153	0.000
农地整治项目绩效（P）	1 077	20	0.909	0.910	8 505.927	190	0.000
总体问卷	1 077	59	0.955	0.951	30 692.594	1 711	0.000

注：$p<0.1$ 为 10%水平上显著，$p<0.05$ 为 5%水平上显著，$p<0.01$ 为 1%水平上显著

Cronbach's α 值作为一种信度测量工具，被广泛用于评估观测变量能够解释其所建构的潜变量的程度，故本节也采用此系数对样本进行信度检验。表 5-1 检验结果显示本节所涉及的三个变量以及总体问卷样本的 Cronbach's α 值分别为 0.885、0.924、0.909 和 0.955，均大于常用标准值 0.80，证明样本的信度是可靠的，问卷调查的结果符合模型稳定性与一致性的要求。

问卷的效度检验包括内容效度与结构效度的检验，指标体系中潜变量和观测变量的设定是以相关理论和文献为基础的，结合农地整治项目具体特征进行编制，并多次征询专家与政府部门管理者的意见，确保问卷具有较好的内容效度。问卷的结构效度的检验借助验证性因子分析进行，表 5-1 中检验结果显示 Bartlett 球形检验结果显著性水平均为 0.000，小于 0.001，证明了相关系数矩阵之间具有显著的差异，表明了样本数据适合做验证性因子分析；同时，检验结果显示农户有效参与（F）、农地整治项目管理行为（M）及农地整治项目绩效（P）三个量表以及总体问卷的 KMO 值分别为 0.913、0.939、0.910、0.951，均大于推荐临界值 0.80，表明所选变量正确测量程度高，问卷结构效度良好。

5.3 模型结果分析

5.3.1 测量模型结果分析

测量模型分析所验证的是假设模型内在模型的适配度,检验测量模型中各因素构念的收敛/聚合效度,故而其本质是模型内在质量的检验(吴明隆,2012)。本节运用 LISREL8.80 软件及实地调研收集的样本数据,对农户有效参与(F)、农地整治项目管理行为(M)、农地整治项目绩效(P)这三个二阶因子的测量模型进行分析。

通过分析得到各个潜变量的协方差矩阵(表 5-2~表 5-4)、测量模型的拟合指标以及各个测量项的载荷系数、t 值等。由于模型分析过程中,各潜变量与观测变量及其对应关系构成的原模型 F_1、M_1、P_1 的拟合结果并不理想,因此本节在参考了相关理论依据的前提下,按照修正指数与因子负荷对原模型进行了调整,即通过剔除因子负荷较小的观测指标,按照修正指数从大到小的顺序进行调整,增设误差相关项,对原模型进行了修正,修正后的测量模型拟合指标见表5-5。

表 5-2 潜变量的协方差矩阵(一)

变量	Scop	Part	Chan	Vali	F
Scop	1				
Part	0.686	1			
Chan	0.794	1.008	1		
Vali	0.710	0.902	1.044	1	
F	0.735	0.934	1.080	0.966	1

表 5-3 潜变量的协方差矩阵(二)

变量	Aim	Plan	Impl	Reso	Coor	M
Aim	1					
Plan	0.846	1				
Impl	0.847	0.898	1			
Reso	0.772	0.818	0.819	1		
Coor	0.616	0.653	0.654	0.596	1	
M	0.894	0.947	0.948	0.864	0.690	1

第5章 农户有效参与对农地整治项目绩效影响路径的实证分析 ·81·

表 5-4 潜变量的协方差矩阵（三）

变量	Sche	Layo	Cons	Comp	P
Sche	1				
Layo	0.869	1			
Cons	0.769	0.760	1		
Comp	0.883	0.872	0.772	1	
P	0.938	0.926	0.820	0.941	1

表 5-5 测量模型的拟合指标

指标类型	指标	参考值	模型 F 的指标值 F_1	模型 F 的指标值 F_n	模型 M 的指标值 M_1	模型 M 的指标值 M_n	模型 P 的指标值 P_1	模型 P 的指标值 P_n
绝对适配统计量	χ^2		2 138.324	181.250	1 036.901	141.897	1 836.151	257.701
	df		185	65	130	57	166	90
	χ^2/df	<3	11.559	2.788	7.976	2.489	11.061	2.863
	p	<0.050	<0.001	<0.001	<0.001	<0.001	<0.001	<0.001
	RMSEA	<0.080	0.099	0.041	0.081	0.037	0.097	0.042
	GFI	>0.900	0.841	0.977	0.903	0.980	0.854	0.971
	AGFI	>0.800	0.801	0.962	0.873	0.968	0.816	0.956
增值适配统计量	NFI	>0.900	0.923	0.986	0.969	0.992	0.927	0.985
	IFI	>0.900	0.930	0.991	0.973	0.995	0.933	0.990
	CFI	>0.900	0.930	0.991	0.973	0.995	0.933	0.990
简约适配统计量	PNFI	>0.500	0.813	0.705	0.823	0.725	0.810	0.739
	$\Delta\chi^2$		1 957.074		895.004		1 578.45	
	Δdf		120		73		76	
	p 值		<0.001		<0.001		<0.001	

根据相关研究，一个好的模型，其 AGFI 应该大于 0.8，GFI、NFI、IFI 和 CFI 应当大于 0.9，PNFI 应当大于 0.5，RMSEA 应当小于 0.08，p 值应当小于 0.05，χ^2/df 应当小于 3。从测量模型的拟合指标来看，F_n，M_n 和 P_n 的拟合程度较好，三个模型的 RMSEA 分别为 0.041、0.037、0.042，明显小于 0.08；GFI 分别为 0.977、0.980、0.971，大于 0.9；p 值均小于 0.001；χ^2/df 修正后均小于 3；AGFI、NFI、IFI 和 CFI 均大于 0.9。上述拟合指标基本上全在参考值范围内，说明测量模型比较可靠。

通过验证性因子分析，可以得到各个测量项的标准化载荷，依据这些载荷，可计算得到各个潜变量的组合信度（CR）和平均变异抽取度（AVE[①]）。如表 5-6

---

① AVE：average variance extracted，平均方差提取值。

所示，CR 代表量表的信度，一般认为达到 0.6 才能说明量表的信度是比较稳定的（Bagozzi and Yi，1988）；AVE 表示潜变量被一组观察变量有效估计的聚敛性程度，当 AVE 大于 0.5 时，表示变量的聚敛能力十分理想（Hair et al.，2006）。F_n 模型的 CR 在 0.6~0.8，表明量表的信度较好，AVE 在 0.4~0.5，说明潜变量的聚敛性程度可以接受。M_n 模型的 CR 在 0.7~0.9，说明量表的信度很好，AVE 在 0.5~0.7，表明潜变量的聚敛性程度较好。P_n 模型的 CR 在 0.6~0.8，表明量表的信度较好，AVE 在 0.3~0.4，说明潜变量的聚敛性程度不太理想。

表 5-6 构念的可靠性和聚敛程度

构念	潜变量	题项	t 值	载荷系数	CR	AVE
农户有效参与（F）	Scop	x_2		0.64	0.78	0.38
		x_3	17.20	0.60		
		x_4	16.03	0.67		
		x_7	14.93	0.64		
		x_9	13.57	0.56		
		x_{10}	14.52	0.57		
	Part	x_{12}		0.47	0.57	0.41
		x_{13}	13.83	0.78		
	Chan	x_{15}		0.69	0.62	0.45
		x_{16}	20.17	0.65		
	Vali	x_{18}		0.67	0.75	0.51
		x_{20}	20.29	0.75		
		x_{21}	19.38	0.71		
农地整治项目管理行为（M）	Aim	y_2		0.67	0.74	0.48
		y_3	19.86	0.74		
		y_4	18.49	0.67		
	Plan	y_6		0.70	0.73	0.57
		y_7	22.85	0.81		
	Impl	y_9		0.68	0.79	0.56
		y_{10}	21.88	0.77		
		y_{11}	22.54	0.79		
	Reso	y_{13}		0.78	0.77	0.62
		y_{14}	24.02	0.80		
	Coor	y_{16}		0.80	0.89	0.72
		y_{17}	32.34	0.90		
		y_{18}	30.56	0.85		

第 5 章 农户有效参与对农地整治项目绩效影响路径的实证分析 ·83·

续表

构念	潜变量	题项	t 值	载荷系数	CR	AVE
农地整治项目绩效（P）	Sche	z_1		0.70	0.60	0.43
		z_2	15.56	0.60		
	Layo	z_4		0.64	0.68	0.41
		z_5	17.87	0.63		
		z_6	16.63	0.66		
	Cons	z_8		0.76	0.72	0.40
		z_9	17.69	0.63		
		z_{10}	17.39	0.62		
		z_{11}	13.97	0.49		
	Comp	z_{13}		0.53	0.78	0.34
		z_{14}	14.66	0.61		
		z_{15}	15.27	0.66		
		z_{16}	15.23	0.66		
		z_{17}	12.88	0.51		
		z_{18}	13.88	0.57		
		z_{19}	15.13	0.55		

通过多次对模型的拟合检验、修正、再检验，本节最终得到农户有效参与（F_n）、农地整治项目管理行为（M_n）以及农地整治项目绩效（P_n）理想测量模型。具体如图 5-2~图 5-4 所示。

Chi-Square=181.25；DF=65；
p-value=0.000 00；RMSEA=0.041

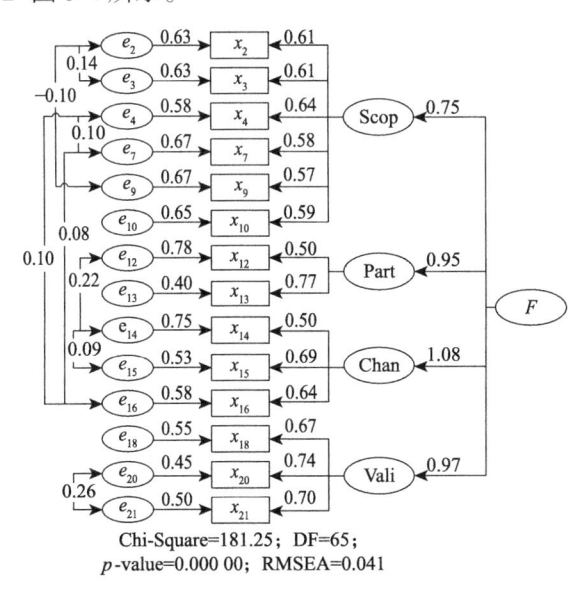

图 5-2 测量模型 F_n 的拟合结果

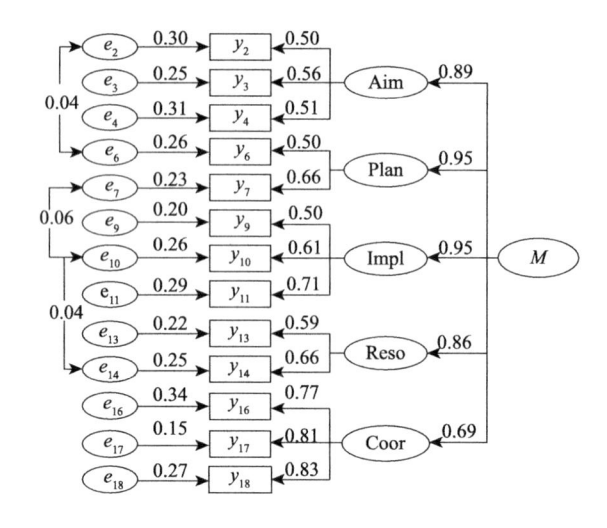

图 5-3　测量模型 M_n 的拟合结果

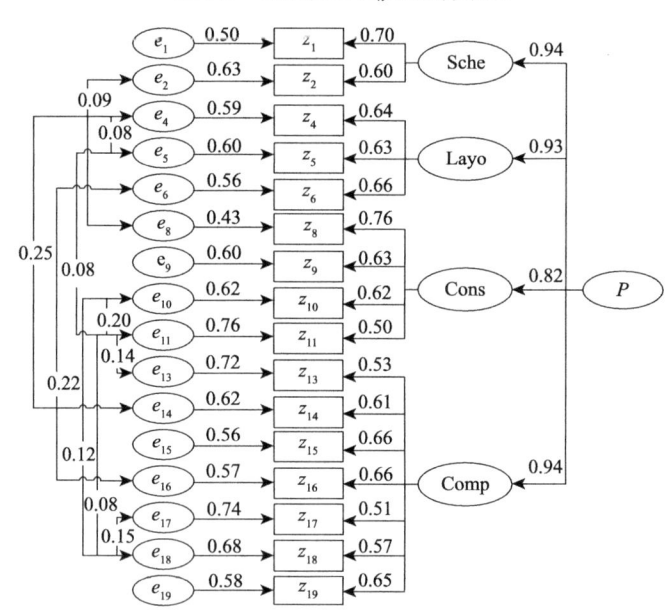

Chi-Square=141.90；DF=57；
p-value=0.000 00；RMSEA=0.037

图 5-4　测量模型 P_n 的拟合结果

Chi-Square=257.70；DF=90；
p-value=0.000 00；RMSEA=0.042

原模型 F_1 经过多次修正，剔除了因子载荷小于 0.5 的观测指标：参与有关农地整治的必要性及紧迫性的讨论（x_1）、配合设计单位的调研并及时回答提问（x_5）、针对规划设计初步方案提意见（x_6）、参与日常工程质量监督（x_8）、参与农地权益分配与确权活动（x_{11}）、农民参与的自主性（x_{17}）和农民意见的表达效果（x_{19}），最终得到了理想测量模型 F_n（即修正后理想模型 F_n，见图 5-2）。由测量模型 F_n 的拟合结果来看，农户有效参与（F）与参与范围（Scop）、参与主体（Part）、参与渠道与深度（Chan）及参与效度（Vali）之间存在很强的因子关系，其二阶因子载荷依次为 0.75、0.95、1.08、0.97。同时，从各潜变量与其观测指标的一阶因子载荷来看：潜变量参与范围（Scop）与其观测变量参与农地整治初步方案的讨论（x_2）、参与农地权属调整方案的讨论（x_3）、参与项目可行性研究的论证与评审（x_4）具有较强的因子关系，其因子均载荷均大于 0.6。潜变量参与主体（Part）与其观测变量农民参与的广泛性（x_{13}）具有很强的因子关系（因子载荷为 0.77），明显强于其与农民参与的主体类型（x_{12}）之间的因子关系（因子载荷为 0.50）。潜变量参与渠道与深度（Chan）与其观测变量农民参与渠道的种类数（x_{14}）、农民参与渠道的适宜性（x_{15}）均具有较强的因子关系（因子载荷分别为 0.50、0.69）。潜变量参与效度（Vali）则与其观测变量政府国土部门或委托代理部门对农民意见的接受程度（x_{20}）、未接受意见的反馈情况（x_{21}）之间的因子关系相对较强。因此，理想测量模型 F_n 表明，可从农民的参与范围（Scop）、参与主体（Part）、参与渠道与深度（Chan）、参与效度（Vali）4 个方面来确保农户有效参与。

同理，原模型 M_1 经过多次修正，剔除了因子载荷小于 0.5 的观测指标：各主体目标的明确性（y_1）、决策的科学性（y_5）、工作任务执行的及时性（y_8）、资源的准备情况（y_{12}）以及各参与主体职责的明确程度（y_{15}），最终得到了理想测量模型 M_n（即修正后理想模型 M_n，见图 5-3）。由测量模型 M_n 的拟合结果来看，农地整治项目管理行为（M）和目标管理（Aim）、决策与计划（Plan）、执行（Impl）、资源管理（Reso）、组织与协调（Coor）5 个潜变量之间的因子关系均非常强，其二阶因子载荷依次是 0.89、0.95、0.95、0.86、0.69。从潜变量与其观测指标的一阶因子载荷来看：潜变量目标管理（Aim）与其观测变量目标的科学与合理性（y_2）、各参与主体的目标一致性（y_3）、项目范围的明确程度（y_4）3 个测量指标间的因子关系相对较强且影响程度非常接近（因子载荷为 0.50、0.56、0.51）。潜变量决策与计划（Plan）可通过观测指标各项工作计划的完备性（y_6）、工作计划与目标的匹配性（y_7）来衡量，它们间因子关系均很强。潜变量项目的执行（Impl）与其观测变量工作计划与任务执行的匹配程度（y_{10}）、工作任务检查与反馈情况（y_{11}）具有很强的因子关系（因子载荷分别为 0.61、0.71）。潜变量资源管理（Reso）与其观测变量资源的合理利用情况（y_{14}）、资源的科学管理情况

(y_{13})的因子关系均很强。潜变量组织与协调(Coor)可通过测量指标政府与农民间的沟通和协调情况(y_{16})、设计单位与农民间的沟通情况(y_{17})、施工单位与农民间的沟通情况(y_{18})来衡量，其因子关系很强且影响程度较接近。因此，上述测量模型 M_n 的分析结果表明，农地整治项目管理行为的优化可通过目标管理(Aim)、决策与计划(Plan)、执行(Impl)、资源管理(Reso)、组织与协调(Coor)等环节来实现。

与上述得到理想测量模型 F_n 和理想测量模型 M_n 过程一致，通过对原模型 P_1 的多次修正，剔除了因子载荷小于 0.5 的观测指标：平整工程规划布局的合理性(z_3)、居民点整理工程规划布局的合理性(z_7)、施工对农业生产负面影响程度(z_{12})、农地权属调整结果的满意度(z_{20})，得到了理想测量模型 P_n（修正后理想模型 P_n，见图 5-4）。由测量模型 M_n 的拟合结果来看，农地整治项目绩效(P)与决策方案的合理性(Sche)、规划布局的合理性(Layo)、施工管理的效果(Cons)、竣工工程的满意度(Comp) 4 个潜变量之间具有极强的因子关系，其二阶因子载荷分别是 0.94、0.93、0.82、0.94。同时，从一阶因子负荷可以看出潜变量决策方案的合理性(Sche)与工程措施方案的合理性(z_1)、农地权属调整方案的合理性(z_2)之间的因子关系相对较强；潜变量规划布局的合理性(Layo)与其观测变量灌排工程规划布局的合理性(z_4)、田间道路工程规划布局的合理性(z_5)、农田防护工程规划布局的合理性(z_6)之间的因子关系较强且影响程度比较接近；潜变量施工管理的效果(Cons)与其观测变量设计变更的满意程度(z_8)、项目投资控制情况(z_9)、施工过程中友好性(z_{10})这 3 个测量指标具有较强的因子关系；在 $z_{13},z_{14},\cdots,z_{19}$ 7 个测量指标中，平整工程质量的满意度(z_{14})、灌排工程质量的满意度(z_{15})、田间道路工程质量的满意度(z_{16})、耕地质量提高的满意度(z_{19})与潜变量 Comp 有较强因子关系。因此，修正后理想模型 P_n 的结果表明，农地整治项目绩效可通过决策方案的合理性(Sche)、规划布局的合理性(Layo)、施工管理的效果(Cons)、竣工工程的满意度(Comp)来反映。

5.3.2 结构模型结果分析

在 SEM 理论模型中，农户有效参与(F)为自变量，农地整治项目管理行为(M)为中介变量，农地整治项目绩效(P)为因变量；在运用 LISREL 软件同时分析上述 3 个二阶因子之间的关系时，因需估计的参数太多，可能会导致参数估计结果不可靠。为此，本节基于丘陵工程模式区(Ⅰ$_2$)与岗前平原工程模式区(Ⅱ$_2$)分别对 $F_n \rightarrow M_n$、$M_n \rightarrow P_n$、$F_n \rightarrow P_n$ 3 个结构模型进行检验。

表 5-7 中反映了丘陵工程模式区（Ⅰ₂）与岗前平原工程模式区（Ⅱ₂）样本结构模型的拟合度检验指标。从表 5-7 中可以看出，在岗前平原工程模式区中，模型 $F_n \to M_n$ 的拟合指标 RMSEA（0.059）、GFI（0.894）、AGFI（0.872）、NFI（0.962）、CFI（0.974）、IFI（0.974）、PNFI（0.855）、χ^2/df（2.889）大都在结构模型拟合指标的参考范围内，说明模拟拟合得较好；模型 $M_n \to P_n$ 和 $F_n \to P_n$ 除了在 χ^2/df 的指标均略大于常用参考标准 3，其他指标均在参考范围内，但根据 Lee（2013）的观点，χ^2/df 的可接受标准是小于 5，故 χ^2/df 指标也符合参考标准，说明这两个模型拟合得较好。在丘陵工程模式区中，除了模型 $M_n \to P_n$ 和 $F_n \to P_n$ 的拟合指标 χ^2/df 的指标均略大于常用参考标准 3，其他指标大都在参考标准范围内，说明在丘陵工程模式区 $F_n \to M_n$、$M_n \to P_n$、$F_n \to P_n$ 3 个结构模型的拟合程度较好。比较分析丘陵工程模式区（Ⅰ₂）与岗前平原工程模式区（Ⅱ₂）可以发现，结构模型在这两种模式区中都拟合得比较好，说明模型比较稳定、可靠。

表 5-7　结构模型的拟合指标

拟合指标	参考值	岗前平原工程模式区（Ⅱ₂）			丘陵工程模式区（Ⅰ₂）		
		$F_n \to M_n$	$M_n \to P_n$	$F_n \to P_n$	$F_n \to M_n$	$M_n \to P_n$	$F_n \to P_n$
χ^2		834.95	1 239.07	1 154.46	771.17	1 190.6	1 122.55
df		289	367	368	289	367	368
χ^2/df	<3	2.889	3.376	3.137	2.668	3.244	3.05
p	<0.05	<0.001	<0.001	<0.001	<0.001	<0.001	<0.001
RMSEA	<0.08	0.059	0.066	0.063	0.056	0.065	0.062
GFI	>0.9	0.894	0.864	0.872	0.9	0.866	0.873
AGFI	>0.8	0.872	0.839	0.949	0.878	0.842	0.85
NFI	>0.9	0.962	0.96	0.942	0.964	0.957	0.934
CFI	>0.9	0.974	0.972	0.96	0.977	0.97	0.955
IFI	>0.9	0.974	0.972	0.96	0.977	0.97	0.955
PNFI	>0.5	0.855	0.868	0.854	0.857	0.865	0.846

结构模型的分析结果如表 5-8 和图 5-5 所示。

表 5-8　路径系数与假设检验

假设	关系	方向	类型	t 值	路径系数	假设验证情况
H_1	$F \to M$	+	平原	22.60	0.71***	验证
			丘陵	18.55	0.62***	
H_2	$M \to P$	+	平原	41.09	0.86***	验证
			丘陵	34.75	0.81***	
H_3	$F \to P$	+	平原	17.05	0.61***	验证
			丘陵	13.95	0.54***	

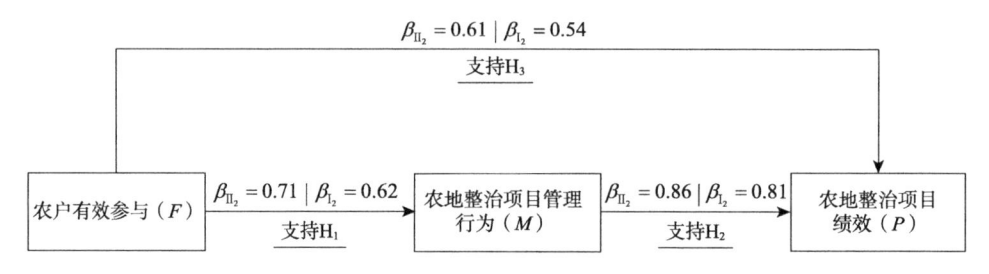

***表示在 0.01 的水平上显著

$$\beta_{\mathrm{II}_2} = 0.61 \mid \beta_{\mathrm{I}_2} = 0.54$$
支持 H_3

农户有效参与（F） $\xrightarrow{\beta_{\mathrm{II}_2}=0.71 \mid \beta_{\mathrm{I}_2}=0.62}$ 农地整治项目管理行为（M） $\xrightarrow{\beta_{\mathrm{II}_2}=0.86 \mid \beta_{\mathrm{I}_2}=0.81}$ 农地整治项目绩效（P）

支持 H_1　　　支持 H_2

图 5-5　结构模型分析结果

从图 5-5 可知，丘陵工程模式区（I_2）与岗前平原工程模式区（II_2）的 $F_n \to M_n$、$M_n \to P_n$、$F_n \to P_n$ 的路径系数均为正数，且均较大，一方面，结果表明农户有效参与（F）对农地整治项目管理行为（M）的优化具有直接的积极影响，农地整治项目管理行为（M）又进一步对农地整治项目绩效（P）产生了直接的积极影响，且农户有效参与（F）对农地整治项目绩效（P）也有直接的积极影响。另一方面，结果也说明 $F \to M$、$M \to P$、$F \to P$ 的关系比较稳定，受到农地整治模式影响的程度不是很大。

比较两种模式区下 $F_n \to M_n$、$M_n \to P_n$、$F_n \to P_n$ 结构模型路径系数可以发现，岗前平原工程模式区（II_2）各路径系数均略高于丘陵工程模式区（I_2）。本书认为可能有以下两个方面的原因：一方面，由于目前我国农地整治项目主要以农田水利设施以及农业生产配套设施建设为主，而岗前平原工程模式区（II_2）地势相对平坦，拥有良好的农业耕作自然条件，大大便利了项目的建设，从而降低了项目建设的难度与成本，在保障农户有效参与的条件下，其项目的设计、施工管理及竣工质量都能得到显著提高；而丘陵工程模式区（I_2）起伏不平的地势条件，在一定程度上增加了项目建设的难度和成本，在保障农户有效参与的同等条件下，其农地整治项目管理行为的优化以及农地整治项目绩效的改善程度较之平原地区仍会有所不及。另一方面，由于丘陵工程模式区（I_2）自然条件的客观限制，当地农村经济水平和农业生产条件相较于平原地区普遍较差，农民改善生活和农业生产条件的愿望迫切，对开展农地整治项目的需求十分紧迫,农民参与到项目中,对农地整治项目绩效的期望普遍较高;而岗前平原工程模式区(Ⅱ₂)拥有优越的农业耕作条件,对开展农地整治项目的需求紧迫度较低,农民对农地整治项目绩效的预期也相对较低。由于两模式区农民项目绩效的预期不同,项目竣工投入使用后,两模式区农民主观对项目绩效满意度的评价必然存在差异,这也就解释了丘陵工程模式区(Ⅰ₂)农民对农地整治项目绩效的满意度较岗前平原工程模式区(Ⅱ₂)低的原因。

综上所述,虽然两模式区中各路径系数略有差异,但不同模式区下各样本的实证分析均验证了 $F_n \rightarrow M_n$、$M_n \rightarrow P_n$、$F_n \rightarrow P_n$ 的理论影响路径;即农户有效参与不仅可以通过农地整治项目管理行为的优化间接对农地整治项目绩效起到贡献作用,而且对农地整治项目绩效也有直接的影响。在农地整治项目实施过程中,政府国土部门可以通过治理结构的优化、治理机制的完善等手段来调整农民与政府等其他参与者间的关系,以建立良好的秩序,从而提高农地整治项目的农户有效参与,进而改变项目业主与受益者相分离的状态,使农民诉求得到满足,提高农地整治决策的科学性与合理性,增强农地整治工作的实施性和操作性,最终达到提升农地整治项目绩效的目的;另外这种以提高农户有效参与度为出发点的项目治理对项目管理有着积极影响,使农地整治项目管理行为得到优化,从而进一步提升农地整治项目的绩效。

5.4 本章小结

本章基于已有文献的研究成果和相关理论研究,分别构建了农户有效参与(F)、农地整治项目管理行为(M)及农地整治项目绩效(P)这三个变量的测度指标体系,并构建了 SEM,结合湖北省丘陵工程模式区(Ⅰ₂)与岗前平原工程模式区(Ⅱ₂)的农地整治项目调查数据对三个变量之间的影响关系进行了实证分析。

测量模型的分析结果验证了农户有效参与(F)、农地整治项目管理行为(M)及农地整治项目绩效(P)这三个变量的测度指标体系的科学性与合理性,即农户有效参与(F)可从农民的参与范围(Scop)、参与主体(Part)、参与渠道与深度(Chan)、参与效度(Vali)这四个维度得以体现;农地整治项目管理行为的优化可通过目标管理(Aim)、决策与计划(Plan)、执行(Impl)、资源管理(Reso)、组织与协调(Coor)等环节来实现;而农地整治项目绩效可通过决策方案的合理性(Sche)、规划布局的合理性(Layo)、施工管理的效果(Cons)、竣工工程的满意度(Comp)来反映。同时,丘陵工程模式区（Ⅰ₂）与岗前平原工程模式区（Ⅱ₂）结构模型研究结果验证了三个变量之间影响路径的理论研究假设，研究表明：农户有效参与不仅可以通过农地整治项目管理行为的优化间接对农地整治项目绩效起到贡献作用，而且对农地整治项目绩效也有直接的积极影响。

因此，在农地整治项目实施过程中，政府国土部门一方面可以通过治理结构的优化、治理机制的完善等手段来调整农民与政府等其他参与者之间的关系，以建立良好的秩序，从而提高农地整治项目的农民参与的有效性，促进农地整治项目绩效的改善；另一方面，可以通过提高农户有效参与度促进农地整治项目管理行为的优化，从而进一步提升农地整治项目的绩效。

第6章 农户有效参与对农地整治项目绩效影响效应的测算

第 5 章的研究表明：农地整治项目中，农户有效参与既可以直接对农地整治项目绩效产生积极的影响，也可以通过农地整治项目管理行为的优化间接对农地整治项目绩效产生积极的影响；也就是说，农户有效参与提升农地整治项目绩效既存在直接影响效应，也存在间接影响效应。本章旨在此基础上通过中介效应分析模型对农地整治项目管理行为的中介作用进行判定（检验是完全中介还是部分中介），对直接影响效应和间接影响效应进行测算，找出农户有效参与影响农地整治项目绩效的主要路径。

6.1 模型的构建

所谓中介效应是指自变量 X 与因变量 Y 之间影响关系不是直接 $X{\rightarrow}Y$ 的因果链关系，而是通过一个或一个以上的变量 M 间接影响产生的，称 M 为中介变量，而 X 通过 M 对 Y 产生的间接影响称为中介效应。中介变量是连接自变量与因变量之间的桥梁，其在理论上代表着某种内部机制，即自变量 X 的变化影响中介变量 M 的变化，而中介变量 M 的变化又进一步影响因变量 Y 的变化。

近年来，中介效应分析在诸多社科研究领域得到广泛应用。相较于常用的回归分析，中介效应分析可以分析变量间的影响路径与机制，为相应的研究假设提供支持，排除其竞争假设，从而得到更深入的结果（温忠麟和叶宝娟，2014）。其研究的基本思路是：首先，基于相关的研究理论及已有的文献成果，对研究问题中所涉及的变量之间的逻辑关系进行初步的分析与判定，构建中介效应分析的理论模型；其次，运用中介效应检验方法对理论模型中的中介效应进行检验（验证中介变量）。若通过检验，则说明基于理论对变量之间的逻辑关系（作用路径）所做的判定正确，所构建的理论模型合理，可以进一步对变量之间的影响效应进行分析和测算；反之，说明所构建理论模型不合理。因此，本章将采用中介效应分析模型，结合实地调研数据，对农地整治项目管理行为的中介作用进行判定，并对直接影响效应和间接影响效应进行测算。

6.1.1 农地整治项目中介效应分析模型的构建

第5章的研究表明，农地整治项目中，农户有效参与（F）可通过农地整治项目管理行为（M）来影响农地整治项目绩效（P）。根据中介变量的定义可知：农户有效参与（F）为自变量，农地整治项目绩效（P）为因变量，农地整治项目管理行为（M）就是中介变量。三者之间的关系可用回归方程解释如下，对应的农地整治项目中介效应分析理论模型见图6-1。

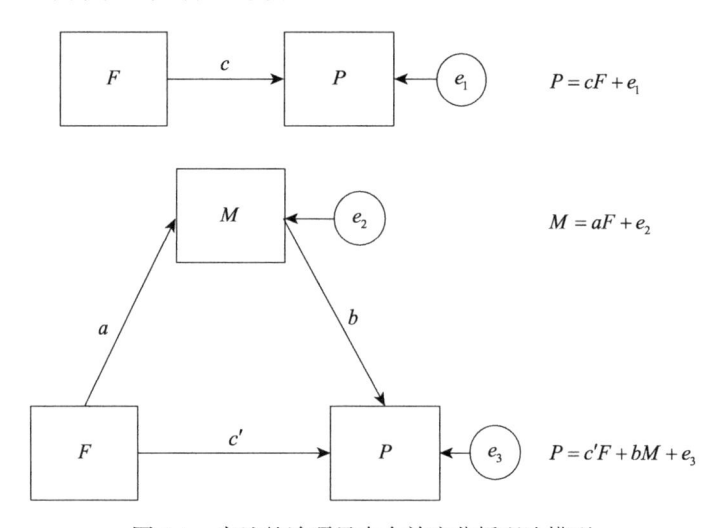

图6-1 农地整治项目中介效应分析理论模型

$$P = cF + e_1 \quad (6-1)$$

$$M = aF + e_2 \quad (6-2)$$

$$P = c'F + bM + e_3 \quad (6-3)$$

其中，c 代表农户有效参与（F）对农地整治项目绩效（P）的总效应；a 代表农户有效参与（F）作用于中介变量农地整治项目管理行为（M）的效应；b 表示中介变量农地整治项目管理行为（M）作用于农地整治项目绩效（P）的效应；ab 代表经过中介变量的间接效应，即农户有效参与（F）通过中介变量农地整治项目管理行为（M）作用于农地整治项目绩效（P）的效应；c' 代表直接效应，即考虑中介变量（M）后，农户有效参与（F）作用于因变量农地整治项目绩效（P）的效应；e_1、e_2、e_3为残差项，各效应之间存在如下关系：$c=ab+c'$，即总效应=间接效应+直接效应。在这种只涉及三个变量的简单中介效应分析模型中，中介效应等于间接效应，即等于ab（MacKinnon et al.，1995）。

6.1.2 农地整治项目管理行为中介效应的检验与测算

要判断理论模型（影响路径）是否正确，中介效应是否显著，或者说M是否真正起到了中介变量的作用，首先必须进行中介效应的检验。关于中介效应的检验方法有很多，如逐步检验法、系数乘积检验法、差异系数检验法、自助法等。中介效应分析方法的发展过程其实就是其检验方法的改进过程，自Baron和Kenny（1986）提出了逐步检验法之后，这种方法迅速得到流行，但是近些年，逐步检验法受到了许多的批评和质疑，甚至有人呼吁停止使用依次检验，改用更好的自助法检验系数乘积的显著性。近年来，随着中介效应分析的广泛应用，各检验方法的局限性逐渐显现。温忠麟和叶宝娟（2014）提出了新中介效应的检验流程，在一定程度上弥补了上述方法的不足，并受到国内学者的广泛认可。因此，本节将采用新中介效应检验法，对农户有效参与影响农地整治项目绩效路径中农地整治项目管理行为的中介效应进行检验。

新中介效应检验法认为：自变量对因变量的回归系数c显著是考虑中介变量（M）的前提条件，也就是说，要研究自变量如何对因变量产生影响（影响路径），必须在验证了自变量对因变量存在显著影响的前提下进行。因此，要探讨农户有效参与对农地整治项目绩效的影响路径，首先要验证农户有效参与对农地整治项目绩效是否存在显著影响；在存在显著影响的前提下，再对农地整治项目管理行为是否具有显著中介效应进行验证，具体检验流程如下（图6-2）。

第一步，检验式（6-1）中自变量（农户有效参与）与因变量（农地整治项目绩效）的系数c是否显著。若显著按中介效应立论；否则按遮掩效应立论。

第二步，检验式（6-2）中自变量（农户有效参与）与中介变量（农地整治项目管理行为）的系数a与式（6-3）中中介变量（农地整治项目管理行为）与因变量（农地整治项目绩效）的系数b是否显著。若都显著，则中介效应显著，转到第四步；如果至少有一个不显著，继续第三步。

第三步，用自助法检验原假设H_0：$ab=0$。若显著，则说明农地整治项目管理行为中介效应显著，进行第四步；否则检验终止。

图 6-2 中介效应检验流程图

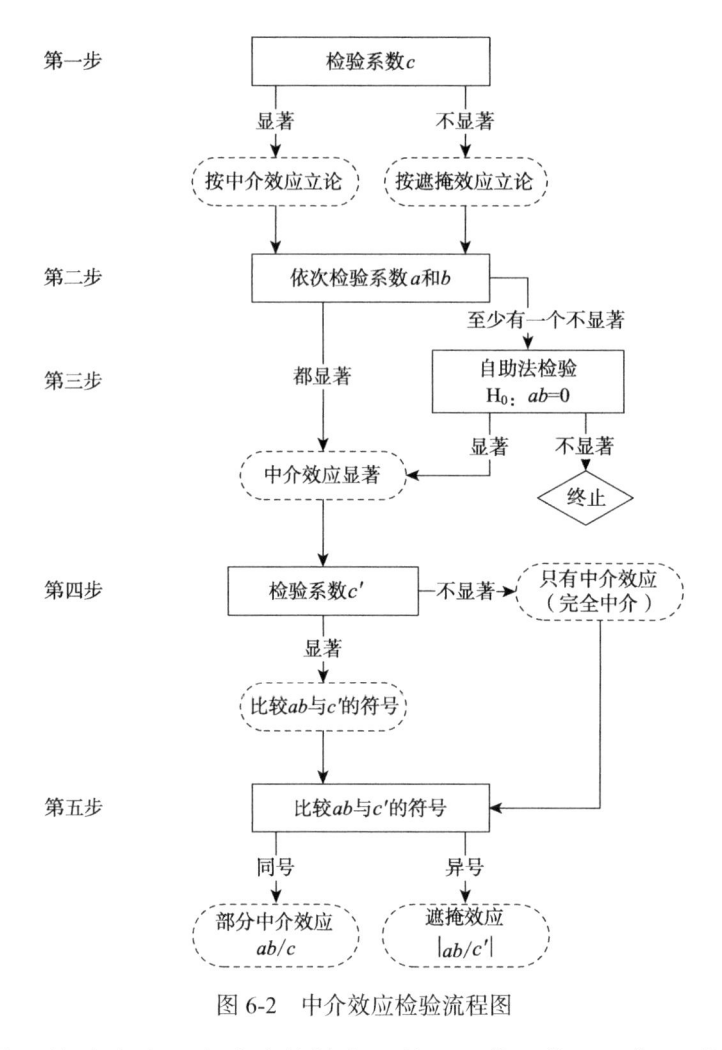

第四步,检验式(6-3)中直接效应 c' 是否显著。若不显著,则说明农地整治项目管理行为只有中介效应(即完全中介作用);若直接效应显著,则继续第五步。

第五步,比较 ab 和 c' 的符号。若同号,则农地整治项目管理行为具有部分中介效应,测算中介效应占总效应的比例 ab/c;反之,则为遮掩效应,测算间接效应与直接效应比例的绝对值 $|ab/c'|$。

6.1.3 控制变量的选取

在农地整治项目中,农户参与的有效性、农地整治项目管理行为、农地整治项目绩效受多方面因素的影响。为保证研究的科学性和准确性，本章参考已有文献并结合农地整治项目特征选取了受访农户的性别、受教育程度和目前从事的工作作为模型的控制变量。由于长期社会的分工，男性与女性在社会、家庭中所承担的工作与责任不同，其对同一问题或现象的思考和处理方式也存在差异，因而在诸多社会科学研究中，性别往往被作为重要的控制变量。在农地整治项目中，农民的受教育程度对其思维能力与表达能力具有重要的影响，进而影响农民的有效参与度；受教育程度越高，其有效参与度就越高，进而对项目绩效的影响也越显著。此外，农民目前从事的工作也会对农民的有效参与度产生影响，进而影响农地整治项目绩效；农民是农地整治项目的最终受益者，纯农户对农业的依赖性强，主要依靠农业种植获取收入，因而其对改善农业设施条件的期盼就更热切，参与农地整治项目的积极性就更高，参与的有效度也会更强，对绩效的影响也相对显著，而兼业农户和长期务工的农户对农业的依赖性、参与农地整治项目的积极性和有效参与度均相对较弱，以至于对绩效的影响也相对有限。因此，本章选取了受访农户的性别、受教育程度和目前从事的工作作为研究的控制变量。

6.2　变量量化处理

第 5 章中，笔者基于已有的文献研究成果与相关的研究理论分别构建了农户有效参与（F）、农地整治项目管理行为（M）和农地整治项目绩效（P）的测度指标体系，并运用利克特五分量表法对测度指标进行了赋值处理，这为本章中变量数据的量化奠定了基础。但考虑到模型涉及分层次的多个变量，为了使数据最终能满足回归模型的数据要求，需要采用合适的数据处理方法对变量进行量化。

6.2.1　量化的方法

1. 模糊综合评价方法

模糊综合评价方法是将模糊理论和经典评价方法相结合得到的一种评价方法，该方法能较好地对模糊指标进行量化，并能让评价结果尽可能客观和接近实际。由于模型中变量农户有效参与（F）、农地整治项目管理行为（M）和农地整治项目绩效（P）的测度指标均涉及多个维度，各维度的重要程度不尽相同，且通过调查获取的指标数据带有一定的主观性、模糊性，因此本章采用模糊综合评价法对变量进行量化，即通过各测度指标评价值的确定和各个指标的权重计算，得到农户有效参与（F）、农地整治项目管理行为（M）和农地整治项目绩效（P）测量值，其基本步骤如下。

1）确定评价指标集

设评价指标集为 U，记 $U=\{u_1,u_2,u_3,\cdots,u_n\}$，$U$ 指标集中包含 n 个指标因子。

2）确定评价等级集

评价等级集是测度者对被测度对象进行全面评价的结果合成集，记评价等级为 V，有 k 个评价等级，$V=\{v_1,v_2,v_3,\cdots,v_k\}$。

3）确定因子权重

权重指标集是一个表示各指标在指标体系中重要程度的指标，记为 $W=\{w_1,w_2,w_3,\cdots,w_n\}$，$w_i$ 代表第 i 个指标的权重，其中 $w_i>0$，$\sum_{i=1}^{n}v_i=1$。

4）确定评判隶属矩阵

设对第 i 个指标 u_i 的评价 $\boldsymbol{R}_i=\{r_{i1},r_{i2},r_{i3},\cdots,r_{ik}\}$ 模糊关系矩阵为 $\boldsymbol{R}$，是 V 的模糊子集，r_{ij} 表示第 i 个指标对第 j 个等级的隶属度。单个指标评价向量 $\boldsymbol{R}_i(i=1,2,3,\cdots,k)$ 构成的一级评判矩阵，记为

$$\boldsymbol{R}=\begin{bmatrix} r_{11} & r_{12} & \cdots & r_{1n} \\ r_{21} & r_{22} & \cdots & r_{2n} \\ & & \vdots & \\ r_{k1} & r_{k2} & \cdots & r_{kn} \end{bmatrix}$$

5）模糊综合评价结果

记 B 为变量模糊评价（量化）最终结果，$B=W\cdot\boldsymbol{R}$。

2. 指标权重的确定方法

专家打分法（德尔菲法）是一种常见的指标权重确定方法，由于其简便、直观性强、计算简单，被广泛地运用于各个领域。本节利用专家打分法以及层次分析法计算各二级指标和一级指标的权重，首先设计出包含各个指标的专家打分表，再从高等院校、政府土地整治部门、农地整治企业选取 10 位具有代表性的农地整治领域专家，并向他们发放打分表，经过两轮征询后，专家的意见趋于一致，得到最终的打分，并用层次分析法计算得到通过一致性检验的各个指标权重，见表 6-1~表 6-3。

6.2.2 变量的量化

关于变量农户有效参与（F）、农地整治项目管理行为（M）和农地整治项目绩效（P）的量化，本节首先根据利克特五分量表法，将各变量相应指标由劣到优依次赋值为 0.2、0.4、0.6、0.8、1.0（关于农户有效参与度参与范围的指标部分，分参与和未参与两种情况，未参与赋值为 0，参与赋值为 1），如指标"y_1.各主体目标的明确性"赋值为：很差=0.2；较差=0.4；一般=0.6；较好=0.8；很好=1.0，其他指标以此类推，最后结合各指标权重计算出各变量的相应测算值。各变量的指标权重及赋值内容分别见表 6-1~表 6-3。

表 6-1 农户有效参与（F）指标权重及赋值

准则层	权重	指标代码及其含义	定义	赋值
参与范围	0.035	x_1.参与有关农地整治的必要性及紧迫性的讨论	未参与/参与	0 或 1
	0.054	x_2.参与农地整治初步方案的讨论	未参与/参与	0 或 1
	0.050	x_3.参与农地权属调整方案的讨论	未参与/参与	0 或 1
	0.034	x_4.参与项目可行性研究的论证与评审	未参与/参与	0 或 1
	0.057	x_5.配合设计单位的调研并及时回答提问	未参与/参与	0 或 1
	0.072	x_6.针对规划设计初步方案提意见	未参与/参与	0 或 1
	0.049	x_7.参与规划设计合理性讨论或评审	未参与/参与	0 或 1
	0.045	x_8.参与日常工程质量监督	未参与/参与	0 或 1
	0.043	x_9.参与设计变更的讨论或被征求意见	未参与/参与	0 或 1
	0.033	x_{10}.参与工程质量的验收活动	未参与/参与	0 或 1
	0.038	x_{11}.参与农地权益分配与确权活动	未参与/参与	0 或 1
参与主体	0.052	x_{12}.农民参与的主体类型	单一~五种及以上	0.2~1
	0.055	x_{13}.农民参与的广泛性	很不广泛~很广泛	0.2~1
参与渠道与深度	0.037	x_{14}.农民参与渠道的种类数	单一~五种及以上	0.2~1
	0.040	x_{15}.农民参与渠道的适宜性	不适宜~很适宜	0.2~1
	0.057	x_{16}.农民意见到达权力部门的层级	很低~很高	0.2~1
参与效度	0.050	x_{17}.农民参与的自主性	很低~很高	0.2~1
	0.051	x_{18}.农民参与的充分性	很低~很高	0.2~1
	0.048	x_{19}.农民意见的表达效果	很不好~很好	0.2~1
	0.036	x_{20}.政府国土部门或委托代理部门对农民意见的接受程度	很低~很高	0.2~1
	0.064	x_{21}.未接受意见的反馈情况	很少~很多	0.2~1

表 6-2　农地整治项目管理行为（M）指标权重及赋值

准则层	权重	指标代码及其含义	定义	赋值
目标管理	0.053	y_1.各主体目标的明确性	很差~很好	0.2~1
	0.056	y_2.目标的科学与合理性	很差~很好	0.2~1
	0.061	y_3.各参与主体的目标一致性	很差~很好	0.2~1
	0.053	y_4.项目范围的明确程度	很差~很好	0.2~1
决策与计划	0.049	y_5.决策的科学性	很差~很好	0.2~1
	0.058	y_6.各项工作计划的完备性	很差~很好	0.2~1
	0.055	y_7.工作计划与目标的匹配性	很差~很好	0.2~1
执行	0.062	y_8.工作任务执行的及时性	很差~很好	0.2~1
	0.059	y_9.工作任务执行的规范性	很差~很好	0.2~1
	0.065	y_{10}.工作计划与任务执行的匹配程度	很差~很好	0.2~1
	0.053	y_{11}.工作任务检查与反馈情况	很差~很好	0.2~1
资源管理	0.047	y_{12}.资源的准备情况	很差~很好	0.2~1
	0.049	y_{13}.资源的科学管理情况	很差~很好	0.2~1
	0.056	y_{14}.资源的合理利用情况	很差~很好	0.2~1
组织与协调	0.057	y_{15}.各参与主体职责的明确程度	很差~很好	0.2~1
	0.056	y_{16}.政府与农民间的沟通和协调情况	很差~很好	0.2~1
	0.057	y_{17}.设计单位与农民间的沟通情况	很差~很好	0.2~1
	0.054	y_{18}.施工单位与农民间的沟通情况	很差~很好	0.2~1

表 6-3　农地整治项目绩效（P）指标权重及赋值

准则层	权重	指标代码及其含义	定义	赋值
决策方案的合理性	0.068	z_1.工程措施方案的合理性	很不合理~很合理	0.2~1
	0.063	z_2.农地权属调整方案的合理性	很不合理~很合理	0.2~1
规划布局的合理性	0.058	z_3.平整工程规划布局的合理性	很不合理~很合理	0.2~1
	0.061	z_4.灌排工程规划布局的合理性	很不合理~很合理	0.2~1
	0.060	z_5.田间道路工程规划布局的合理性	很不合理~很合理	0.2~1
	0.058	z_6.农田防护工程规划布局的合理性	很不合理~很合理	0.2~1
	0.048	z_7.居民点整理工程规划布局的合理性	很不合理~很合理	0.2~1

续表

准则层	权重	指标代码及其含义	定义	赋值
施工管理的效果	0.046	z_8.设计变更的满意程度	很不满意~很满意	0.2~1
	0.039	z_9.项目投资控制情况	偏差很大~偏差很小	0.2~1
	0.042	z_{10}.施工过程中友好性	很不满意~很满意	0.2~1
	0.038	z_{11}.环境保护的满意度	很不满意~很满意	0.2~1
	0.043	z_{12}.施工对农业生产的负面影响程度	很大~很小	0.2~1
竣工工程的满意度	0.040	z_{13}.按期完工率的满意度	很不满意~很满意	0.2~1
	0.047	z_{14}.平整工程质量的满意度	很不满意~很满意	0.2~1
	0.052	z_{15}.灌排工程质量的满意度	很不满意~很满意	0.2~1
	0.051	z_{16}.田间道路工程质量的满意度	很不满意~很满意	0.2~1
	0.048	z_{17}.农田防护工程质量的满意度	很不满意~很满意	0.2~1
	0.035	z_{18}.居民点整理工程质量的满意度	很不满意~很满意	0.2~1
	0.052	z_{19}.耕地质量提高的满意度	很不满意~很满意	0.2~1
	0.051	z_{20}.农地权属调整结果的满意度	很不满意~很满意	0.2~1

6.3 模型运算结果与分析

根据中介效应分析模型的基本内容，首先需要对中介变量的中介效应进行检验（是否存在中介效应？是完全中介还是部分中介？），然后在中介效应得到验证的基础上，根据相应的效应测算公式进行效应测算与分析。因此，需要对中介变量农地整治项目管理行为（M）的中介效应进行检验分析，然后对各效应进行测算。

6.3.1 农地整治项目管理行为中介效应的检验结果与分析

本节运用 Stata 12.1 软件，结合问卷调查数据，对农地整治项目管理行为的中介效应进行检验。具体检验过程如下：以农地整治项目管理行为作为中介变量，模型1中只放入控制变量，模型2中放入控制变量和解释变量中的农户有效参与；以农地整治项目绩效作为因变量，模型3中只放入控制变量，模型4中放入控制变量和解释变量中的农户有效参与，模型5中同时放入控制变量和解释变量农户有效参与、农地整治项目管理行为。鉴于不同农地整治项目模式区农户有效参与、农地整治项目管理行为以及农地整治项目绩效均有所不同,本节也分别对不同项目模式区中的农地整治项目管理行为的中介效应进行了检验分析,模型结果见表6-4。

表6-4 农户有效参与对农地整治项目绩效影响效应数据处理结果

变量	农地整治项目管理行为		农地整治项目绩效		
	模型1	模型2	模型3	模型4	模型5
岗前平原工程模式区（II₂）					
截距	0.574***	0.481***	0.603***	0.532***	0.164***
控制变量					
性别	-0.005	-0.019*	-0.011	-0.022*	-0.007
受教育程度	0.108*	0.043*	0.085***	0.035	0.002*
从事工作	-0.022	-0.053*	0.030	0.020	0.047***
解释变量					
有效参与度		0.332***		0.253***	0.002
项目管理行为					0.761***
R^2	0.036***	0.352***	0.030***	0.223**	0.623**
丘陵工程模式区（I₂）					
截距	0.549***	0.467**	0.598***	0.538***	0.266***
控制变量					
性别	-0.005	-0.024*	0.004	-0.010	0.003
受教育程度	0.043	0.006	-0.005	-0.040*	-0.037*
从事工作	0.041*	0.051**	0.050**	0.058**	0.028*
解释变量					
有效参与度		0.294***		0.214***	0.031
项目管理行为					0.622***
R^2	0.017*	0.256***	0.017*	0.186***	0.523***
全部样本					
截距	0.563***	0.474***	0.603***	0.535***	0.214***
控制变量					
性别	-0.004	-0.022**	-0.002	-0.016*	-0.001
受教育程度	0.078***	0.02	0.043**	-0.001	-0.015*
从事工作	-0.002	-0.007	0.029*	0.032*	0.028**
解释变量					
有效参与度		0.318***		0.242***	0.027
项目管理行为					0.678***
R^2	0.020***	0.302 7***	0.013**	0.205**	0.577***

*表示$p<0.1$,**表示$p<0.05$,***表示$p<0.01$

从表 6-4 可知，将岗前平原工程模式区（Ⅱ₂）样本、丘陵工程模式区（Ⅰ₂）样本以及总样本数据分别代入模型分析，得到各中介效应分析模型的拟合度 R^2 均显著（均在 0.01 或 0.05 的显著水平通过检验），说明模型通过了检验，模型的运用是合理的。

鉴于对不同区域农地整治项目样本与总样本中农地整治项目管理行为的中介效应检验的流程一致，故在此仅以农地整治项目的岗前平原工程模式区（Ⅱ₂）样本为代表进行检验分析。根据中介模型的检验流程，首先，检验自变量对因变量的影响是否显著，模型 4（F→P）的估计结果表明：在控制了性别、受教育程度以及从事工作变量后，农户有效参与（F）对农地整治项目绩效（P）回归系数为 0.253，且在 0.01 的显著水平通过检验，说明农户有效参与（F）对农地整治项目绩效（P）具有积极影响。其次，检验自变量对中介变量的影响是否显著，模型 2（F→M）的估计结果显示，农户有效参与对农地整治项目管理行为有显著的积极影响（回归系数为 0.332，且在 0.01 的显著水平通过检验）。最后，检验中介模型是否成立，模型 5（F→M→P）估计结果显示，在引入中介变量农地整治项目管理行为（M）之后，农户有效参与（F）对农地整治项目绩效（P）的影响不显著（回归系数为 0.002，未通过显著水平检验），农地整治项目管理行为（M）对农地整治项目绩效（P）具有显著的影响作用（回归系数为 0.761，且在 0.01 的显著水平通过检验）。结合模型 2 和模型 4 的结果，说明农地整治项目管理行为在"农户有效参与"对"农地整治项目绩效"的影响中起到完全中介作用。同时，从模型 4 和模型 5 的拟合度可以看出，在引入中介变量之后，模型拟合度 R^2 显著增加，从 22.3%提高到 62.3%，这说明中介变量农地整治项目管理行为（M）的引入大大提高了模型对于农地整治项目绩效（P）的解释力度，农户有效参与主要是通过农地整治项目管理行为（M）对农地整治项目绩效（P）产生积极影响。因此，岗前平原工程模式区（Ⅱ₂）农地整治项目中，农地整治项目管理行为（M）的完全中介效应得到验证。

此外，通过对丘陵工程模式区（Ⅰ₂）样本以及总样本数据 F→P，F→M，F→M→P 的影响效应分析发现，农地整治项目管理行为（M）在农户有效参与（F）影响农地整治项目绩效（P）路径中的中介效应显著，其检验结果与项目全过程的验证结果相一致，在此不再赘述。据此可以得出：在岗前平原工程模式区（Ⅱ₂）、丘陵工程模式区（Ⅰ₂）的农地整治项目中，农户有效参与（F）主要通过农地整治项目管理行为（M）对农地整治项目绩效（P）产生积极作用，农地整治项目管理行为（M）的中介效应得到验证，说明农地整治项目管理行为（M）在 F→M→P 的影响路径中起到了完全中介作用。

6.3.2 农户有效参与对农地整治项目绩效的影响效应测算结果与分析

根据中介效应分析模型，在检验了农地整治项目管理行为的中介效应后，可进一步对农户有效参与影响农地整治项目绩效的效应进行测算。在岗前平原工程模式区（II_2）、丘陵工程模式区（I_2）以及总样本中，农户有效参与影响农地整治项目绩效的直接效应与间接效应测算结果见表6-5。

表6-5 农户有效参与对农地整治项目绩效的影响效应测算结果

区域样本	农户有效参与均值	农地整治项目绩效均值	直接效应	间接效应	总效应	间接效应与总效应的比
岗前平原工程模式区（II_2）	0.420	0.653	0.002	0.251	0.253	99.21%
丘陵工程模式区（I_2）	0.378	0.620	0.031	0.183	0.214	85.51%
总样本	0.400	0.637	0.027	0.216	0.242	89.26%

从表6-5农户有效参与（F）测度值来看，总样本农户有效参与测度均值为0.400；由于自然、经济条件的差异，岗前平原工程模式区（II_2）中农户有效参与测度均值为0.420，略大于丘陵工程模式区（I_2）农户有效参与测度均值（0.378）。但总的来看，目前研究区域中农地整治项目中农民参与的有效性普遍偏低，农民参与的有效性亟待进一步提高。目前，我国农地整治项目主要由政府出资建设，委托第三方企业进行设计、施工与监管，同时也鼓励项目区农民积极参与和监督，但一方面由于相关法律的缺失和农民参与的执行监督机制的不健全，另一方面由于农民参与的认知与参与的能力有限，农民的参与往往流于形式，农地整治项目中农民参与的有效性普遍较低。

由表6-5农户有效参与（F）和农地整治项目绩效（P）的测度值来看，全部样本农户有效参与测度均值为0.400，农地整治项目绩效测度均值为0.637。在两个模式区域中，岗前平原工程模式区（II_2）农户有效参与测度均值与农地整治项目绩效测度均值分别为0.420、0.653，均较丘陵工程模式区（I_2）测度均值（0.378，0.620）高。这表明，农户参与有效度越高的地区，其农地整治项目绩效也相应越高。也就是说农地整治项目中，农户有效参与度越高，农地整治项目绩效就越好；再次验证了农户有效参与度的提高有利于农地整治项目绩效的改善。因此，对于管理者而言，提高农民的有效参与是提高农地整治项目绩效的重要途径。

从表6-5农户有效参与对农地整治项目绩效的影响效应测算结果来看，岗前平原工程模式区（II₂）、丘陵工程模式区（I₂）以及总样本中，农户有效参与对农地整治项目绩效的直接效应均远小于农户有效参与对农地整治项目绩效影响的间接效应，且间接效应占总效应的比均在85%以上，远大于直接效应占比。这进一步验证了农地整治项目管理行为的中介作用，表明农户有效参与（F）主要通过农地整治项目管理行为（M）这一中介变量间接对农地整治项目绩效（P）产生影响。

6.4 本章小结

农户有效参与既可以直接对农地整治项目绩效产生积极的影响，也可以通过农地整治项目管理行为的优化间接对农地整治项目绩效产生积极的影响。本章基于此，结合中介效应分析理论，构建了农地整治项目中介效应分析理论模型，进一步对农地整治项目管理行为的中介作用进行了分析，并对直接影响效应和间接影响效应进行了测算。

通过对所选区域样本的研究分析表明，农地整治项目管理行为在农户有效参与提升农地整治项目绩效的路径中起到了完全中介作用，即农户有效参与主要通过农地整治项目管理行为的优化对农地整治项目绩效产生积极影响。同时，效应测算结果表明，农户有效参与对农地整治项目绩效的间接效应占总效应的比均在85%以上，远大于直接效应占比，这进一步验证了农户有效参与对农地整治项目绩效的提升路径主要在于农地整治项目管理行为的优化。因此，通过提高农户有效参与度，进而促进农地整治项目管理行为的优化，是提升农地整治项目绩效更为有效的途径。

第7章 农地整治项目农户有效参与的差异及其成因分析

在第 6 章中，笔者针对农地整治项目农户有效参与及其影响因素的指标，分别从全部样本、不同区域样本和不同类型农户样本三方面进行了描述性统计分析，揭示变量特征。本章旨在运用分位数回归的方法，分别从全部样本、不同区域样本、不同类型农户样本三个角度，深入研究在不同农户有效参与水平（即分位数）上各影响因素对农户有效参与度的影响情况。

7.1 分位数回归与分解模型

分位数回归的思想最早由 Koenker 和 Bassett 在 1978 年提出，其使用残差绝对值的加权平均作为最小化目标函数，因不易受极端值影响故较为稳健，且对误差项的假设条件要求较为宽松。因此，近年来分位数回归逐渐成为经济、管理、医学、教育等领域的重要分析工具。线性回归的经典模型普通最小二乘法（ordinary least square，OLS）仅能基于因变量及其解释变量在均值水平上的相关关系得到一条回归直线，而分位数回归可以得到在因变量任意分位点处的回归方程，挖掘更丰富的信息，精确地将自变量的影响在因变量的整个分布上进行显示，分析结果更加全面深入。

本节利用分位数回归的方法分析在不同农户有效参与水平下，各解释变量对农地整治项目农户有效参与度的影响。为此，本节建立以下的分位数回归模型：

$$Q_\theta(y|x) = \gamma_0(\theta)x_0 + \gamma_1(\theta)x_1 + \gamma_2(\theta)x_2 + \cdots + \gamma_p(\theta)x_o \quad (7\text{-}1)$$

$Q_\theta(y_i|x_i)$ 表示给定解释变量 x_i 时 y_i 在第 θ 分位数上的值。其中，y_i 为农户有效参与度；x_i 为农户有效参与度的影响因素，包括参与能力、参与机会、参与动

第7章 农地整治项目农户有效参与的差异及其成因分析

力三方面 17 个解释变量。例如，当 $\theta=0.1$ 时，$Q_{0.1}(y_i|x_i)$ 表示 y 关于 x 条件分布的 10%分位数，也就是说在给定解释变量 x 时，在 y 中有 10%的值小于或等于 $Q_{0.1}(y_i|x_i)$。

$$Y_i = \gamma_0 + \gamma_1 X_1 + \gamma_2 X_2 + \cdots + \gamma_k X_k + \mu_i \tag{7-2}$$

$$Q_\theta(y_i|x_i) = X_i \gamma_i(\theta) \tag{7-3}$$

其中，$\theta(0<\theta<1)$ 为分位数取值；$\gamma_i(\theta)$ 表示农户有效参与度在 θ 分位数时对应的参数 $(i\in[0,k])$；μ 为残差。模型中参数的含义与一般线性模型一致，此处不仅仅局限于条件均值，而是考虑了不同分位点上的各种情形。

其中，$\theta(0<\theta<1)$ 回归分位数对应的参数向量 γ 是通过最小化回归模型得到

$$\min\left\{\sum_{i,y_i\geqslant x_i\gamma}\theta|y_i-x_i\gamma|+\sum_{i,y_i<x_i\beta}(1-\theta)|y_i-x_i\gamma|\right\} \tag{7-4}$$

本节采用 Bootstrapping 算法技术对分位数回归的参数向量 γ 进行估计，即通过反复的有放回抽样而获得样本的置信区间，从而对参数向量加以推断。

"反事实分析法"（counterfactual analysis）最先由诺贝尔经济学奖获得者 Fogel（1964）提出，他考察了美国在 19 世纪铁路与经济增长的关系，研究了若铁路从来就不存在，美国的经济增长率状况，开创性地使用了反事实分析方法。Machado 和 Mata（2000）在工资分位数回归方程基础上，对工资差异进行了分解，首次在工资分布变动分析中，融入了反事实分析的思想。此后该方法被学者们分别从不同角度尝试和应用，最终由 Melly 在 2006 年对其进行了较好的完善。该方法被以后的研究学者简称为 MM 方法。

MM 方法的关键是先构造反事实分布函数，然后将差异进行分解。从本质上讲，反事实分布的变化来自给定解释变量后的因变量的条件分布，在本节的研究中为"农户有效参与度"的条件分布。从统计学意义上理解，反事实分布的实质是在固定某些解释变量之后再分析因变量农户有效参与度的条件分布。

本节采用 MM 方法，在分位数回归的基础上，观测不同农户有效参与度条件下，不同区域和不同类型农户有效参与的差异及成因。与传统的 Oaxaca-Blinder 分解法只能观测条件分布均值时农户有效参与度的差异不同，MM 方法构造了反事实分布函数 Q_0，将各分位点上的农户有效参与度差异做出如下分解：

$$\begin{aligned}&Q_1(X_1'\gamma_1(\theta))-Q_0(X_0'\gamma_0(\theta))\\&=[Q_1(X_1'\gamma_1(\theta))-Q_0(X_0'\gamma_1(\theta))]+[Q_0(X_0'\gamma_1(\theta))-Q_0(X_0'\gamma_0(\theta))]\end{aligned} \tag{7-5}$$

以不同区域农户有效参与的差异为例，式（7-5）中，$Q_1(X_1'\gamma_1(\theta))$ 和 $Q_0(X_0'\gamma_0(\theta))$ 分别表示岗前平原工程模式区和丘陵工程模式区的农户有效参与度

的分布。$Q_0\left(X_0'\gamma_1(\theta)\right)$ 为农户有效参与度的反事实分布函数，表示丘陵工程模式区农户按照岗前平原工程模式区农户的各影响因素贡献率参与农地整治项目时的农户有效参与度分布。式（7-5）等号右侧第一项为"特征差异"，代表分位数上由农户个体特征（参与能力）导致的差异；第二项为"系数差异"，代表分位数上由参与机会和参与动力造成的差异。同理，不同类型农户有效参与的差异也可以做相关实证研究。

7.2 多重共线性诊断

本节通过计算方差膨胀因子（variance inflation factor, VIF）以及容限度（tolerance, TOL）两个指标对多重共线性进行了诊断。

VIF 是指解释变量之间存在多重共线性时的方差与不存在多重共线性时的方差之比，多用于多重共线性的诊断，其表达式如下：

$$\text{VIF} = 1/(1-R_i^2)(i=1,2,\cdots,m) \quad (7-6)$$

其中，R_i 是以变量 X_i 为因变量，其余 $X_j(j=1,2,i-1,i+1,\cdots,m)$ 为自变量作回归分析的复相关系数。若 X_i 与其他 $m-1$ 个自变量间无线性相关，即 $R_i=0$，则 VIF=1；反之，则 VIF>1。统计学相关研究表明，VIF 值越大，说明变量间的多重共线性程度越强，当 VIF≥5 或 VIF≥10 时，自变量间存在严重共线性隐患。

容限度可定义为

$$\text{TOL} = 1-R_i^2 (i=1,2,\cdots,m) \quad (7-7)$$

当 R_i 很高时，相应自变量与其他自变量之间高度相关，容限度便极低，表明相应自变量与其他自变量存在多重共线性。统计学相关研究表明，当容限度<0.2 时存在多重共线性的隐患，容许度<0.1 说明存在严重的多重共线性。

本节的多重共线性诊断结果如表 7-1 所示，VIF 基本在 2 以下，而容限度则基本上大于 0.5，因此自变量之间不存在多重共线性隐患。

表 7-1 多重共线性检验

指标代码	VIF	TOL	指标代码	VIF	TOL
COGN-ABIL	1.100	0.909	PROC-DEFI	2.005	0.500
EDUC-DEGR	1.141	0.876	CHAN-DEFI	1.405	0.712
COMM-ABIL	1.872	0.534	COMP-STAN	1.287	0.777

续表

指标代码	VIF	TOL	指标代码	VIF	TOL
ALLI-ABIL	1.755	0.570	INCO-DIST	1.420	0.704
COLL-RESO	1.529	0.654	LOSS-COMP	1.313	0.762
SPEC-ABIL	1.982	0.504	MODE-AGRI	1.157	0.864
INFO-PUBL	1.986	0.504	AGRI-INCO	1.198	0.834
RIGH-DEFI	2.088	0.479	PROM-VALU	1.349	0.741
SCOP-DEFI	2.092	0.478			

注：各指标代码对应的变量见表 7-2

7.3 变量选取

确定农户有效参与的影响因素是治理好农地整治项目的关键。人因系统理论是研究人为因素对事件成功或失败的影响的重要方法，侧重于人的内在因素，具体是指研究工作中人员本身、人与人之间、人与环境之间等系统的相互影响（O'Hare et al., 1994）。人为因素不只是指个体因素对事件的影响，它还取决于环境对人行为的作用（Cooper, 2006; Kirwan, 1992）。根据人因系统理论，人的行为是综合利用各种能力的过程，既包含人自身具备的能力素质，同时也包含了利用外界机会的能力。利用机会的能力是事件管理中的一个重要因素，但往往易被忽视（Hardiker and Gran, 2011; Reason, 2000）。因此，依据人因系统理论，事件的成功与失败主要取决于三个方面：个体能力、管理因素及其环境。

本节将农地整治项目农户有效参与看作一个事件，该事件的成功与否取决于农民的参与能力、政府管理部门作为项目的主导者在项目管理过程中为农民参与所提供的机会和农地整治项目的制度等环境。

7.3.1 参与能力

公众的参与能力在许多文献中被广泛讨论。美国的现代政治学家 Almond（1998）将公民的参与能力归纳为两类：主观性能力和客观性能力。主观性能力是指公民对自己参与和影响决策的能力的情感及认知意识，如以主体意识为基础的认知能力，以权力意识为基础的思维能力和表达能力、协商沟通能力，等等。公民个体特性包含了公民的认知、情感、人际关系等方面所反映出的综合能力

（Hardiker and Gran，2011；Johnson et al.，2004）。它决定个体的行为和选择，从而影响着公众参与的有效性（Vantanen and Marttunen，2005）。这些个性特征也反映了公民以主体意识为基础的认知能力，公民对项目已有的认知和了解能够让其清楚而快速地参与进来，并提出合理的建议（Huang，2014）。以权力意识为基础的思维能力和表达能力可以通过公民的受教育程度加以反映（Holgersson and Karlsson，2014；Mihai and Ioana，2010）。沟通是连接个人与外界社会之间的桥梁，公民拥有良好的协商沟通能力，则能在参与行为中准确地表达自己的观点并通过沟通交流与项目管理者达成合作，有效提高参与效果（Voyer et al.，2012；Gumperz，1976）。

客观性能力是指公民参与和影响决策的实际能力，如组织联盟能力、资源集聚能力、专业技能等（Almond，1998）。公众获取资源（如信息资源、人力资源、物质资源等）能力越强，越有利于公众行为的选择，其参与行为的有效性越高（Rowe and Frewer，2000）。公众没有一定的专业技术知识很难实现在公共项目规划过程中的有效参与（Cegarra-Navarro et al.，2014；Anuar and Saruwono，2012；Christensen and Bower，1996）。

对农地整治项目而言，农民参与的主观性能力通过以主体意识为基础的认知能力、以权力意识为基础的思维能力和表达能力、协商沟通能力来反映；其客观性能力通过农民的组织联盟能力、资源集聚能力、专业技能等来反映。农地整治项目中农民参与的主观性能力和客观性能力是相辅相成的，二者缺一不可。

7.3.2 参与机会

除参与能力外，公共事务管理者提供的机会也决定着公民参与的有效性。参与机会与参与有效性之间的关系已经被广泛研究，通常，更多的参与机会意味着更高的参与有效性（Furia and Wallace，2000）。Hourdequin 等（2012）强调参与机会的平等性对公众的重要性。Paul 等（1995）、Luísa 等（2013）提出无效参与主要是缺乏公开的信息、参与程序不够透明等造成的。透明的信息是公民参与的前提，若参与的方式不合适则公众容易放弃参与（Schmidt et al.，2014；Stern et al.，1995）。政府应该积极探索多个参与方式以促进公民参与（Fuentes，2014；Charlotte，2013；Ferro et al.，2013）。Brinkerhoff 和 Goldsmith（2003）提出是否赋予公民参与权利是判断公民是否"真正参与"的一个标志性特征。公民参与过程中如果未被赋予发表观点和意见的权利，其观点和建议将很难真正地影响决策。Soma 和 Vatn（2009）、Webler 和 Tuler（2006）指出必须明确参与的范围，才能实现公众的有效参与。

对于农地整治项目，国土部门提供参与机会是农户有效参与的一个重要条件。由于国土部门在各县拥有和管理农地整治项目，引导农户有效参与，而农民处于被动地位，因此，为实现有效参与，地方政府应该积极发挥导向作用并向农民提供参与的机会。此外，国土部门要及时向农民披露项目的信息，明确农民的权利，以及参与的范围、程序和方式，让农民知道何时参与及如何参与。

7.3.3 参与动力

政府鼓励农民参与农地整治项目时，不能只依赖它的强制性权力，同时应该注重公众参与的激励机制（Charlotte，2013）。此前，一些国家较少发生积极的公众参与的原因就是政府未提供激励措施（Huang，2014；Holgersson and Karlsson，2014）。事实上，公共物品具有的非竞争性和非排他性使其呈现"搭便车"性质。如果没有足够动力推动公众参与，那选择"搭便车"行为就显而易见（Rousse and Sevi，2013）。经济补偿、奖励、参与的成本及获得的收益、参与获得的成就感等因素是影响其参与的主要动力（Jackson et al.，1993）。Hobbs和White（2012）发现公民参与所获得的价值体验和个人利益也是公众参与的重要动力诱因。建立有力的政策和制度环境对实现公众有效参与十分必要（Soma and Vatn，2014；Wei and Kao，2010）。

这些经济和非经济利益因素都是影响农户有效参与的重要动因。作为理性经济人，农民参与农地整治项目时肯定会最大限度地提高他们的利益。如果收益超过了投资，农民更可能选择有效的参与。由于项目需要农民投入大量的时间，它还需要给农民带来明显的收益。一般来说，农地整治项目可以给农民带来以下收益：房屋拆迁和耕地占用的补偿、新增耕地的分配和误工损失的补偿。通过参与农地整治，农民还可以受惠于政府对现代农业产业的支持，增加农业收入，以及实现自我价值。

综上所述，根据人因系统理论和公众参与相关文献研究，我们将影响农户有效参与的因素归纳为农民参与能力、参与机会和参与动力 3 个方面的 17 个指标（解释变量），解释变量及其说明具体见表 7-2。

表 7-2　农户有效参与影响因素指标体系

因素类型	变量名称及其预期作用方向	指标代码	变量赋值规则
参与能力	农户的认知能力（+）	COGN-ABIL	很弱=0.2；较弱=0.4；一般=0.6；较强=0.8；很强=1
	农户的受教育程度（+）	EDUC-DEGR	文盲=0.2；小学=0.4；初中=0.6；高中=0.8；大专及以上=1
	农户的协商沟通能力（+）	COMM-ABIL	很弱=0.2；较弱=0.4；一般=0.6；较强=0.8；很强=1
	农户的组织联盟能力（+）	ALLI-ABIL	很弱=0.2；较弱=0.4；一般=0.6；较强=0.8；很强=1

续表

因素类型	变量名称及其预期作用方向	指标代码	变量赋值规则
参与能力	农户的资源集聚能力（+）	COLL-RESO	很弱=0.2；较弱=0.4；一般=0.6；较强=0.8；很强=1
	农户具备的专业技能（+）	SPEC-ABIL	很弱=0.2；较弱=0.4；一般=0.6；较强=0.8；很强=1
参与机会	信息公开程度（+）	INFO-PUBL	很低=0.2；较低=0.4；中等=0.6；较高=0.8；很高=1
	参与权利的明确程度（+）	RIGH-DEFI	很低=0.2；较低=0.4；中等=0.6；较高=0.8；很高=1
	参与范围的明确程度（+）	SCOP-DEFI	很低=0.2；较低=0.4；中等=0.6；较高=0.8；很高=1
	参与程序的明确程度（+）	PROC-DEFI	很低=0.2；较低=0.4；中等=0.6；较高=0.8；很高=1
	参与渠道的明确程度（+）	CHAN-DEFI	很低=0.2；较低=0.4；中等=0.6；较高=0.8；很高=1
参与动力	房屋拆迁及耕地占用的补偿标准（+）	COMP-STAN	很低=0.2；较低=0.4；中等=0.6；较高=0.8；很高=1
	新增收益分配合理性（+）	INCO-DIST	很低=0.2；较低=0.4；中等=0.6；较高=0.8；很高=1
	误工的补贴标准（+）	LOSS-COMP	很低=0.2；较低=0.4；中等=0.6；较高=0.8；很高=1
	政府对现代农业产业的支持程度（+）	MODE-AGRI	很低=0.2；较低=0.4；中等=0.6；较高=0.8；很高=1
	对农户农业收入的增加程度（+）	AGRI-INCO	很低=0.2；较低=0.4；中等=0.6；较高=0.8；很高=1
	对农户社会价值的提升程度（+）	PROM-VALU	很低=0.2；较低=0.4；中等=0.6；较高=0.8；很高=1

7.4 农地整治项目农户有效参与的差异分析

7.4.1 不同区域农户有效参与的差异分析

根据实地调研收集的数据，可将湖北省农地整治项目农户有效参与水平大体分为5类，具体情况如表7-3所示。从全部样本来看，农户有效参与度为"极低"和"较低"等级的比例分别是9.6%和50.3%，表明湖北省农地整治项目农户有效参与度总体偏低。从不同样本区来看，丘陵工程模式区农户有效参与度为"极低"和"较低"等级的比例分别是14.1%和48.2%，而岗前平原工程模式区为5.3%和52.4%；同时，丘陵工程模式区的农户有效参与度为"较高"和"极高"等级的比例分别是9.2%和3.8%，而岗前平原工程模式区的比例达到了11.2%和5.3%，表明岗前平原工程模式区农户有效参与的情况略好于丘陵工程模式区。

表 7-3　湖北省不同区域农地整治项目农户有效参与的情况

有效参与度	丘陵工程模式区样本 频数	丘陵工程模式区样本 占比	岗前平原工程模式区样本 频数	岗前平原工程模式区样本 占比	全部样本 频数	全部样本 占比
极低[0, 0.2)	75	14.1%	29	5.3%	104	9.6%
较低[0.2, 0.4)	257	48.2%	285	52.4%	542	50.3%
中等[0.4, 0.6)	132	24.8%	140	25.8%	272	25.3%
较高[0.6, 0.8)	49	9.2%	61	11.2%	110	10.3%
极高[0.8, 1]	20	3.8%	29	5.3%	49	4.5%
合计	533	100%	544	100%	1077	100%

7.4.2　不同类型农户有效参与的差异分析

1. 农户类型的划分

农地家庭承包经营的实行和工业化与城镇化进程的推进，使农户兼业逐渐成为一种普遍现象，不同兼业程度农户在农地整治中的利益诉求、决策均呈现出差异，但对于其在项目实施过程中有效参与行为呈现出的差异目前鲜有文献探讨。国内外学者对农户类型（农户兼业程度）的划分标准有两种：一是参照农户家庭农业收入比重划分，二是参照农户家庭农业劳动力比重划分。本节采用非农收入比重作为衡量标准，将农户划分为以下四类：纯农业型（Ⅰ）、低度兼业型（Ⅱ$_1$）、高度兼业型（Ⅱ$_2$）、非农业型（Ⅲ），具体见表7-4。

表 7-4　农户类型划分

农户类型	农户生计方式	非农收入占家庭总收入比重
纯农业型（Ⅰ）	主要依赖耕种、养殖等农业活动收入，部分来源于补贴、赡养	[0, 10)
低度兼业型（Ⅱ$_1$）	以耕种、养殖等农业活动收入为主，以及短期外出打零工	[10, 50)
高度兼业型（Ⅱ$_2$）	以长期外出务工为主要收入来源，部分来源于农业活动收入	[50, 90)
非农业型（Ⅲ）	绝大部分收入来源于外出务工，以及少量农业活动收入	[90, 100]

2. 不同类型农户有效参与的分析

湖北省农地整治项目中不同类型农户有效参与的情况如表 7-5 所示，从不同类型农户有效参与情况来看，低度兼业型农户中有效参与度为"较高"或者"极高"等级的比例合计在各类型农户中最高，达到 21.5%，其次为纯农业型农户，合计达17.5%，高度兼业型农户和非农业型农户的累计比分别为 14.3% 和 12.0%，以上数据表明在不同类型农户中，低度兼业型农户有效参与情况最好，其次为纯农业型农户和高度兼业型农户，非农业型农户有效参与情况最差。

表 7-5 湖北省不同类型农户有效参与情况

有效参与度	纯农业型		低度兼业型		高度兼业型		非农业型		全部样本	
	频数	占比	频数	占比	频数	占比	频数	占比	频数	占比
极低[0, 0.2)	10	11.6%	3	2.5%	41	6.9%	50	18.2%	104	9.6%
较低[0.2, 0.4)	38	44.2%	58	47.9%	309	51.9%	137	49.8%	542	50.3%
中等[0.4, 0.6)	23	26.7%	34	28.1%	160	26.9%	55	20.0%	272	25.3%
较高[0.6, 0.8)	13	15.2%	19	15.7%	57	9.6%	21	7.6%	110	10.3%
极高[0.8, 1]	2	2.3%	7	5.8%	28	4.7%	12	4.4%	49	4.5%
合计	86	100%	121	100%	595	100%	275	100%	1077	100%

7.5 农地整治项目农户有效参与的分位数回归

本节分别从全部样本、不同区域样本、不同类型农户样本 3 个方面，采用分位数回归的方法分析相关因素对农地整治项目农户有效参与的影响。

7.5.1 基于全部样本的分位数回归分析

为了分析相关因素对农地整治项目农户有效参与的影响，本节以参与能力、参与机会、参与动力所涉及的 17 个因子为自变量，运用 bootstrap 方法对被解释变量农户有效参与度（Y）进行分位数回归。由于在分位数的极端值上回归系数估计非常不准确，因此本节选取的分位数区间是[2, 98]，步长为 1。依据前述的研究模型，运用 Stata 软件对样本数据进行处理，全部样本在 10 分位数、25 分位数、50 分位数、75 分位数、90 分位数上的回归结果分别如图 7-1 和表 7-6 所示。

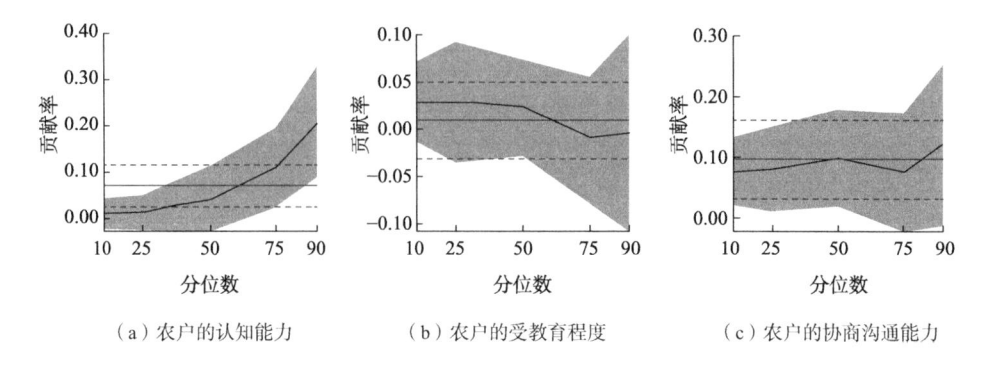

（a）农户的认知能力　　（b）农户的受教育程度　　（c）农户的协商沟通能力

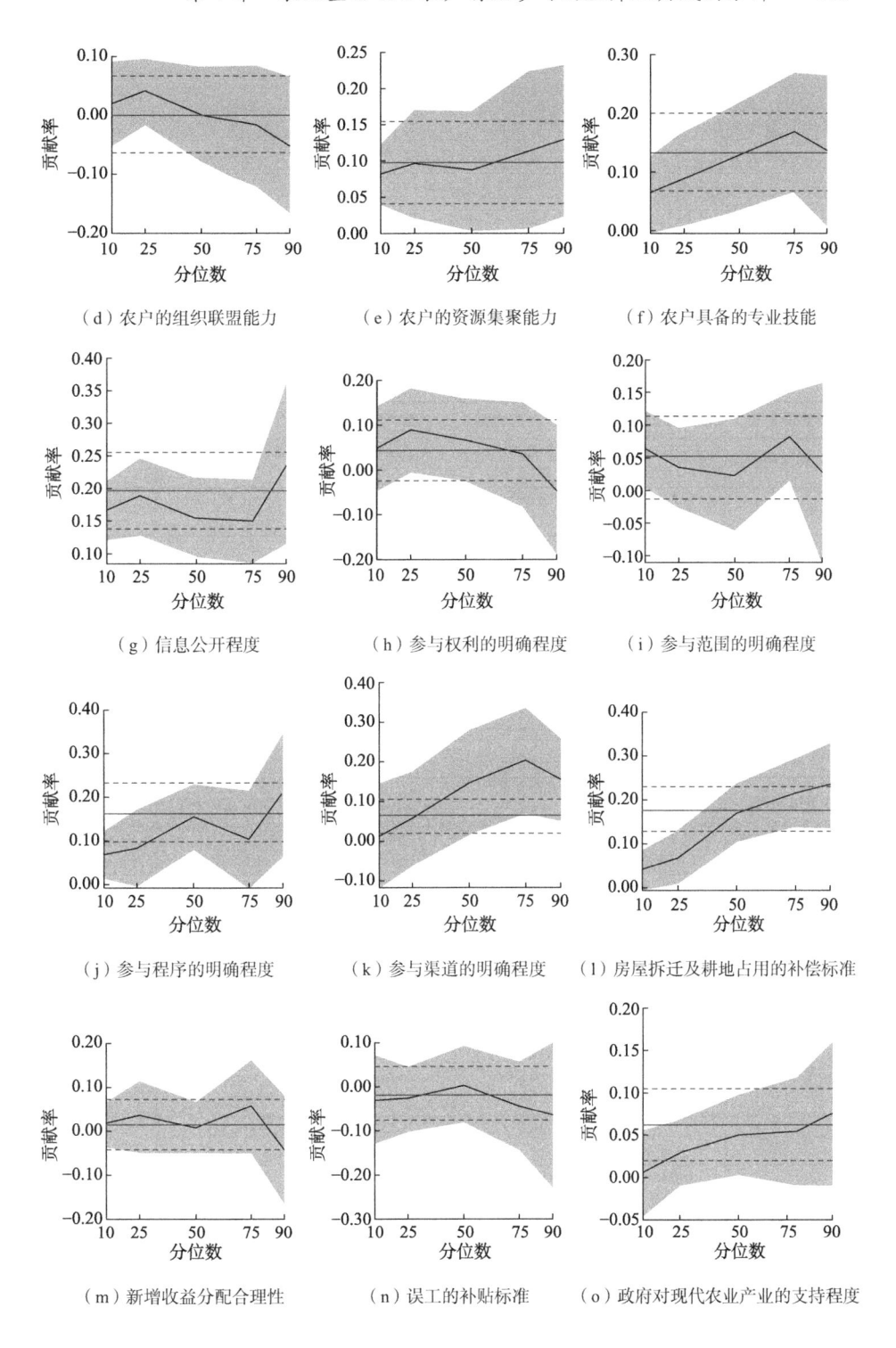

第7章 农地整治项目农户有效参与的差异及其成因分析 ·113·

(d) 农户的组织联盟能力　　(e) 农户的资源集聚能力　　(f) 农户具备的专业技能

(g) 信息公开程度　　(h) 参与权利的明确程度　　(i) 参与范围的明确程度

(j) 参与程序的明确程度　　(k) 参与渠道的明确程度　　(l) 房屋拆迁及耕地占用的补偿标准

(m) 新增收益分配合理性　　(n) 误工的补贴标准　　(o) 政府对现代农业产业的支持程度

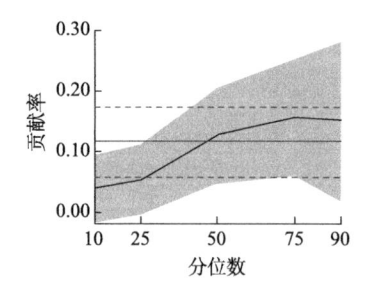

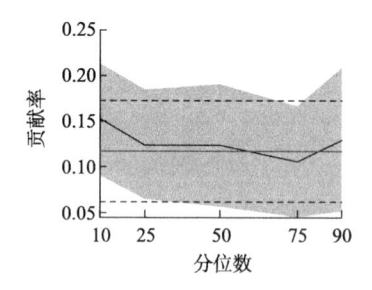

(p) 对农户农业收入的增加程度　　　　(q) 对农户社会价值的提升程度

图 7-1　全部样本分位数回归图

表 7-6　全部样本模型估计结果

解释变量名称	10 分位数	25 分位数	50 分位数	75 分位数	90 分位数
COGN-ABIL	0.011 4 (0.020)	0.013 9 (0.022)	0.042 2 (0.030)	0.110 9** (0.037)	0.205 5*** (0.057)
EDUC-DEGR	0.028 0* (0.023)	0.028 8* (0.024)	0.025 1 (0.024)	−0.007 1 (0.033)	−0.005 6 (0.048)
COMM-ABIL	0.077 7** (0.036)	0.079 8** (0.038)	0.093 8** (0.041)	0.072 2* (0.050)	0.122 8*** (0.062)
ALLI-ABIL	0.018 9 (0.036)	0.040 8 (0.033)	0.003 6 (0.042)	−0.019 8 (0.059)	−0.052 5 (0.064)
COLL-RESO	0.080 3*** (0.031)	0.095 0*** (0.031)	0.083 3** (0.041)	0.113 8** (0.054)	0.130 9** (0.053)
SPEC-ABIL	0.061 6 (0.047)	0.087 2* (0.044)	0.127 5*** (0.044)	0.168 5*** (0.055)	0.134 9** (0.062)
INFO-PUBL	0.168 3*** (0.030)	0.187 6*** (0.029)	0.156 1*** (0.040)	0.150 1*** (0.051)	0.229 9*** (0.068)
RIGH-DEFI	0.046 9 (0.035)	0.089 7 (0.032)	0.066 7 (0.044)	0.031 7 (0.061)	−0.043 6 (0.069)
SCOP-DEFI	0.063 3 (0.038)	0.034 4 (0.037)	0.023 1 (0.046)	0.084 8 (0.038)	0.030 8 (0.066)
PROC-DEFI	0.067 4* (0.034)	0.082 9* (0.045)	0.157 3*** (0.044)	0.102 8* (0.048)	0.204 8*** (0.073)
CHAN-DEFI	0.013 3 (0.064)	0.057 7 (0.061)	0.150 9*** (0.062)	0.205 3*** (0.065)	0.156 8*** (0.059)
COMP-STAN	0.039 4 (0.029)	0.068 6** (0.036)	0.169 4*** (0.037)	0.215 7*** (0.037)	0.231 7*** (0.044)
INCO-DIST	0.013 7 (0.028)	0.033 6 (0.035)	0.009 5 (0.031)	0.057 9 (0.048)	−0.040 4 (0.057)
LOSS-COMP	−0.027 1 (0.043)	−0.027 4 (0.038)	0.002 6 (0.042)	−0.043 1 (0.042)	−0.059 1 (0.074)
MODE-AGRI	0.005 5 (0.024)	0.028 6 (0.022)	0.055 2** (0.022)	0.055 6* (0.030)	0.077 0* (0.043)
AGRI-INCO	0.038 7 (0.029)	0.055 5* (0.037)	0.124 9*** (0.033)	0.155 5*** (0.045)	0.151 7* (0.068)
PROM-VALU	0.151 2*** (0.033)	0.124 8*** (0.033)	0.125 1*** (0.035)	0.105 7** (0.043)	0.127 5** (0.058)
常数项	0.259 3*** (0.039)	−0.323 8*** (0.047)	−0.420 0*** (0.042)	−0.384 0*** (0.054)	−0.327 7*** (0.064)

*、**和***分别表示估计结果在 0.1、0.05 和 0.01 的置信水平上显著；括号里的数值代表系数的稳健标准误

从全部样本回归的结果可知，农户参与能力、参与动力和参与机会显著提高农地整治项目农户有效参与度。具体来看，农户的认知能力（COGN-ABIL）、农户的协商沟通能力（COMM-ABIL）、农户的资源集聚能力（COLL-RESO）、农户具备的专业技能（SPEC-ABIL）、信息公开程度（INFO-PUBL）、参与程序的明确程度（PROC-DEFI）、参与渠道的明确程度（CHAN-DEFI）、房屋拆迁及耕地占用的补偿标准（COMP-STAN）、政府对现代农业产业的支持程度（MODE-AGRI）、对农户农业收入的增加程度（AGRI-INCO）、对农户社会价值的提升程度（PROM-VALU）等11个变量对农户有效参与均有显著正向影响。

1. 参与能力对农户有效参与的影响

从全部样本回归结果图7-1和表7-6来看，农户参与能力的增强显著提高了农地整治项目农户有效参与度。农户的认知能力（COGN-ABIL）的回归系数呈单调递增之势，这说明农户有效参与度越高时农户认知能力对其有效参与的贡献率越大，该变量在农户有效参与度75分位数和90分位数上分别通过了0.05和0.01的显著性检验。具体来说，在10分位数上农户认知能力贡献率仅为1.14%，而随着农户有效参与度的提高其贡献率逐步提高，在90分位数上贡献率增至20.55%，这表明农户对新政策导向以及新生事物认知的缺乏会阻碍农户积极投身农地整治项目，而当农户的认知能力提高后，其有效参与度必然显著提升。

农户的受教育程度（EDUC-DEGR）在农户有效参与度低分位点（10和25）上有显著正向影响，而随着农户有效参与度的提高，其贡献率呈递减趋势，具体来说，在25分位数上农户受教育程度贡献率为2.88%，而在90分位数上贡献率已降至-0.56%，这与常识相违背。究其原因，是由于受教育程度较高的农户偏向于选择第二、三产业作为自己的生计方式，因此农户的受教育程度对农户有效参与度的影响不再显著。

农户的协商沟通能力（COMM-ABIL）在农地整治项目农户有效参与度的各分位点上均通过正向显著性检验，这与预期作用方向一致。表明在农地整治项目实施过程中，若农户能够就相关事项进行协商形成相对统一的观点，并与政府国土部门或其他相关部门及时沟通交流，会大大提升农户有效参与度。

农户的资源集聚能力（COLL-RESO）和农户具备的专业技能（SPEC-ABIL）几乎在所有分位点的检验中都显示出对农地整治项目农户有效参与有显著的正向影响，这表明在农户参与农地整治过程中，需有聚集相关资源并具备相关的专业能力进行保障。例如，农户对劳动力及智力资源集聚能力越强，就能更好地开展农地权属调整工作，降低农地细碎化程度，便于农业规模化生产；同时在农地整治过程中，农户具有的专业技能越强，就越愿意投身农地整治项目，从而更充分地发挥自己的专长，其有效参与度也就越高。

在对全部样本的分析中，农户的组织联盟能力（ALLI-ABIL）这一变量在各分位数上均未通过显著性检验，其对农户有效参与无显著影响。

2. 参与机会对农户有效参与的影响

从图 7-1 和表 7-6 可知，参与机会的增加促进了农户有效参与度的提高。信息公开程度（INFO-PUBL）在所有分位点上均通过了1%水平的显著性检验，说明它对农户有效参与度的解释能力极强，农户普遍认为政府部门对项目信息的公开程度越高，农户对实施农地整治项目的具体工作计划、涉及范围、建设标准等情况了解就越充分，农户也就能更为妥善地行使其监督权，农户有效参与度也就越高。

参与程序的明确程度（PROC-DEFI）对农地整治项目农户有效参与度的贡献率呈先上升后下降再上升的波动趋势，且在各个分位点均通过了显著性检验。具体来说，在10分位数上参与程序的明确程度的贡献率为6.74%，而在50分位数上贡献率增至15.73%，在50分位点之前，参与程序的明确程度贡献率呈上升趋势，这说明在农户有效参与度不高时，政府国土部门应该对参与程序非常明确，才能妥善地安排好农户参与到相关事项中，给农户参与提供良好的机会，促进农户有效参与度的提高；然而在50分位点之后，参与程序的明确程度的贡献率有所起伏，在75分位数上贡献率降至10.28%，在90分位数上又上升到20.48%，这说明虽然推进农户有效参与农地整治项目是一种必然趋势，但不是任何时候、任何形式的参与都能起到积极作用，不恰当的农户参与并不能起到积极的效果，因此建立一套明确的农户参与程序就至关重要。明确农户参与程序，有利于农户充分知晓农地整治项目各阶段工作的实施程序、关键的工作节点等，使他们能根据农地整治项目工作进展结合自身的实际情况参与，提高农户参与的积极性和自主性，使参与的广泛性和代表性更高，这将会提高农户有效参与度。

参与渠道的明确程度（CHAN-DEFI）对农地整治项目农户有效参与有显著正向影响，在50分位数、75分位数、90分位数上通过了显著性检验，且随着分位数增加参与渠道的明确程度的贡献率逐步上升，虽然在90分位数上有所下降，但其仍远高于10分位数上的贡献率。在10分位数上时，参与渠道明确程度的贡献率仅为1.33%，而在75分位数达到20.53%，然后在90分位数上回落至15.68%，这表明参与渠道的明确程度对农户有效参与的贡献率在高分位数上时比低分位数上更大。在社会主义新农村建设不断推进的今天，只有政府国土部门确保农户参与渠道的多样性和适宜性，才能充分调度农户参与的积极性，真正保证农户有效参与农地整治项目。

另外，我们从全部样本的分位数回归结果中发现，参与权利的明确程度（RIGH-DEFI）和参与范围的明确程度（SCOP-DEFI）对农户有效参与度的解释能力并不强。

3. 参与动力对农户有效参与的影响

从图 7-1 和表 7-6 可知，参与动力的提升对农地整治项目农户有效参与度也有重要影响。房屋拆迁及耕地占用的补偿标准（COMP-STAN）在 25 分位数上通过了 5%水平的显著性检验，在 50 分位数、75 分位数、90 分位数上通过了 0.01 水平的显著性检验，且该影响因素的回归系数呈单调递增之势，这说明农户有效参与度越高时房屋拆迁及耕地占用的补偿标准对农户有效参与的贡献率越大，具体而言，在 10 分位数上时，房屋拆迁及耕地占用的补偿标准贡献率为 3.94%，而在 90 分位数上时贡献率达到 23.17%。这说明制定一个合理、公平的补偿标准，有利于从根本上保护农户人身权和财产权，从而解除农户投身农地整治项目的后顾之忧，使农户积极地参与农地整治项目工作，为项目建设贡献自己的智慧和力量。

政府对现代农业产业的支持程度（MODE-AGRI）对农地整治项目农户有效参与在 50、75、90 三个分位数上通过了显著性检验。而对农户农业收入的增加程度（AGRI-INCO）在 25 分位数、50 分位数、75 分位数、90 分位数的观察中同样对农户有效参与有显著影响。这是由于"政府对现代农业产业的支持程度"和"农地整治项目对农户农业收入的增加程度"直接决定了农户参与农地整治项目的动力，政府充分支持农村现代企业发展，能够帮助农村实现产业转移，使农户在经营农业的同时，也能够参与二、三产业的经营活动，拓宽收入渠道，提高生活水平，而农地整治项目对农户农业收入的增加程度则直接影响了农户对未来经济收入的预期，因此政府对现代企业的支持程度越大，农地整治项目越能促进农业收入增加，农户有效参与度就越高。

对农户社会价值的提升程度（PROM-VALU）也是不可忽略的间接参与动力，该因素在所有分位点均通过了显著性检验，且在不同的分位数上的贡献率大致相当，这意味着其对农户有效参与度的影响较为稳定，那些认为参与农地整治项目能提升自己的价值或在本村社会地位的农户，参与农地整治项目的积极性普遍更高，这成为促使农户积极参与农地整治项目、提高农户有效参与度的内在动力。

此外，还可以看出新增收益分配合理性（INCO-DIST）以及误工的补贴标准（LOSS-COMP）两个因子对农户有效参与度的解释能力并不强。

7.5.2　基于不同区域样本的分位数回归分析

为了探究不同区域农地整治项目农户有效参与影响因素的差异，本节分别针对岗前平原工程模式区和丘陵工程模式区的样本，以参与能力、参与机会、参与动力所涉及的 17 个因子为自变量，对被解释变量农户有效参与度（Y）进行分位数回归，深入分析不同区域的不同有效参与水平（各分位点）上各自变量对农户有效参与度（Y）的影响的差异。同样，由于在分位数的极端值上回归系数估计非常不准确，因此本节选取的分位数区间是[2, 98]，步长为 1。依据 7.1 节所述的研究模型，运用 Stata 软件分别对丘陵工程模式区和岗前平原工程模式区的样本数据进行处理，全部样本在 10 分位数、25 分位数、50 分位数、75 分位数、90 分位数上的回归结果见图 7-2、图 7-3 和表 7-7。

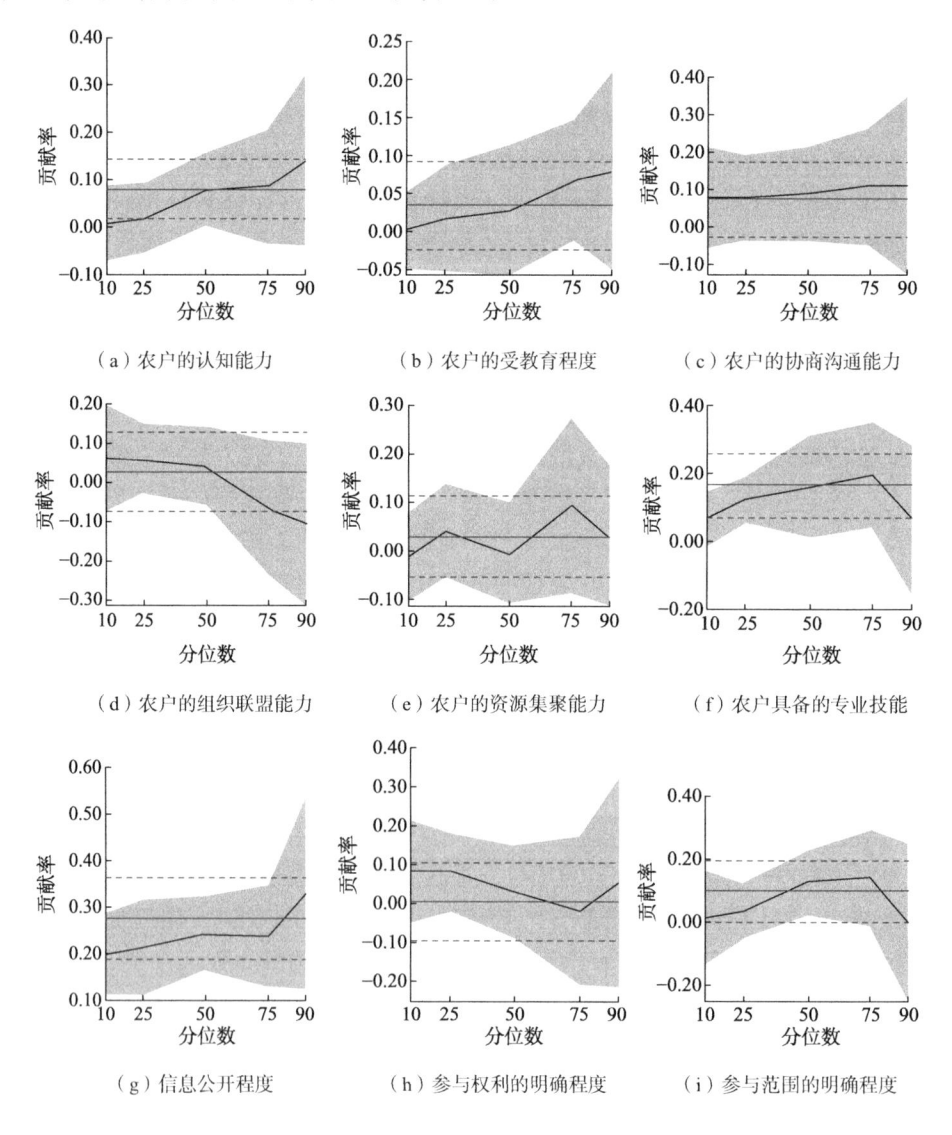

（a）农户的认知能力　（b）农户的受教育程度　（c）农户的协商沟通能力

（d）农户的组织联盟能力　（e）农户的资源集聚能力　（f）农户具备的专业技能

（g）信息公开程度　（h）参与权利的明确程度　（i）参与范围的明确程度

第7章 农地整治项目农户有效参与的差异及其成因分析 ·119·

（j）参与程序的明确程度　　（k）参与渠道的明确程度　　（l）房屋拆迁及耕地占用的补偿标准

（m）新增收益分配合理性　　（n）误工的补贴标准　　（o）政府对现代农业产业的支持程度

（p）对农户农业收入的增加程度　　（q）对农户社会价值的提升程度

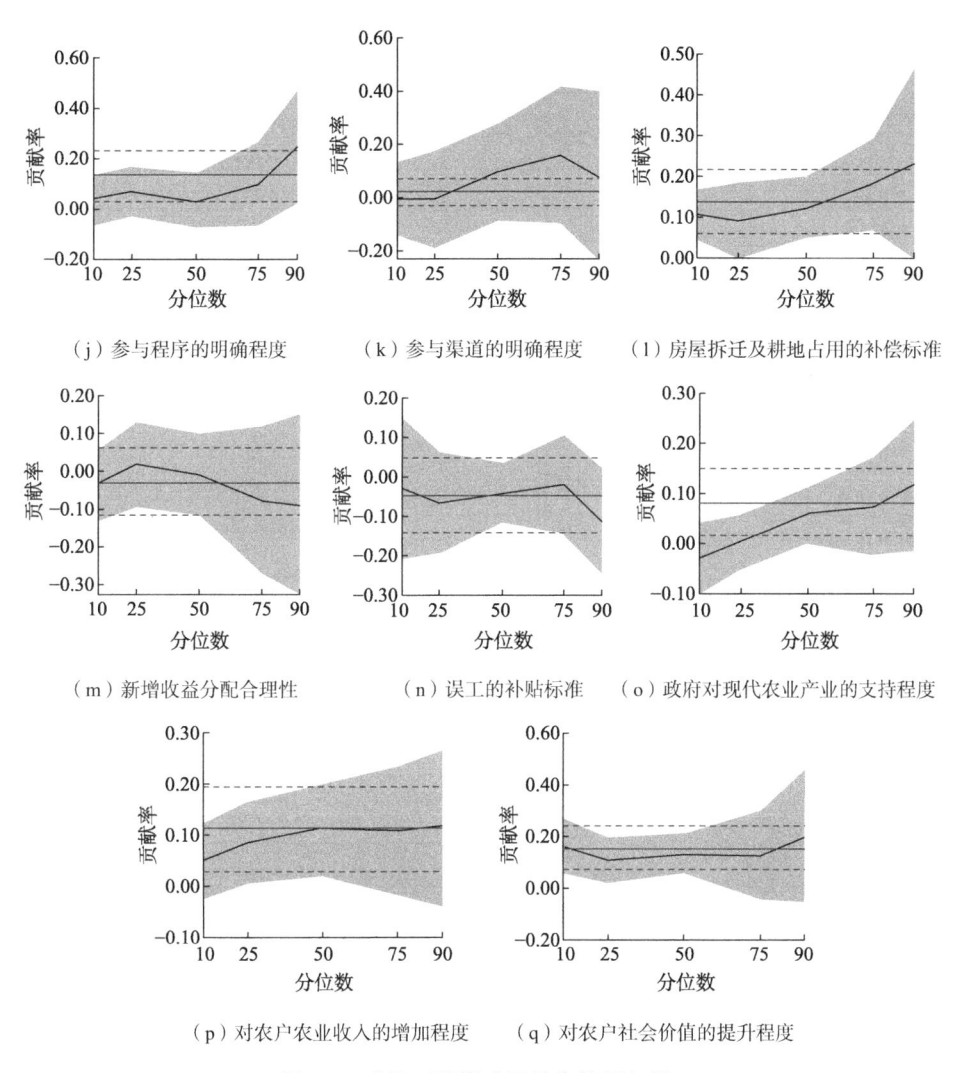

图 7-2　丘陵工程模式区分位数回归图

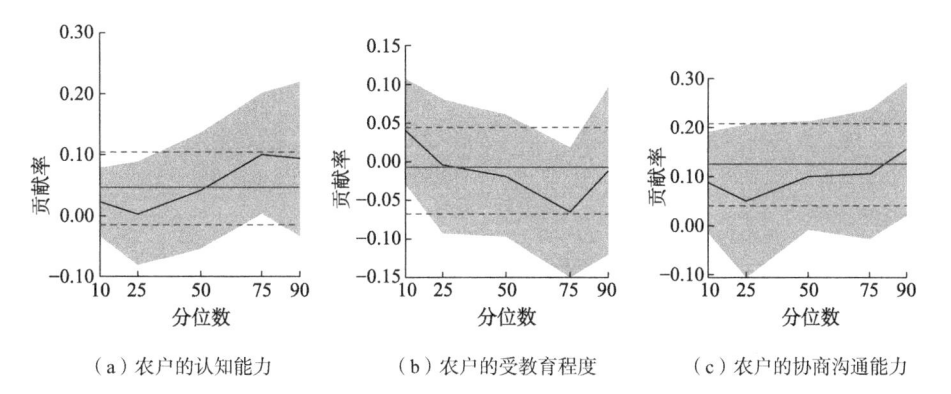

（a）农户的认知能力　　（b）农户的受教育程度　　（c）农户的协商沟通能力

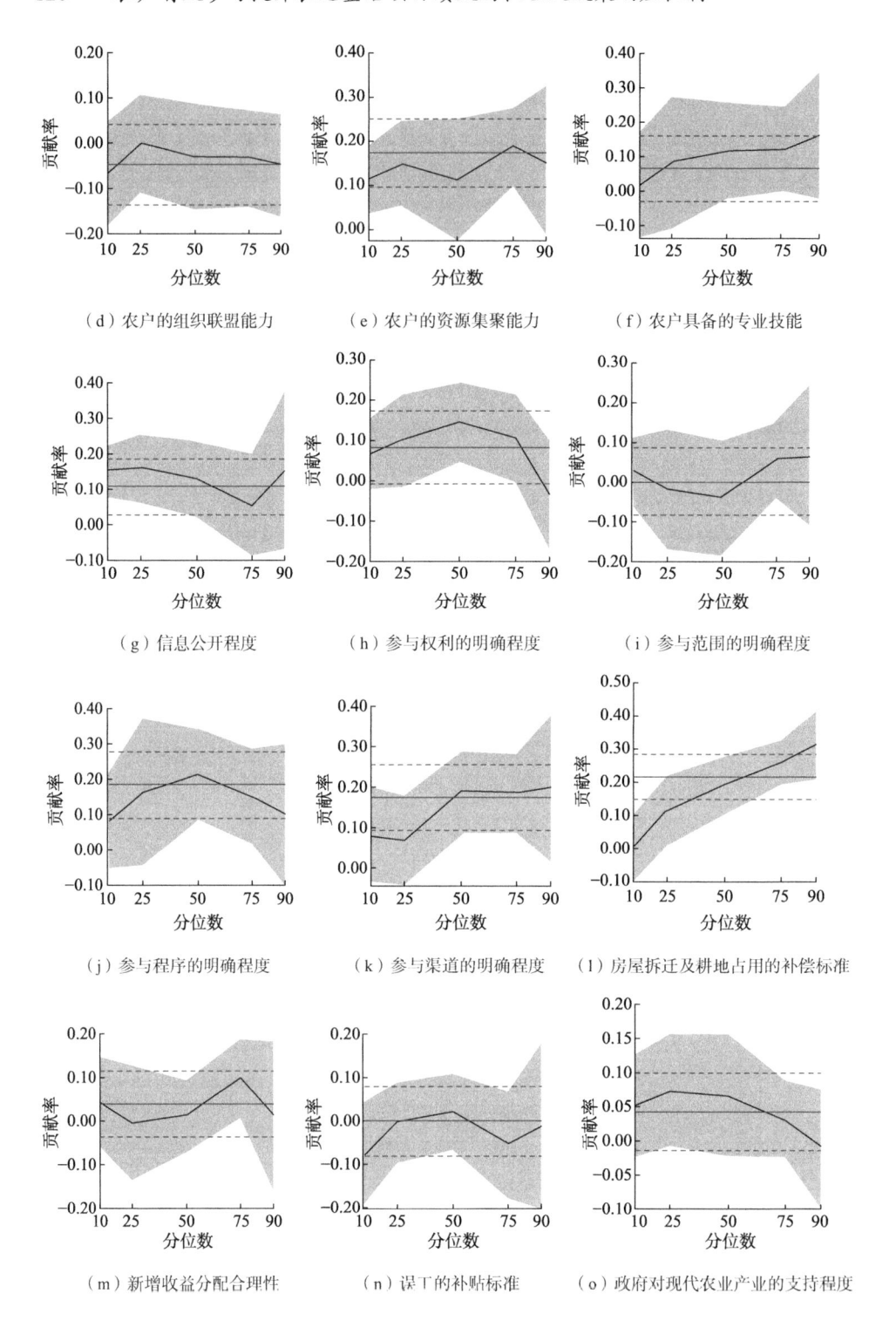

(d) 农户的组织联盟能力　　(e) 农户的资源集聚能力　　(f) 农户具备的专业技能

(g) 信息公开程度　　(h) 参与权利的明确程度　　(i) 参与范围的明确程度

(j) 参与程序的明确程度　　(k) 参与渠道的明确程度　　(l) 房屋拆迁及耕地占用的补偿标准

(m) 新增收益分配合理性　　(n) 误工的补贴标准　　(o) 政府对现代农业产业的支持程度

第7章 农地整治项目农户有效参与的差异及其成因分析 ·121·

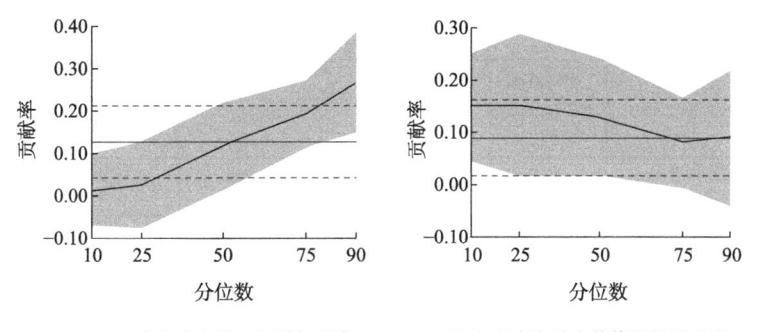

(p) 对农户农业收入的增加程度　　(q) 对农户社会价值的提升程度

图 7-3　岗前平原工程模式区分位数回归图

表 7-7　丘陵工程模式区和岗前平原工程模式区的样本模型估计结果

解释变量	区域	10 分位数	25 分位数	50 分位数	75 分位数	90 分位数
COGN-ABIL	丘陵工程模式区	0.008 (0.029)	0.019 (0.033)	0.079* (0.040)	0.086* (0.073)	0.141* (0.083)
	岗前平原工程模式区	0.008 (0.031)	0.023 (0.039)	0.038 (0.042)	0.113** (0.053)	0.094* (0.070)
EDUC-DEGR	丘陵工程模式区	0.001 (0.023)	0.018 (0.039)	0.028 (0.043)	0.067* (0.048)	0.079* (0.073)
	岗前平原工程模式区	0.039 (0.036)	−0.002 (0.042)	−0.014 (0.037)	−0.079* (0.044)	−0.012 (0.046)
COMM-ABIL	丘陵工程模式区	0.078 (0.061)	0.077 (0.061)	0.088 (0.055)	0.107 (0.081)	0.108 (0.098)
	岗前平原工程模式区	0.052* (0.052)	0.089* (0.057)	0.101** (0.051)	0.103* (0.067)	0.158** (0.075)
ALLI-ABIL	丘陵工程模式区	0.060 (0.056)	0.058 (0.050)	0.041 (0.061)	−0.064 (0.094)	−0.107 (0.096)
	岗前平原工程模式区	−0.067 (0.054)	−0.002 (0.060)	−0.029 (0.059)	−0.032 (0.071)	−0.048 (0.076)
COLL-RESO	丘陵工程模式区	−0.014 (0.047)	0.038 (0.040)	−0.006 (0.056)	0.093 (0.079)	0.031 (0.131)
	岗前平原工程模式区	0.115*** (0.040)	0.153*** (0.048)	0.114** (0.054)	0.181*** (0.065)	0.154** (0.076)
SPEC-ABIL	丘陵工程模式区	0.066 (0.049)	0.121* (0.062)	0.160* (0.072)	0.195** (0.089)	0.063 (0.105)
	岗前平原工程模式区	0.019 (0.063)	0.082 (0.067)	0.109* (0.063)	0.121* (0.070)	0.161** (0.078)
INFO-PUBL	丘陵工程模式区	0.198*** (0.053)	0.214*** (0.060)	0.243*** (0.062)	0.239*** (0.079)	0.329*** (0.114)
	岗前平原工程模式区	0.154*** (0.042)	0.158*** (0.049)	0.127** (0.056)	0.157* (0.066)	0.154* (0.085)
RIGH-DEFI	丘陵工程模式区	0.083 (0.066)	0.082* (0.047)	0.030 (0.061)	−0.018 (0.085)	0.051 (0.124)
	岗前平原工程模式区	0.066 (0.051)	0.1043* (0.063)	0.149** (0.063)	0.109 (0.071)	−0.034 (0.082)

续表

解释变量	区域	10分位数	25分位数	50分位数	75分位数	90分位数
SCOP-DEFI	丘陵工程模式区	0.012 (0.059)	0.035 (0.053)	0.126** (0.062)	0.142* (0.073)	0.002 (0.111)
	岗前平原工程模式区	0.028 (0.049)	-0.019 (0.063)	-0.043 (0.052)	0.061 (0.062)	0.067 (0.080)
PROC-DEFI	丘陵工程模式区	0.035 (0.050)	0.068 (0.059)	0.034 (0.055)	0.097 (0.081)	0.246** (0.115)
	岗前平原工程模式区	0.080 (0.054)	0.163* (0.088)	0.220*** (0.051)	0.145** (0.071)	0.099 (0.086)
CHAN-DEFI	丘陵工程模式区	-0.003 (0.064)	-0.008 (0.079)	0.095 (0.082)	0.160 (0.098)	0.078 (0.105)
	岗前平原工程模式区	0.081 (0.054)	0.066 (0.057)	0.190*** (0.051)	0.192*** (0.063)	0.199*** (0.075)
COMP-STAN	丘陵工程模式区	0.106*** (0.037)	0.092** (0.044)	0.125*** (0.043)	0.181*** (0.065)	0.231** (0.098)
	岗前平原工程模式区	0.004 (0.053)	0.118** (0.058)	0.192*** (0.046)	0.254*** (0.042)	0.316*** (0.064)
INCO-DIST	丘陵工程模式区	-0.038 (0.044)	0.017 (0.045)	-0.011 (0.048)	-0.079 (0.091)	-0.091 (0.098)
	岗前平原工程模式区	0.044 (0.044)	-0.002 (0.058)	0.014 (0.059)	0.088 (0.057)	0.014 (0.071)
LOSS-COMP	丘陵工程模式区	-0.030 (0.059)	-0.065 (0.055)	-0.040 (0.062)	-0.021 (0.073)	-0.113 (0.100)
	岗前平原工程模式区	-0.077 (0.062)	0.005 (0.054)	0.019 (0.052)	-0.050 (0.062)	-0.012 (0.094)
MODE-AGRI	丘陵工程模式区	-0.028 (0.034)	0.005 (0.028)	0.059 (0.035)	0.076 (0.052)	0.115 (0.079)
	岗前平原工程模式区	0.052 (0.044)	0.071* (0.040)	0.062 (0.039)	0.047 (0.043)	-0.009 (0.047)
AGRI-INCO	丘陵工程模式区	0.049 (0.039)	0.086* (0.049)	0.112** (0.049)	0.109* (0.060)	0.114* (0.085)
	岗前平原工程模式区	0.017 (0.044)	0.026 (0.051)	0.1183** (0.053)	0.201*** (0.052)	0.270*** (0.060)
PROM-VALU	丘陵工程模式区	0.164*** (0.045)	0.107** (0.049)	0.134*** (0.043)	0.127* (0.070)	0.200* (0.111)
	岗前平原工程模式区	0.150*** (0.038)	0.148*** (0.055)	0.130*** (0.050)	0.077* (0.044)	0.091* (0.068)
常数项	丘陵工程模式区	-0.216 (0.055)	-0.268*** (0.069)	-0.36*** (0.058)	-0.34*** (0.079)	-0.247 (0.102)
	岗前平原工程模式区	-0.217*** (0.075)	-0.33*** (0.074)	-0.45*** (0.046)	-0.41*** (0.066)	-0.392 (0.073)

*、**和***分别表示估计结果在0.1、0.05和0.01的置信水平上显著；括号里的数值代表系数的稳健标准误

1. 参与能力对农户有效参与的影响

由图7-2、图7-3和表7-7可知，参与能力对岗前平原工程模式区和丘陵工程

模式区的农地整治项目农户有效参与均有重要的影响。从农户的认知能力（COGN-ABIL）来看，仅在中高（50、75、90）分位数上对丘陵工程模式区的农地整治项目农户有效参与度有显著影响，并随着分位数上升，丘陵工程模式区的农户认知能力的贡献率呈现不断增加的趋势。具体而言，在50分位数上农户认知能力的贡献率仅为7.9%，而在90分位数上其贡献率增至14.1%，这表明当农户有效参与度越高时，农户认知能力的贡献率越大；而岗前平原工程模式区农户有效参与度相比丘陵工程模式区有所差异，仅在高分位数（75、90）上显著，且随着分位数增加农户认知能力的贡献率逐步上升，在75分位数达到11.3%，然后在90分位数上降至9.4%，这表明在农户有效参与度高分位数上丘陵工程模式区农户认知能力的贡献率较岗前平原工程模式区更大。

从农户的受教育程度（EDUC-DEGR）的影响来看，仅在75分位数和90分位数对丘陵工程模式区农户有效参与度有显著正向影响，且随分位数上升其贡献率逐步增加；而岗前平原工程模式区的农户受教育程度仅在75分位数上有显著负向影响，这是由于岗前平原工程模式区相对丘陵工程模式区而言离城市较近，有明显的区位优势，受教育程度高的农户就近打工机会较多，其家庭收入更多地依赖第二、三产业，从而较少关注农地整治项目相关事宜，农户有效参与度偏低，因此农户受教育程度在岗前平原工程模式区呈现显著的负向影响。

从农户的协商沟通能力（COMM-ABIL）及农户的资源集聚能力（COLL-RESO）的影响来看，在各分位点上都对岗前平原工程模式区农户有效参与度有显著正向影响，且随分位数的上升其贡献率呈现逐步或曲折增加态势；而在丘陵工程模式区，农户的协商沟通能力和资源集聚能力两个变量的影响并不显著，这是由于丘陵工程模式区的地貌形态复杂、农业基础设施条件较差，农地整治实施难度相对较大，同时丘陵工程模式区农户思想相对较保守，传统的小农意识根深蒂固，农户的沟通协调能力和聚集参与所需的劳动力、智力、资金等资源的能力和意识相对较差，因此相对岗前平原工程模式区而言对农地整治项目农户有效参与度的影响不显著。

从农户的组织联盟能力（ALLI-ABIL）的影响来看，在各分位数上其对岗前平原工程模式区和丘陵工程模式区农地整治项目农户有效参与度的影响都不显著。从农户具备的专业技能（SPEC-ABIL）的影响来看，仅在25分位数、50分位数、75分位数上对丘陵工程模式区农地整治项目农户有效参与度有显著正向影响，并随着分位数上升，丘陵地区农户具备的专业技能的贡献率呈现不断增加趋势，由25分位数上的12.1%增至75分位数上的19.5%；而对岗前平原工程模式区而言，农户具备的专业技能仅在中高分位数上显著且有正向影响，其贡献率从50分位数上的10.9%上升至90分位数上的16.1%，由此可见丘陵工程模式区农户具备的专业技能对农户有效参与度的贡献率较岗前平原工程模式区大，这主要是由于丘陵工程模式区地貌形态复杂导致项目实施难度大。

2. 参与机会对农户有效参与的影响

由图 7-2、图 7-3 和表 7-7 可知,参与机会对岗前平原工程模式区和丘陵工程模式区的农地整治项目农户有效参与有重要的影响。从信息公开程度（INFO-PUBL）的影响来看,在所有分位点上对岗前平原工程模式区和丘陵工程模式区农户有效参与度均具有显著正向影响;随着分位数上升,项目信息公开程度对丘陵工程模式区农户有效参与度的贡献率整体呈增加趋势,即从 10 分位数上的 19.8%增至 90 分位数上的 32.9%,而岗前平原工程模式区其贡献率则维持在 12.7%~15.8%波动,其结果表明项目信息公开程度对农户有效参与度有着非常重要的影响,且丘陵工程模式区相对岗前平原工程模式区更为重要,项目消息公开程度越高,农户对整治项目的工作计划、涉及范围及参与渠道等信息掌握越充分,农户有效参与度也就越高。

从参与权利的明确程度（RIGH-DEFI）的影响来看,只在 25 分位数上其对丘陵工程模式区农户有效参与度具有显著的正向影响,而在其他分位点上影响均不显著;对岗前平原工程模式区而言,仅在 25 分位数和 50 分位数上参与权利的明确程度对农户有效参与有显著正向影响。对于有效参与度偏低的农户而言,主要通过相关政策规定了解农地整治中农户拥有的权利,且参与权利越明确,他们对自己参与过程中行使的职能越清楚,有利于农户的有效参与,当有效参与度达到一定程度时,农户的有效参与主要受其他影响因素的作用,参与权利的明确程度的提升不再能够显著影响其有效参与度。

从参与范围的明确程度（SCOP-DEFI）的影响来看,只有在 50 分位数和 75 分位数上其对丘陵工程模式区农户有效参与度具有显著的正向影响,而在其他分位点上影响均不显著;对岗前平原工程模式区而言,在各分位数上参与范围的明确程度均不显著,这可能是由于该模式区的农户通过多种渠道获取信息的能力较强,其本身更注重自身权益的维护,对农地整治初步方案、权属调整方案、可行性研究报告和日常工程监督、工程质量验收的工作参与度一直保持在较高水平,因此参与范围的明确程度的提升不再能够显著影响其有效参与度。

从参与程序的明确程度（PROC-DEFI）的影响来看,仅在 90 分位数上其对丘陵工程模式区农户有效参与度具有显著的正向影响,而在其他分位点上影响均不显著;就岗前平原工程模式区而言,在 25 分位数、50 分位数和 75 分位数上参与程序的明确程度对农户有效参与度有显著正向影响;明确农地整治过程中农户参与的程序,有利于农户充分知晓项目各阶段的工作程序、关键工作及参与时点等,便于他们根据自身的实际情况参与,以提高农户有效参与度。

从参与渠道的明确程度（CHAN-DEFI）的影响来看，岗前平原工程模式区只在 50 分位数、75 分位数和 90 分位数上对农户有效参与度有显著正向影响，且随着分位数上升，参与渠道的明确程度对农户有效参与度的贡献率逐步增加，从 25 分位数上的 6.6%增加到 90 分位数上的 19.9%；对丘陵工程模式区而言，参与渠道的明确程度在农户有效参与度的各分位数上均不显著，这可能是因为该模式区相对僻远和落后，政府国土部门及有关机构对农户参与渠道的明确程度不够重视。

3. 参与动力对农户有效参与的影响

由图 7-2、图 7-3 和表 7-7 可知，参与动力对岗前平原工程模式区和丘陵工程模式区的农地整治项目农户有效参与同样有着非常重要的影响。从房屋拆迁及耕地占用的补偿标准（COMP-STAN）的影响来看，其在各分位数上均对丘陵工程模式区农户有效参与度有显著正向影响，且随着分位数上升，其贡献率也波动增加，即从 25 分位数上的 9.2%增至 90 分位数上的 23.1%，表明了合理、公平的补偿标准能充分保障农户的财产权益，以解除农户投身农地整治项目的后顾之忧，增强其参与的积极性，为项目建设贡献自己的智慧和力量。农户有效参与度越高，房屋拆迁及耕地占用的补偿标准的贡献率也越大。对岗前平原工程模式区而言，在 25 分位数、50 分位数、75 分位数、90 分位数上有显著正向影响，同样随着分位数的上升，房屋拆迁及耕地占用的补偿标准的贡献率也逐步增加，从 25 分位数上的 11.8%逐步增至 90 分位数上的 31.6%，表明农户有效参与度在各分位数上，岗前平原工程模式区房屋拆迁及耕地占用的补偿标准的贡献率较丘陵工程模式区大。

从新增收益分配合理性（INCO-DIST）及误工的补贴标准（LOSS-COMP）的影响来看，丘陵工程模式区和岗前平原工程模式区在各分位数上均未通过显著性检验，可能是由于湖北省农地整治项目实施过程中新增收益较少且也没有误工补贴。从政府对现代农业产业的支持程度（MODE-AGRI）的影响来看，除了岗前平原工程模式区 25 分位数上有显著正向影响外，丘陵工程模式区和岗前平原工程模式区其他各分位数上基本上均未通过显著性检验，可能原因是样本中对应的农地整治项目很少涉及政府对现代农业产业的支持。

从对农户农业收入的增加程度（AGRI-INCO）的影响来看，在 50 以上的分位数，该因子显著影响着岗前平原工程模式区农户有效参与度，该结论在丘陵工程模式区的 25 以上分位数上同样成立。由于农地整治项目对农业收入的增加程度直接影响了农户对未来经济收入的预期，所以农地整治项目对农业收入增加越多，农户有效参与度就越高。

此外，对农户社会价值的提升程度（PROM-VALU）同样是不可忽略的重要动力因素，其在岗前平原工程模式区和丘陵工程模式区的各分位点的检验中均表现出显著的正向影响，这表明农户普遍认为能够通过参与农地整治项目来提升自己在本村的地位或实现自己的社会价值，也促使农户参与的积极性提高，从而增大了农户有效参与度。

7.5.3 基于不同类型农户样本的分位数回归分析

为了研究不同类型农户在农地整治中有效参与影响因素的差异，本节分别针对纯农业型农户、低度兼业型农户、高度兼业型农户及非农业型农户四种不同类型农户的样本，以参与能力、参与机会、参与动力所涉及的17个因子为自变量，对被解释变量农户有效参与度（Y）进行分位数回归，来分析不同类型农户在不同农户有效参与度（各分位数）上影响因素的差异。同样，因在分位数的极端值上回归系数估计不准确，所以此处选取的分位数区间是[2, 98]，步长为 1。依据前述的研究模型，运用 Stata 软件对样本数据进行处理，纯农业型农户、低度兼业型农户、高度兼业型农户及非农业型农户的样本在 10 分位数、25 分位数、50 分位数、75 分位数、90 分位数上的回归结果分别如图 7-4~图 7-7、表 7-8 和表 7-9 所示。

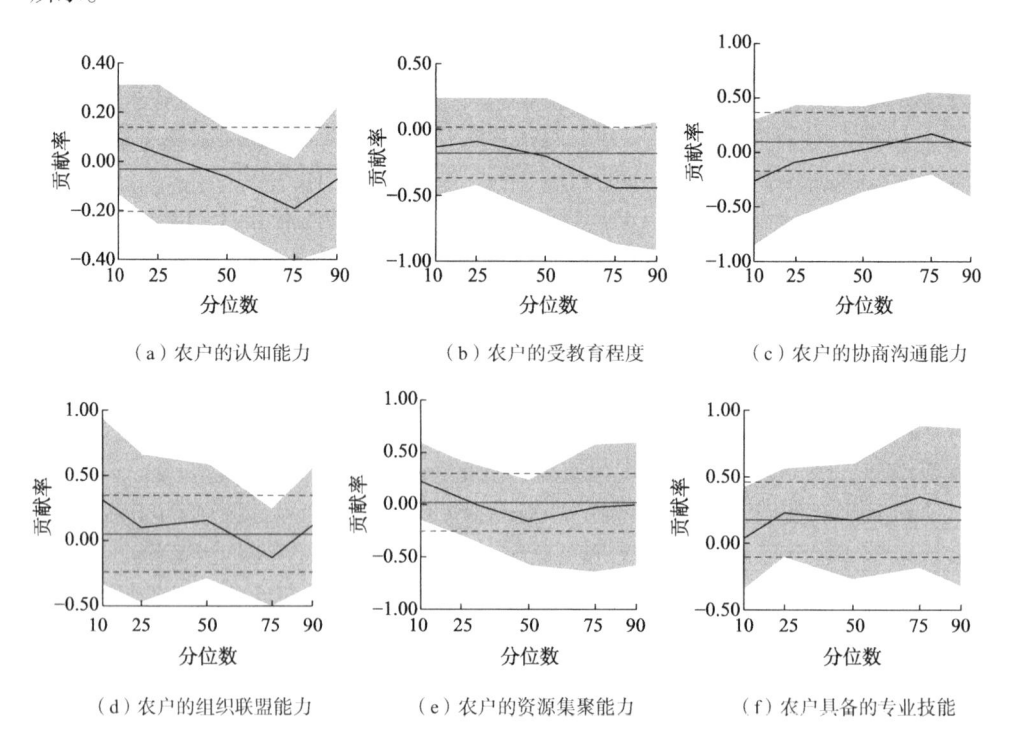

(a) 农户的认知能力　　(b) 农户的受教育程度　　(c) 农户的协商沟通能力

(d) 农户的组织联盟能力　　(e) 农户的资源集聚能力　　(f) 农户具备的专业技能

第7章 农地整治项目农户有效参与的差异及其成因分析 ·127·

(g) 信息公开程度

(h) 参与权利的明确程度

(i) 参与范围的明确程度

(j) 参与程序的明确程度

(k) 参与渠道的明确程度

(l) 房屋拆迁及耕地占用的补偿标准

(m) 新增收益分配合理性

(n) 误工的补贴标准

(o) 政府对现代农业产业的支持程度

(p) 对农户农业收入的增加程度

(q) 对农户社会价值的提升程度

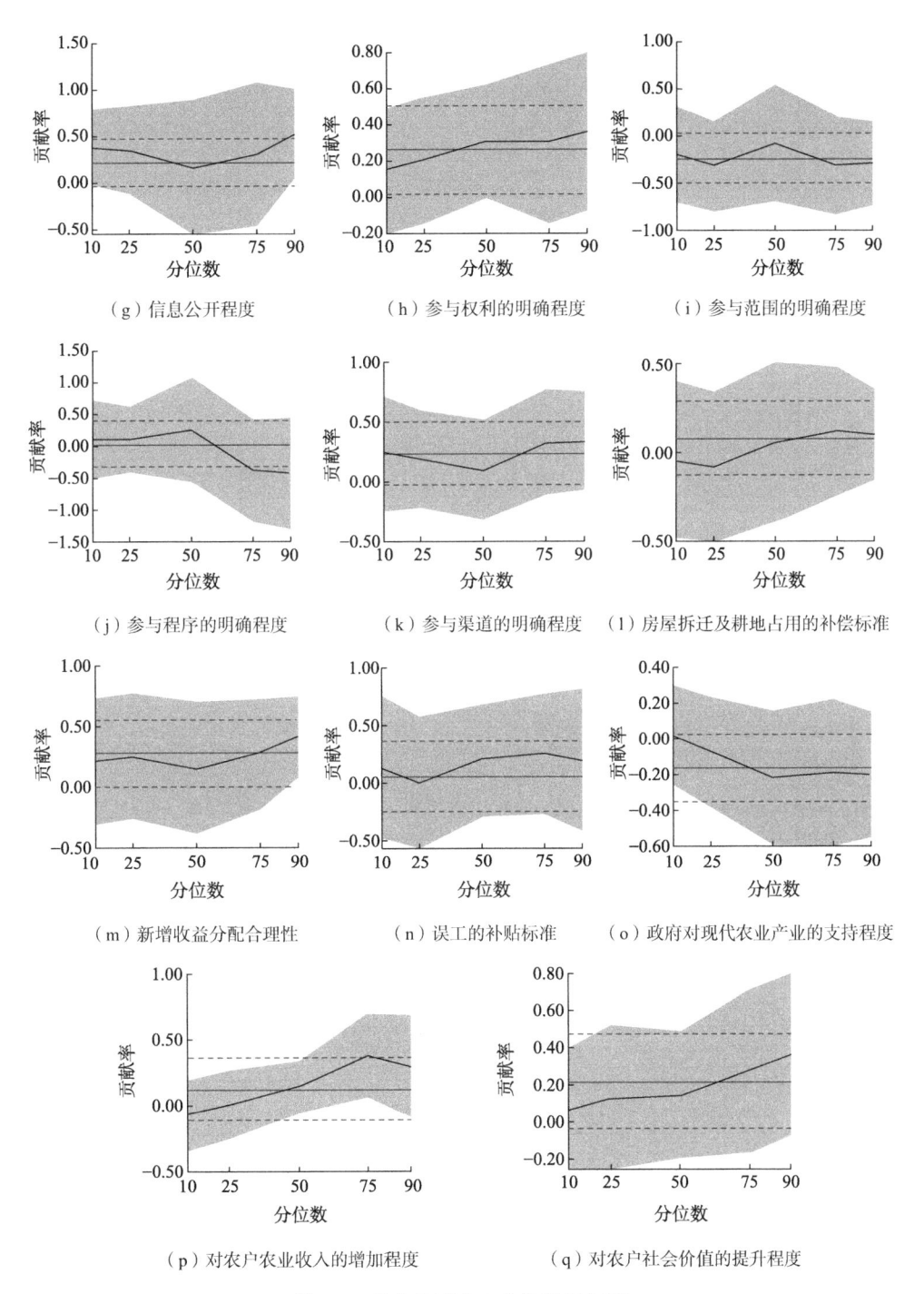

图 7-4 纯农业型农户分位数回归图

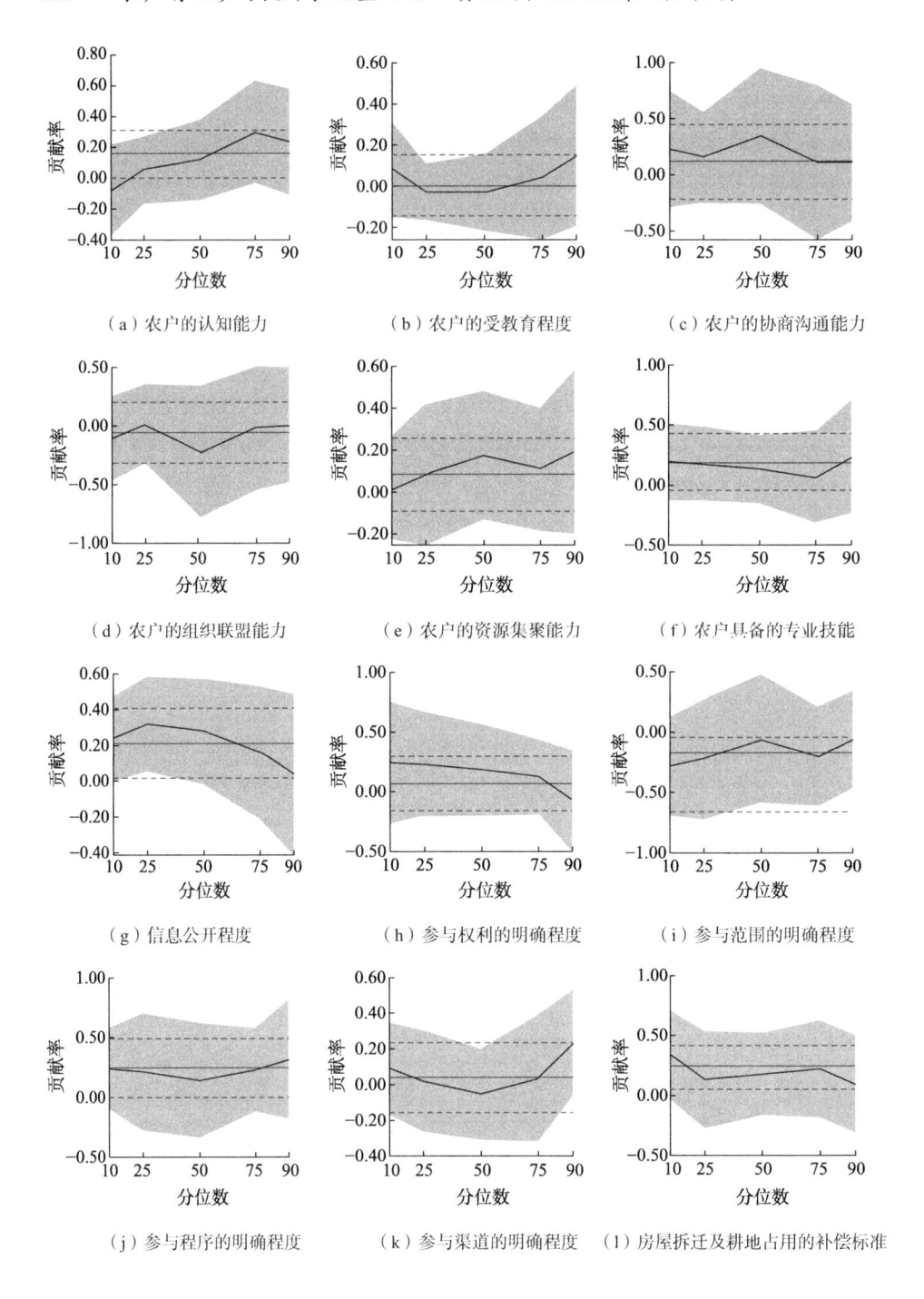

(a)农户的认知能力　(b)农户的受教育程度　(c)农户的协商沟通能力

(d)农户的组织联盟能力　(e)农户的资源集聚能力　(f)农户具备的专业技能

(g)信息公开程度　(h)参与权利的明确程度　(i)参与范围的明确程度

(j)参与程序的明确程度　(k)参与渠道的明确程度　(l)房屋拆迁及耕地占用的补偿标准

第7章　农地整治项目农户有效参与的差异及其成因分析 ·129·

(m) 新增收益分配合理性　　(n) 误工的补贴标准　　(o) 政府对现代农业产业的支持程度

(p) 对农户农业收入的增加程度　　(q) 对农户社会价值的提升程度

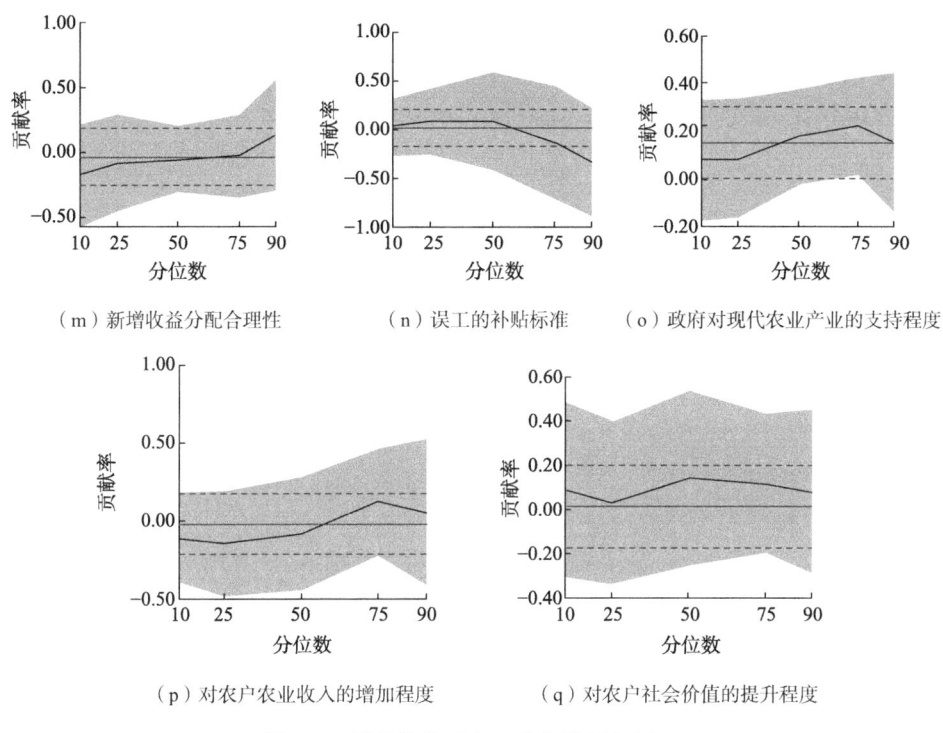

图 7-5　低度兼业型农户分位数回归图

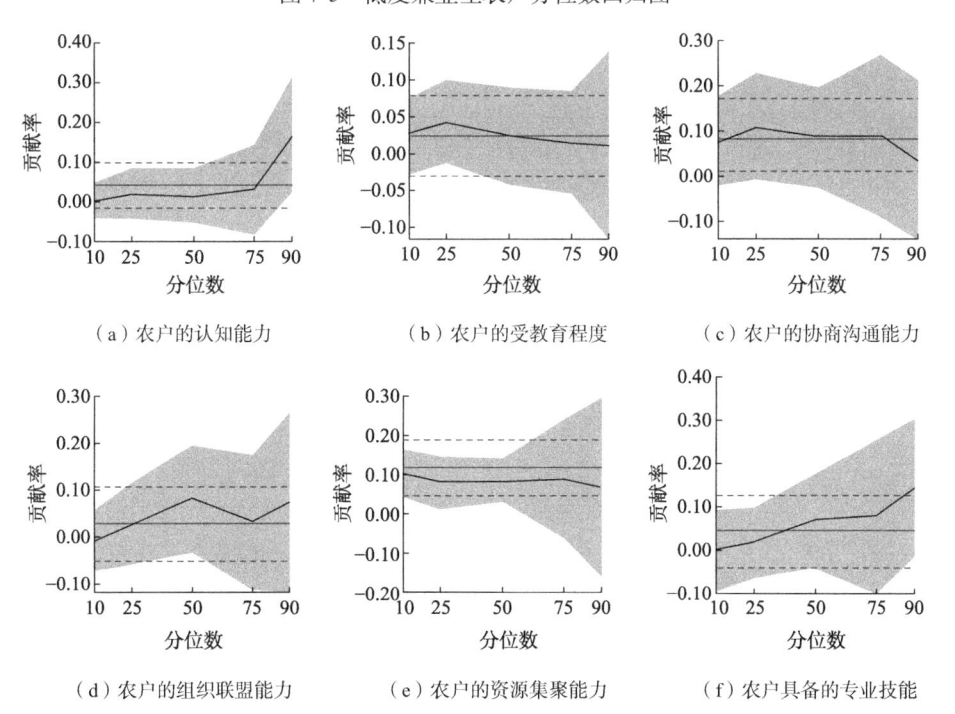

(a) 农户的认知能力　　(b) 农户的受教育程度　　(c) 农户的协商沟通能力

(d) 农户的组织联盟能力　　(e) 农户的资源集聚能力　　(f) 农户具备的专业技能

·130· 农户有效参与提升农地整治项目绩效的机理及政策响应机制

(g) 信息公开程度　　(h) 参与权利的明确程度　　(i) 参与范围的明确程度

(j) 参与程序的明确程度　　(k) 参与渠道的明确程度　　(l) 房屋拆迁及耕地占用的补偿标准

(m) 新增收益分配合理性　　(n) 误工的补贴标准　　(o) 政府对现代农业产业的支持程度

(p) 对农户农业收入的增加程度　　(q) 对农户社会价值的提升程度

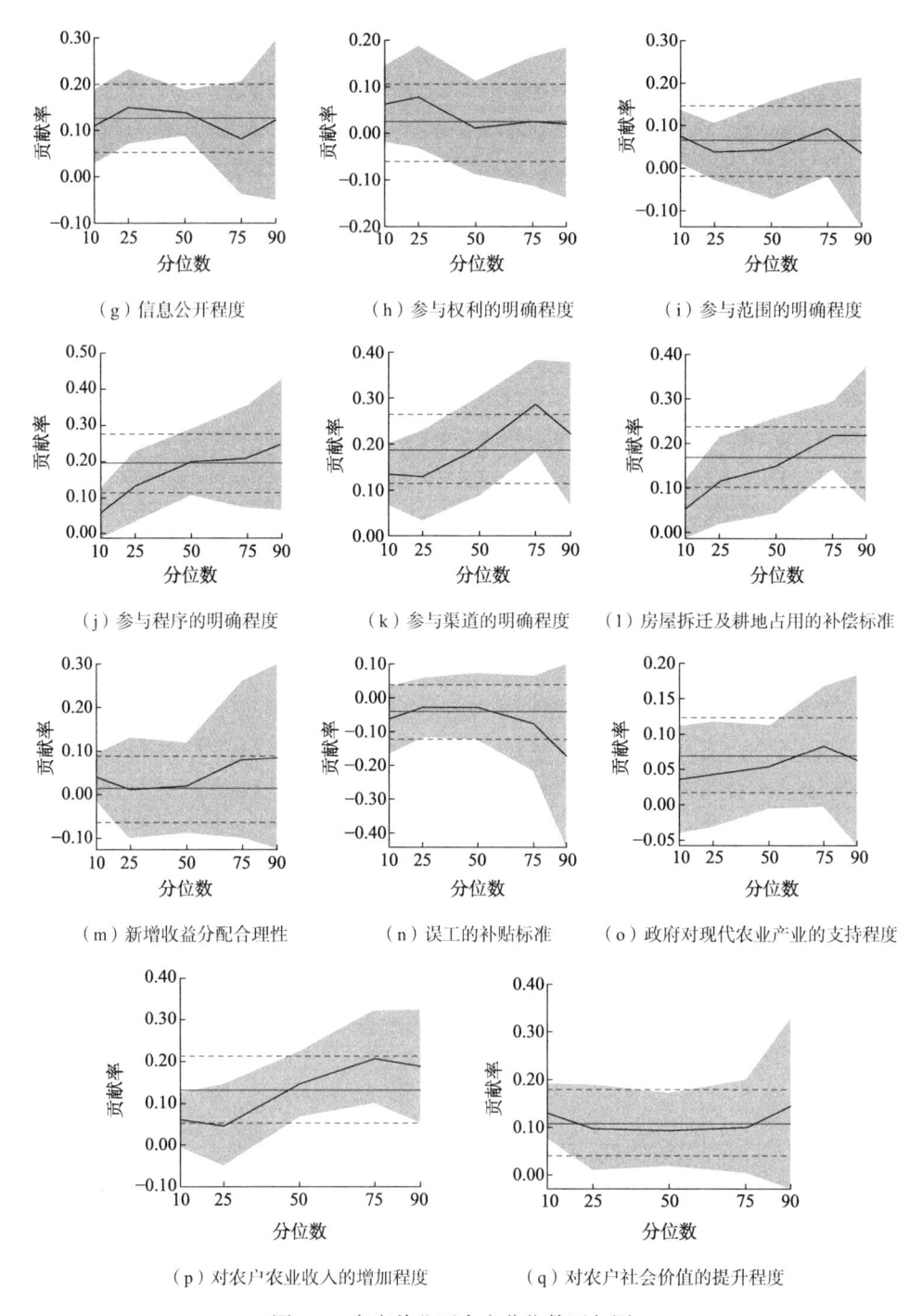

图 7-6　高度兼业型农户分位数回归图

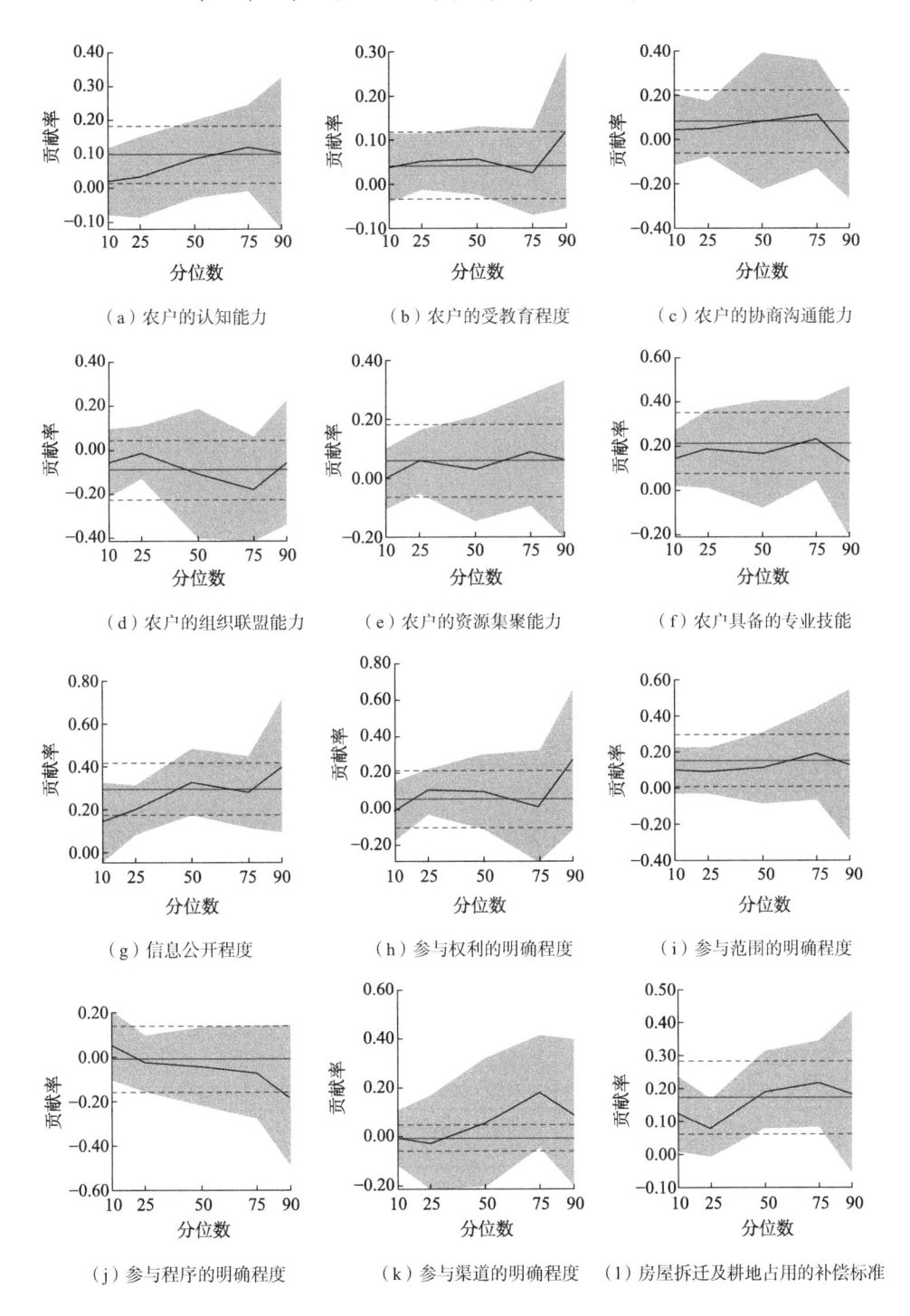

第7章 农地整治项目农户有效参与的差异及其成因分析 ·131·

(a) 农户的认知能力

(b) 农户的受教育程度

(c) 农户的协商沟通能力

(d) 农户的组织联盟能力

(e) 农户的资源集聚能力

(f) 农户具备的专业技能

(g) 信息公开程度

(h) 参与权利的明确程度

(i) 参与范围的明确程度

(j) 参与程序的明确程度

(k) 参与渠道的明确程度

(l) 房屋拆迁及耕地占用的补偿标准

（m）新增收益分配合理性　　（n）误工的补贴标准　　（o）政府对现代农业产业的支持程度

（p）对农户农业收入的增加程度　　（q）对农户社会价值的提升程度

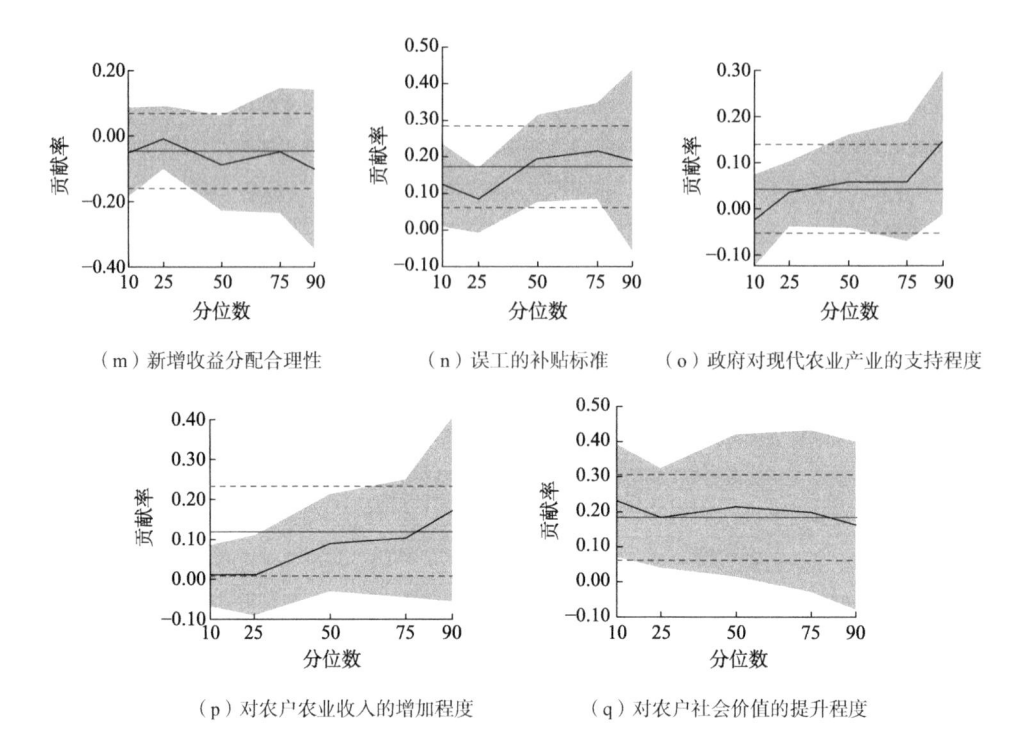

图 7-7　非农业型农户分位数回归图

表 7-8　纯农业型农户及低度兼业型农户样本模型估计结果

解释变量名称	10 分位数 纯农业型农户	10 分位数 低度兼业型农户	25 分位数 纯农业型农户	25 分位数 低度兼业型农户	50 分位数 纯农业型农户	50 分位数 低度兼业型农户	75 分位数 纯农业型农户	75 分位数 低度兼业型农户	90 分位数 纯农业型农户	90 分位数 低度兼业型农户
COGN-ABIL	0.088 2 (0.100)	−0.076 (0.142)	0.025 6 (0.122)	0.049 8 (0.128)	−0.069 4 (0.096)	0.123 5 (0.129)	−0.199 4 (0.117)	0.301 7* (0.164)	−0.069 8 (0.142)	0.241 9 (0.189)
EDUC-DEGR	−0.132 5 (0.124)	0.084 2 (0.124)	−0.093 7 (0.125)	−0.030 2 (0.091)	−0.204 4 (0.128)	−0.031 7 (0.083)	−0.440 0*** (0.138)	0.038 7 (0.143)	−0.433 0** (0.192)	0.145 6 (0.149)
COMM-ABIL	−0.276 2 (0.275)	0.223 4 (0.236)	−0.090 1 (0.264)	0.156 9 (0.242)	0.024 3 (0.216)	0.345 4 (0.239)	0.176 3 (0.229)	0.105 0 (0.326)	0.063 6 (0.235)	0.094 9 (0.319)
ALLI-ABIL	0.286 7 (0.258)	−0.106 2 (0.254)	0.089 7 (0.244)	0.009 1 (0.273)	0.141 4 (0.214)	−0.224 3 (0.223)	−0.137 4 (0.192)	−0.017 3 (0.234)	0.100 5 (0.212)	0.010 9 (0.298)
COLL-RESO	0.224 0 (0.236)	0.010 7 (0.135)	0.067 9 (0.283)	0.081 1 (0.116)	−0.164 9 (0.266)	0.170 5 (0.165)	−0.029 0 (0.265)	0.107 9 (0.139)	0.005 1 (0.247)	0.187 5 (0.157)
SPEC-ABIL	0.045 8 (0.184)	0.190 9 (0.160)	0.237 7 (0.210)	0.179 8 (0.179)	0.165 8 (0.228)	0.138 9 (0.239)	0.350 6 (0.248)	0.063 6 (0.229)	0.275 3 (0.232)	0.230 9 (0.218)
INFO-PUBL	0.381 1** (0.190)	0.243 4** (0.110)	0.351 7 (0.244)	0.323 6** (0.138)	0.161 9 (0.254)	0.282 5* (0.200)	0.304 8 (0.223)	0.165 8 (0.267)	0.518 4** (0.244)	0.039 7 (0.302)
RIGH-DEFI	0.155 3 (0.145)	0.244 1 (0.185)	0.213 2 (0.167)	0.235 4 (0.156)	0.317 0 (0.273)	0.185 7 (0.165)	0.308 5 (0.226)	0.123 7 (0.256)	0.370 3 (0.213)	−0.076 5 (0.261)

续表

解释变量名称	10分位数 纯农业型农户	10分位数 低度兼业型农户	25分位数 纯农业型农户	25分位数 低度兼业型农户	50分位数 纯农业型农户	50分位数 低度兼业型农户	75分位数 纯农业型农户	75分位数 低度兼业型农户	90分位数 纯农业型农户	90分位数 低度兼业型农户
SCOP-DEFI	-0.1907 (0.154)	-0.2802 (0.227)	-0.3132 (0.174)	-0.2157 (0.189)	-0.0676 (0.224)	-0.0520 (0.199)	-0.3084 (0.186)	-0.1985 (0.257)	-0.2849 (0.220)	-0.0615 (0.261)
PROC-DEFI	0.1107 (0.169)	0.2469 (0.261)	0.1170 (0.195)	0.2217 (0.255)	0.2570 (0.248)	0.1442 (0.244)	-0.3681 (0.398)	0.2321 (0.221)	-0.4257 (0.247)	0.3184 (0.247)
CHAN-DEFI	0.2389 (0.149)	0.0918 (0.084)	0.1959 (0.133)	0.0230 (0.097)	0.1005 (0.144)	-0.0505 (0.121)	0.3307 (0.219)	0.0360 (0.149)	0.3416* (0.195)	0.2349 (0.194)
COMP-STAN	-0.0340 (0.115)	0.3360*** (0.122)	-0.0748 (0.167)	0.1409 (0.126)	0.0657 (0.181)	0.1825 (0.138)	0.1256 (0.132)	0.2189 (0.145)	0.1083 (0.123)	0.0922 (0.201)
INCO-DIST	0.2177 (0.202)	-0.1729 (0.139)	0.2510 (0.240)	-0.0804 (0.152)	0.1681 (0.212)	-0.0519 (0.160)	0.2786 (0.214)	-0.0288 (0.200)	0.4154 (0.187)	0.1284 (0.199)
LOSS-COMP	0.1409 (0.184)	0.0363 (0.111)	0.0051 (0.255)	0.0881 (0.097)	0.1999 (0.224)	0.0894 (0.156)	0.2548 (0.249)	-0.1251 (0.196)	0.2030 (0.216)	-0.3307 (0.175)
MODE-AGRI	0.0259 (0.140)	0.0822 (0.099)	-0.0655 (0.136)	0.0882 (0.064)	-0.2142 (0.198)	0.1800* (0.096)	-0.1819 (0.131)	0.2246* (0.117)	-0.1959 (0.145)	0.1575 (0.144)
AGRI-INCO	-0.0702 (0.234)	-0.1109 (0.143)	0.0050 (0.156)	-0.1473 (0.114)	0.1448 (0.161)	-0.0788 (0.131)	0.3862** (0.175)	0.1204 (0.183)	0.2929* (0.193)	0.0523 (0.228)
PROM-VALU	0.0711 (0.187)	0.0899 (0.124)	0.1291 (0.269)	0.0337 (0.136)	0.1455 (0.244)	0.1425 (0.147)	0.2687* (0.195)	0.1201 (0.174)	0.3610* (0.217)	0.0867 (0.159)
常数项	0.4350*** (0.161)	-0.3499 (0.232)	-0.2845 (0.187)	-0.3156 (0.228)	-0.3276 (0.250)	-0.4603** (0.207)	-0.2621 (0.176)	-0.3130*** (0.150)	-0.5100*** (0.182)	-0.2051 (0.241)

*、**和***分别表示估计结果在0.1、0.05和0.01的置信水平上显著；括号里的数值代表系数的稳健标准误

表7-9 高度兼业型农户及非农业型农户样本模型估计结果

解释变量名称	10分位数 高度兼业型农户	10分位数 非农业型农户	25分位数 高度兼业型农户	25分位数 非农业型农户	50分位数 高度兼业型农户	50分位数 非农业型农户	75分位数 高度兼业型农户	75分位数 非农业型农户	90分位数 高度兼业型农户	90分位数 非农业型农户
COGN-ABIL	0.0023 (0.025)	0.0203 (0.052)	0.0215 (0.036)	0.0335 (0.084)	0.0159 (0.032)	0.0867 (0.063)	0.0318 (0.066)	0.1200** (0.054)	0.1677* (0.078)	0.1035 (0.079)
EDUC-DEGR	0.0253 (0.024)	0.0395 (0.047)	0.0426 (0.035)	0.0521 (0.038)	0.0242 (0.033)	0.0551 (0.037)	0.0141 (0.036)	0.0275 (0.058)	0.0110 (0.064)	0.1218 (0.103)
COMM-ABIL	0.0783** (0.040)	0.0429 (0.070)	0.1098* (0.061)	0.0459 (0.074)	0.0865** (0.044)	0.0792 (0.109)	0.0880 (0.073)	0.1126 (0.099)	0.0359 (0.077)	-0.0630 (0.131)
ALLI-ABIL	-0.0079 (0.030)	-0.0583 (0.090)	0.0261 (0.034)	-0.0092 (0.053)	0.0805 (0.050)	-0.1053 (0.117)	0.0319 (0.090)	-0.1774 (0.140)	0.0734 (0.102)	-0.0560 (0.128)
COLL-RESO	0.1070*** (0.031)	0.0001 (0.055)	0.0809** (0.036)	0.0561 (0.048)	0.0852* (0.055)	0.0306 (0.049)	0.0901 (0.062)	0.0892 (0.070)	0.0690 (0.088)	0.0622 (0.152)
SPEC-ABIL	0.0006 (0.035)	0.1448 (0.092)	0.0171 (0.047)	0.1877** (0.089)	0.0702 (0.073)	0.1678* (0.140)	0.0812 (0.055)	0.2286* (0.127)	0.1459** (0.069)	0.1339 (0.129)
INFO-PUBL	0.1090*** (0.038)	0.1440* (0.087)	0.1500*** (0.037)	0.2000*** (0.066)	0.1380*** (0.039)	0.3300*** (0.089)	0.0835 (0.061)	0.2860*** (0.092)	0.1219 (0.075)	0.4040*** (0.120)
RIGH-DEFI	0.0634 (0.027)	-0.0071 (0.102)	0.0803 (0.044)	0.1008 (0.121)	0.0117 (0.037)	0.1010 (0.104)	0.0272 (0.056)	0.0165 (0.105)	0.0225 (0.101)	0.2736 (0.160)

续表

解释变量名称	10分位数 高度兼业型农户	10分位数 非农业型农户	25分位数 高度兼业型农户	25分位数 非农业型农户	50分位数 高度兼业型农户	50分位数 非农业型农户	75分位数 高度兼业型农户	75分位数 非农业型农户	90分位数 高度兼业型农户	90分位数 非农业型农户
SCOP-DEFI	0.074 0 (0.017)	0.104 4 (0.119)	0.038 5 (0.030)	0.099 9 (0.091)	0.042 2 (0.047)	0.115 2 (0.115)	0.091 5 (0.067)	0.192 5 (0.092)	0.036 5 (0.115)	0.131 4 (0.197)
PROC-DEFI	0.059 9 (0.039)	0.056 7 (0.104)	0.132 0*** (0.049)	−0.021 9 (0.072)	0.198 0*** (0.044)	−0.039 5 (0.114)	0.214 0*** (0.043)	−0.073 5 (0.143)	0.245 0*** (0.067)	−0.175 5 (0.188)
CHAN-DEFI	0.136 0*** (0.038)	−0.006 5 (0.108)	0.131 5** (0.060)	−0.029 6 (0.109)	0.195 0*** (0.053)	0.054 7 (0.165)	0.285 0*** (0.072)	0.179 4 (0.118)	0.222 7** (0.111)	0.089 2 (0.152)
COMP-STAN	0.049 7 (0.032)	0.125 3** (0.052)	0.113 1** (0.046)	0.081 5* (0.055)	0.148 8*** (0.042)	0.196 5** (0.086)	0.218 0*** (0.040)	0.216 5** (0.096)	0.217 5** (0.087)	0.190 8* (0.113)
INCO-DIST	0.038 2 (0.042)	−0.049 8 (0.052)	0.014 5 (0.057)	−0.004 6 (0.055)	0.015 9 (0.055)	−0.082 2 (0.068)	0.082 2 (0.050)	−0.044 0 (0.079)	0.087 4 (0.090)	−0.102 7 (0.093)
LOSS-COMP	−0.060 8 (0.044)	−0.053 4 (0.070)	−0.030 3 (0.052)	−0.130 6 (0.106)	−0.025 8 (0.036)	−0.063 7 (0.089)	−0.076 0 (0.046)	−0.015 1 (0.118)	−0.172 6 (0.115)	0.007 1 (0.159)
MODE-AGRI	0.035 8 (0.034)	−0.025 9 (0.050)	0.043 3 (0.035)	0.032 6 (0.047)	0.054 1** (0.027)	0.058 1 (0.048)	0.082 3* (0.042)	0.058 9 (0.060)	0.062 9 (0.046)	0.143 1 (0.105)
AGRI-INCO	0.061 1** (0.028)	0.010 3 (0.065)	0.047 9* (0.070)	0.101 7 (0.057)	0.146 0*** (0.043)	0.091 7 (0.053)	0.211 0*** (0.049)	0.103 8 (0.064)	0.189 5** (0.079)	0.174 2 (0.117)
PROM-VALU	0.135 0*** (0.030)	0.230 0*** (0.046)	0.102 0*** (0.036)	0.181 0*** (0.052)	0.097 0*** (0.037)	0.216 0*** (0.081)	0.105 1* (0.064)	0.197 3** (0.089)	0.149 0** (0.064)	0.160 6* (0.129)
常数项	−0.270 0*** (0.050)	−0.184 0** (0.075)	−0.330 0*** (0.062)	−0.211 0*** (0.102)	−0.410 0*** (0.057)	−0.350 0*** (0.087)	−0.460 0*** (0.073)	−0.370 0*** (0.106)	−0.380 0*** (0.105)	−0.360 0*** (0.080)

*、**和***分别表示估计结果在0.1、0.05和0.01的置信水平上显著；括号里的数值代表系数的稳健标准误

1. 参与能力对农户有效参与的影响

由图7-4~图7-7、表7-8和表7-9可知，参与能力对不同类型农户的有效参与均有着重要的影响。从农户的认知能力（COGN-ABIL）和农户的受教育程度（EDUC-DEGR）的影响来看，农户的认知能力仅在高（75、90）分位数上对低度兼业型农户、高度兼业型农户、非农业型农户的有效参与度有显著正向影响，同时随着分位数的上升，农户认知能力的贡献率基本呈不断递增的趋势，例如，在10分位数上高度兼业型农户认知能力的贡献率为0.23%，而在90分位数上其贡献率达到16.77%。而农户的受教育程度仅在纯农业型农户中表现出显著的负向影响，即贡献率为负值，并且随着分位数的上升，其负向影响不断增强，具体而言在10分位数上纯农业型农户受教育程度的贡献率为−13.25%，而在90分位数上其贡献率达到−43.3%。这是由于纯农业型农户这一群体本身受教育程度普遍较低，对农地整治项目的政策导向以及新生事物认知普遍较为缺乏，因此农户的认知能力这一变量对纯农业型农户有效参与度的影响并不显

著，同时随着受教育程度的提高，农户更希望通过投身第二、三产业作为生计方式进行谋生，参与农地整治项目的积极性自然受到影响，因此受教育程度在纯农业型农户有效参与农地整治项目中起到了显著的负向作用。对于低度兼业型农户、高度兼业型农户以及非农业型农户而言，生计方式较纯农业型农户更为丰富，其在务工过程中开阔了视野、增强了意识。因此，这部分农户对农地整治的实施意义、工程措施、后期管护等内容有更清晰把握，其有效参与度也自然而然地随之提高了。

从农户的协商沟通能力（COMM-ABIL）及资源集聚能力（COLL-RESO）的影响来看，仅在中低分位点（10、25、50）上对高度兼业型农户有效参与度有显著正向影响，对其他类型农户有效参与度的影响均未能通过显著性检验。这是由于高度兼业型农户家庭收入来源主要以非农业收入为主，其主要劳动力长期在外务工，只有在农忙时才抽出部分时间从事农业生产活动，与纯农业型农户以及低度兼业型农户相比，其对农业投入的时间和精力较少，而在农地整治项目实施过程中，若农户的协商沟通能力较强，就能够就农地整治相关事项进行协商，并且迅速形成相对统一的观点，与政府国土部门或其委托代理部门及时沟通交流；同时，其资源集聚能力越强，就能越快地聚集参与所需的劳动力、智力、资金等资源，从而更好地开展农地整治项目，做好农地权属调整、降低农地细碎化程度工作，便于农业规模化生产，其后顾之忧大大降低，参与农地整治项目的积极性也大大提高了。同时，对于非农业型农户而言，农户的协商沟通能力及资源集聚能力在其各分位点上均未能通过显著性检验，因此农户的协商沟通能力及资源集聚能力不是其参与农地整治项目的主要影响因素。

从农户具备的专业技能（SPEC-ABIL）的影响来看，在高度兼业型农户的90分位数以及非农业型农户的25分位数、50分位数、75分位数上农地整治项目中农户有效参与度有着显著正向影响。在实际调研过程中，该部分农户有效参与度极高的高度兼业型农户，具备相当高的农业专业技能以及丰富的农业生产经验，且拥有一定数量的农业设备资产，生产效率极高，进行农业产业活动不会大幅影响其兼业工作，反而可增加其家庭收入，其参与农地整治项目的积极性大大提高了，因此农户具备的专业技能这一影响因素在高度兼业型农户的高分位数上显著。同时，对于以长期外出务工作为主要生计方式的非农业型农户而言，在资源配置决策中倾向于投入非农产业，只有本身具备一定的农业专业技能，才能够在有限的时间和精力中开展好农业生产活动，且农户具备的专业技能越强，通过农业生产活动得到的收益就越多，其有效参与度就越高。

农户的组织联盟能力（ALLI-ABIL）这一变量在各分位数上均未通过显著性检验，其对农户的有效参与无显著影响。

2. 参与机会对农户有效参与的影响

由图7-4~图7-7、表7-8和表7-9可知,参与机会对不同类型农户的有效参与有着重要影响。从项目信息公开程度(INFO-PUBL)的影响来看,在纯农业型农户的10分位数、90分位数,低度兼业型农户和高度兼业型农户的10分位数、25分位数、50分位数,以及非农业型农户的所有分位数上通过了显著性检验。结果表明,项目信息公开程度这一因素对农户有效参与度的解释能力极强,政府国土部门项目信息公开程度越高,农户对实施农地整治项目的具体工作计划、涉及范围、建设标准等情况了解就越充分,农户也就能更为妥善地行使其监督权,农户有效参与度也就越高。值得一提的是,对于非农业型农户而言,项目信息公开程度不仅在所有分位数上均通过了显著性检验,且随着分位数的上升,其贡献率整体呈递增之势,具体而言在10分位数上非农业型农户项目信息公开程度的贡献率仅为14.40%,而在90分位数上其贡献率达到40.4%。这是由于非农业型农户长期在外务工,接受信息的渠道比较广泛,农地整治项目的具体实施计划、涉及范围、建设标准等情况的公开程度越高,他们就越能从中发现农业发展机会,其积极性得到提高,有效参与度就越高。

从参与程序的明确程度(PROC-DEFI)的影响来看,仅在高度兼业型农户的25分位数、50分位数、75分位数、90分位数上对农户有效参与度有显著的正向影响,而在其他的分位点上影响均不显著。对于长期外出务工、在资源配置决策中倾向于投入非农产业的兼业户而言,如果政府国土部门能够充分明确农地整治过程中参与的程序,将大大有利于高度兼业型农户知晓项目开展各阶段的工作安排、关键性工作及参与时点等重要程序内容,从而便于他们在进行兼业活动的同时,根据自身的实际情况积极参与农地整治项目,这将显著地提升其有效参与度。

从参与渠道的明确程度(CHAN-DEFI)的影响来看,随着分位数的增加,该影响因素对纯农业型农户和高度兼业型农户有效参与度的贡献率大致呈逐步增加趋势,并且在纯农业型农户的90分位数以及高度兼业型农户的所有分位数上通过了显著性检验。具体而言,在10分位数上高度兼业型农户参与渠道的明确程度的贡献率为13.60%,在25分位数上其贡献率为13.15%,在50分位数上贡献率上升至19.5%,在75分位数时贡献率增至28.5%,在90分位数上为22.27%。这可能是因为纯农业型农户在把握机会等方面相对其他类型农户较薄弱,如果政府国土部门能够加强引导,在农地整治项目中明确参与的渠道,将大幅提高纯农业型农户的有效参与度。同时,对于长期在外务工为主的高度兼业型农户而言,参与渠道的明确程度这一因素对其有效参与农地整治项目也有着重要的意义,在社会主义新农村建设不断推进的今天,只有政府国土部门确保农户参与渠道的多样性和适宜性,才能更好地节省高度兼业型农户的时间与精力,充分调动高度兼业型农户参与的积极性，真正保证农户有效参与农地整治项目。

参与权利的明确程度（RIGH-DEFI）以及参与范围的明确程度（SCOP-DEFI）这两个因素在各分位数上均未通过显著性检验，其对各类农户的有效参与均无显著影响。

3. 参与动力对农户有效参与的影响

由图 7-4~图 7-7、表 7-8 和表 7-9 可知，参与机会对不同类型农户的有效参与有着重要影响。房屋拆迁及耕地占用的补偿标准（COMP-STAN）是影响低度兼业型、高度兼业型以及非农业型三类农户有效参与度的重要因素，且在低度兼业型农户的 10 分位数，高度兼业型农户的 25 分位数、50 分位数、75 分位数、90 分位数，非农业型农户的所有分位数点通过了显著性检验。对于高度兼业型农户和非农业型农户而言，农地整治项目中制定合理、公平的房屋拆迁及耕地占用等补偿标准，就能充分保障农户的财产权益不受侵害，以解除农户外出务工开展兼业活动的后顾之忧，其参与农地整治项目的积极性也就大大增加了。对于低度兼业型农户而言，房屋拆迁及耕地占用的补偿标准也是不容忽视的动力因素，补偿标准的高低直接影响他们生活水平的改善。

从政府对现代农业产业的支持程度（MODE-AGRI）的影响来看，其是低度兼业型农户和高度兼业型农户有效参与的重要影响因素，且随着分位数的上升，其贡献率大致呈逐步增加趋势，在低度兼业型农户和高度兼业型农户的 50 分位数、75 分位数上均通过了显著性检验。具体而言，在 10 分位数上政府对现代农业产业的支持程度对低度兼业型农户有效参与农地整治的贡献率为 8.22%，而在 75 分位数上达到 22.46%；对高度兼业型农户而言，在 10 分位数上政府对现代农业产业的支持程度的贡献率为 3.58%，在 75 分位数上贡献率达到了 8.23%，这说明政府对现代农业产业的支持程度这一因素对低度兼业型农户的贡献率更大。对于拥有农业生产活动与外出务工等多种生计策略的兼业户而言，政府对现代农业产业的支持程度是该群体的直接动力之一，政府充分支持现代农业的发展，既能极大提高农业生产效率，又能够帮助农村实现产业转移，使农户在提高农业经营效率的同时，也能参与第二、三产业的经营活动，拓宽收入渠道，提高农户综合生活水平。

从对农户农业收入的增加程度（AGRI-INCO）的影响来看，其是纯农业型农户和高度兼业型农户有效参与的重要影响因素，且在纯农业型农户的 75 分位数、90 分位数以及高度兼业型农户的所有分位数上通过了显著性检验。在实际调研过程中发现，有效参与度较高的这部分纯农业户群体中，多为通过土地流转、土地租赁等方式承包了一定数量的农地进行机械化、规模化农业生产的种田大户，他们的家庭收入来源基本上依赖农业生产活动，对于该群体而言，农地整治项目对农业收入的增加程度直接决定了未来经济收入的预期水平,所以农地整治项目对农业收入的增加程度越大,该群体有效参与度就越高。在对高度兼业型农户的调研中发现,正是由于通过农业生产活动获得的收益不够满意,甚至无法满足家庭开支的需要,这部分农户选择了长期外出务工进行兼业活动,以非农劳动作为主要的生计方式,仅在农忙与打工淡季时进行耕种、养殖等农业生产,如果通过开展农地整治能够大幅增加农业收入,那么这部分高度兼业型农户参与农地整治项目的积极性便会大大提高,且对农业收入的增加程度越大,该类农户的有效参与度越高。

对农户社会价值的提升程度（PROM-VALU）同样是不可忽略的重要影响因素,该变量在纯农业型农户的75分位数、90分位数以及高度兼业型农户、非农业型农户的所有分位点通过了显著性检验。结果表明,对于规模化开展农业生产的种田大户和以外出务工作为主要生计方式的高度兼业型农户以及非农业型农户而言,通过参加农地整治项目提升自身在本村的地位、实现个人社会价值是参与农地整治项目的内在动力,且认为农户社会价值提升的程度越大,其有效参与度越高。值得一提的是,该影响因素在非农业型农户的各个分位点上贡献率是大致相当的,表明非农业型农户认为积极参与农地整治项目能够提升自身价值和社会地位具有一定的普遍性,所以农户社会价值提升的程度这一变量对农户有效参与度的影响较为稳定。

新增收益分配合理性（INCO-DIST）以及误工的补贴标准（LOSS-COMP）这两个变量在各分位数上均未通过显著性检验,其对农户的有效参与无显著影响,这可能是由于湖北省农地整治项目实施过程中新增收益较少且也没有涉及相关误工补贴。

7.6 农地整治项目农户有效参与差异的成因分析

本节运用分位数回归方法,分别针对全部样本、不同区域样本、不同类型农户样本研究农地整治项目农户有效参与的影响因素,然而在不同区域与不同类型农户中有效参与的影响因素存在着一定差异。本节旨在构建分位数分解模型,通过构建农户有效参与度的反事实分布函数,深入研究不同区域与不同类型农户有效参与的差异及其成因。

7.6.1 基于不同区域样本的分位数分解

在湖北省农地整治项目农户有效参与度分位数回归的基础上,本节借鉴

第7章 农地整治项目农户有效参与的差异及其成因分析

Melly（2006）的反事实分位数分解法，并依据前述的研究模型，运用 Stata 软件进行样本数据的处理，对丘陵工程模式区与岗前平原工程模式区农户有效参与度的差异进行区域间比较分析。

为了直接观测丘陵工程模式区与岗前平原工程模式区农户有效参与度的差异，本节直接提取了上述两个模式区的农户样本进行反事实差异分解。表 7-10 为丘陵工程模式区与岗前平原工程模式区农户有效参与度差异的反事实分解结果，图 7-8 为反事实分解结果在各个分位数上拟合的图形。从表 7-10 和图 7-8 可知，丘陵工程模式区与岗前平原工程模式区的农户有效参与度差异绝大部分是由参与能力引起的农户个体特征差异造成的，特征差异在各分位点上对总差异的解释能力都达 80%以上，因此两个模式区农户有效参与度差异产生的原因主要是农户在参与能力上存在差距，即岗前平原工程模式区的农户在其认知能力、受教育程度、协商沟通能力、组织联盟能力、资源集聚能力、具备的专业技能等能力方面强于丘陵工程模式区的农户。

表 7-10 不同区域农户有效参与度反事实差异分解

分位数	总差异	特征差异 数值	特征差异 百分比	系数差异 数值	系数差异 百分比
10	0.031 4	0.031 0	98.73%	0.000 5	1.59%
25	0.037 4	0.033 4	89.30%	0.004 0	10.70%
50	0.044 5	0.036 7	82.47%	0.007 7	17.30%
75	0.036 4	0.036 7	100.82%	-0.000 3	-0.82%
90	0.033 0	0.047 4	143.64%	-0.014 3	-43.33%

注：负数代表丘陵工程模式区具有优势

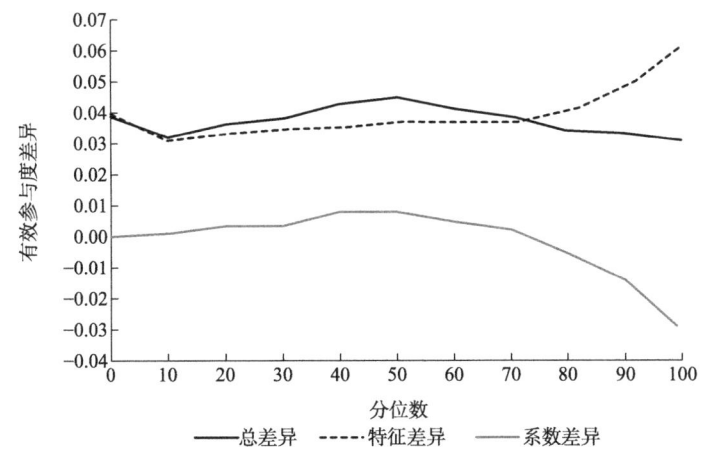

图 7-8 不同区域农户有效参与度差异

尽管农户个体特征差异解释了农户有效参与度差异的绝大部分，而系数差异仅解释农户有效参与度差异的较小份额，但由参与机会和参与动力导致的系数差异同样是影响农户有效参与度差异中不可忽略的重要因素。从图 7-8 可知，在农户有效参与度分布的 50 分位数以上区间内，总差异随着系数差异的下降而缩小，值得一提的是在农户有效参与度的 70 分位数以上出现了反向系数差异，由参与能力造成的个体特征差异"过度解释"了丘陵工程模式区与岗前平原工程模式区农户有效参与度的差异，即在这部分有效参与度较高的农户中，丘陵工程模式区的农户有效参与度甚至高于具有相同个体特征的岗前平原工程模式区农户，这表明在农户有效参与度较高的丘陵工程模式区，信息公开程度、参与权利的明确程度、参与范围的明确程度、参与程序的明确程度、参与渠道的明确程度等参与机会以及房屋拆迁及耕地占用的补偿标准、政府对现代农业产业的支持程度、对农户农业收入的增加程度、对农户社会价值的提升程度等农户参与动力已经不次于岗前平原工程模式区，由参与能力带来的个体特征差异才是导致丘陵工程模式区与岗前平原工程模式区农户有效参与度的差异的决定性因素。

综上所述，通过对岗前平原工程模式区与丘陵工程模式区之间农户有效参与度差异的反事实分解的研究，结果表明由参与能力造成的个体特征差异解释了丘陵工程模式区与岗前平原工程模式区之间农户有效参与度差异的绝大部分，然而由参与机会和参与动力导致的系数差异同样也是不容忽视的影响因素。

7.6.2　全部样本中不同类型农户的分位数分解

为了观测纯农业型农户与低度兼业型农户有效参与度的差异，本节直接提取了上述两类农户的样本进行反事实差异分解。表 7-11 为纯农业型农户与低度兼业型农户有效参与度差异的反事实分解结果，图 7-9 为反事实分解结果在各个分位数上拟合的图形。

表 7-11　纯农业型农户与低度兼业型农户有效参与度的反事实差异分解

分位数	总差异	特征差异 数值	特征差异 百分比	系数差异 数值	系数差异 百分比
10	0.023 8	−0.038 6	−162.18%	0.062 375	262.08%
25	0.033 7	−0.018 7	−55.49%	0.052 439	115.61%
50	0.034 9	−0.019 5	−55.87%	0.054 391	155.85%
75	0.048 7	0.000 6	1.23%	0.048 149	98.87%
90	0.059 1	0.030 2	51.05%	0.028 927	48.95%

注：负数代表纯农业型农户具有优势

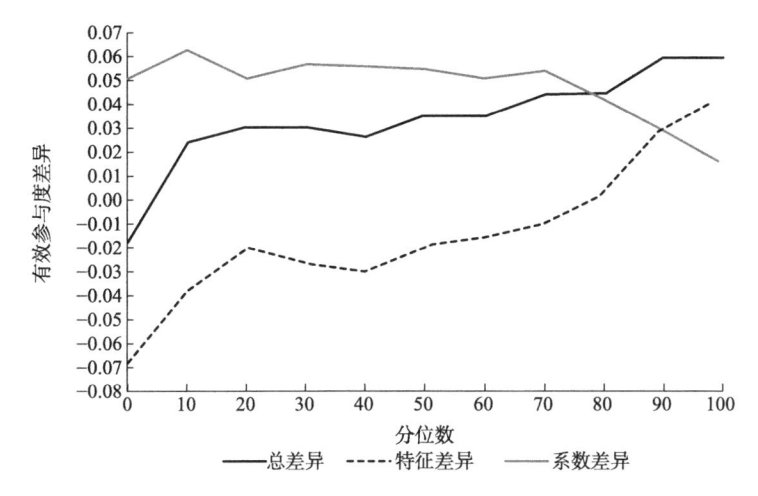

图 7-9 纯农业型农户与低度兼业型农户有效参与度差异

纯农业型农户与低度兼业型农户有效参与度差异在农户有效参与度分布的不同位置上存在不对称现象，在农户有效参与度分布的0~75分位数区间，由参与机会和参与动力造成的系数差异总体趋于平稳，其基本在0.05与0.06之间波动，而由参与能力造成的农户个体特征差异呈逐步递增之势，这说明在此区间内，由参与机会和参与动力造成的系数差异"过度解释"了纯农业型农户与低度兼业型农户有效参与度的差异，即在这部分农户中，纯农业型农户的参与能力要高于低度兼业型农户。这表明纯农业型农户在农地整治参与过程中，其认知能力、协商沟通能力、组织联盟能力、资源集聚能力、具备的专业技能等方面强于低度兼业型农户，由参与机会和参与动力带来的系数差异才是导致纯农业型农户与低度兼业型农户有效参与度的差异的决定性因素，即低度兼业型农户所感知到的农地整治项目实施中信息公开程度、参与权利的明确程度、参与范围的明确程度、参与程序的明确程度、参与渠道的明确程度等参与机会以及房屋拆迁及耕地占用的补偿标准、政府对现代农业产业的支持程度、对农户农业收入的增加程度、对农户社会价值的提升程度等农户参与动力方面要远高于纯农业型农户。在农户有效参与度分布的75~100分位数区间，由参与机会和参与动力造成的系数差异逐步递减，而由参与能力造成的农户个体特征差异数值大于0且呈逐步递增之势，在90之后的分位点其数值超过了由参与机会和参与动力造成的系数差异，这表明在该区间内，由参与能力造成的农户个体特征差异渐渐成为农户有效参与度差异逐渐增加的主要原因。

为了观测低度兼业型农户与高度兼业型农户有效参与度的差异，本节直接提取了上述两类农户的样本进行反事实差异分解。表7-12为低度兼业型农户与高度兼业型农户有效参与度差异的反事实分解结果，图7-10为反事实分解结果在各个分位数上拟合的图形。

表 7-12 低度兼业型农户与高度兼业型农户有效参与度的反事实差异分解

分位数	总差异	特征差异 数值	特征差异 百分比	系数差异 数值	系数差异 百分比
10	0.005 5	0.017 7	321.83%	−0.012 2	−221.76%
25	0.031 4	0.021 1	67.20%	0.010 3	32.74%
50	0.050 2	0.016 8	33.47%	0.033 5	66.64%
75	0.048 5	0.004 2	8.66%	0.044 3	91.31%
90	0.038 1	−0.011 1	−29.13%	0.049 2	129.05%

注：负数代表高度兼业型农户具有优势

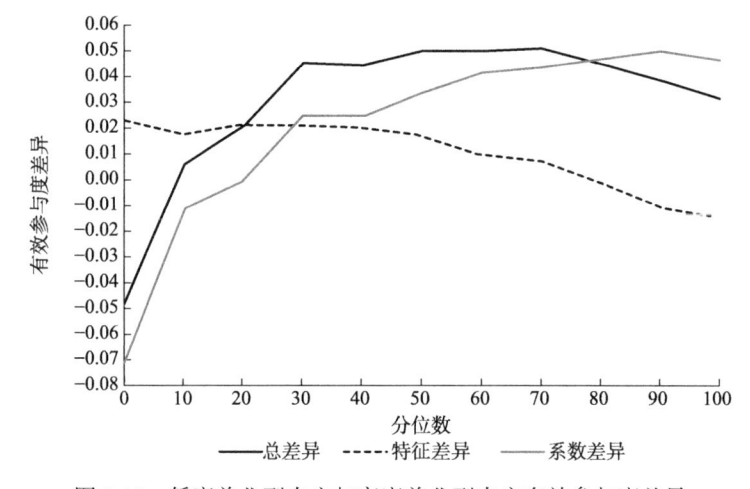

图 7-10 低度兼业型农户与高度兼业型农户有效参与度差异

从表 7-12 和图 7-10 可知，低度兼业型农户与高度兼业型农户有效参与度差异在农户有效参与度分布的不同位置上存在不对称现象，在农户有效参与度分布的 0~10 分位数区间，总差异与由参与机会和参与动力导致的系数差异为负值，而由参与能力导致的个体特征差异在 0.02 附近平稳波动，这说明在有效参与度较低的这部分农户中，低度兼业型农户与高度兼业型农户有效参与度差异主要是由参与机会和参与动力导致的系数差异造成的，即高度兼业型农户感知到农地整治中信息公开程度、参与权利的明确程度、参与范围的明确程度、参与程序的明确程度、参与渠道的明确程度等参与机会以及房屋拆迁及耕地占用的补偿标准、政府对现代农业产业的支持程度、对农户农业收入的增加程度、对农户社会价值的提升程度等导致的参与动力要高于低度兼业型农户，这部分缺乏参与机会和参与动力的低度兼业型农户自然对参与农地整治项目的意愿不强，更乐意通过兼业来投身其他非农产业获得收入。在农户有效参与度分布的 10~20 分位数区间,由参与能力导致的个体特征差异依然在 0.02 附近平稳波动,由参与机会和参与动力导致的系数差异仍然为负值,而农户有效参与度总差异变成了正值,这表明在这一部分农户中,低度兼业型农户与高度兼业型农户有效参与度差异主要是由参与能力导致的个体特征差异造成的,即低度兼业型农户在参与农地整治项目的认知能力、受教育程度、协商沟通能力、组织联盟能力、资源集聚能力、具备的专业技能等参与能力上强于高度兼业型农户。在农户有效参与度分布的 20~100 分位数区间,由参与机会和参与动力导致的系数差异变为正值,且呈逐步递增之势,而由参与能力导致的个体特征差异则逐渐递减,在 75 分位数后变为负值,这表明在这一部分农户中,由参与机会和参与动力导致的系数差异逐渐增大,并在 30 分位数之后取代个体特征差异,成为低度兼业型农户与高度兼业型农户有效参与度差异的主要成因,这表明对于更为倚重农业活动收入的这部分低度兼业型农户而言,能够从信息公开程度、参与权利的明确程度、参与范围的明确程度、参与程序的明确程度、参与渠道的明确程度等方面获得充分的参与机会,并通过房屋拆迁及耕地占用的补偿标准、政府对现代农业产业的支持程度、对农户农业收入的增加程度、对农户社会价值的提升程度等方面得到足够的参与动力,是他们有效参与度高于高度兼业型农户的主要原因。值得注意的是,从图 7-10 可知,在农户有效参与度分布的 75 分位数以上的区间内,农户有效参与度出现了"反向差异",即在这部分有效参与度较高的农户中,高度兼业型农户的参与能力并不低于低度兼业型农户,而农地整治项目中参与机会与参与动力的缺乏使得高度兼业型农户更愿意投身非农产业来获取收入,这是其有效参与度较低于低度兼业型农户的决定性因素。

为了观测高度兼业型农户与非农业型农户有效参与度的差异,本节直接提取了上述两类农户的样本进行反事实差异分解。表 7-13 为上述两类农户有效参与度差异的反事实分解结果,图 7-11 为反事实分解结果在各个分位数上拟合的图形。

表 7-13 高度兼业型农户与非农业型农户有效参与度的反事实差异分解

分位数	总差异	特征差异 数值	特征差异 百分比	系数差异 数值	系数差异 百分比
10	0.036 3	0.025 0	68.87%	0.011 3	31.13%
25	0.041 8	0.032 1	76.79%	0.009 6	22.97%
50	0.043 7	0.033 8	77.35%	0.009 9	22.65%
75	0.034 3	0.030 6	89.21%	0.003 6	10.50%
90	0.028 9	0.037 9	131.14%	−0.009 0	−31.14%

注:负数代表非农业型农户具有优势

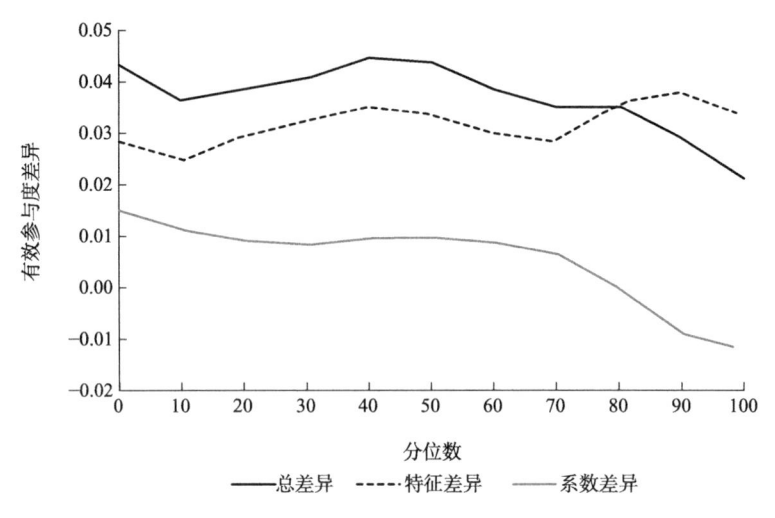

图 7-11 高度兼业型农户与非农业型农户有效参与度差异

从表 7-13 和图 7-11 可知，高度兼业型农户与非农业型农户的有效参与度差异绝大部分是由参与能力引起的农户个体特征差异造成的，特征差异在各分位点上对总差异的解释能力基本在 70%以上，因此两类农户有效参与度差异产生的原因主要是非农业型农户在生计方式上发生重大转变，多通过在外务工谋生，其参与农地整治项目的认知能力、受教育程度、协商沟通能力、组织联盟能力、资源集聚能力、具备的专业技能等参与能力已经弱于仍从事一定农业活动的高度兼业型农户。

尽管农户个体特征差异解释了农户有效参与度差异的绝大部分，而系数差异仅解释农户有效参与度差异的较小份额，但由参与机会和参与动力导致的系数差异同样是影响农户有效参与度差异中不可忽略的重要因素。从图 7-11 可知，在农户有效参与度分布的 80 分位数以上区间内，农户有效参与度出现了"反向差异"，由参与能力造成的个体特征差异"过度解释"了高度兼业型农户与非农业型农户有效参与度的差异，即在这部分有效参与度较高的农户中，非农业型农户的有效参与度甚至高于具有相同个体特征的高度兼业型农户，这表明在农户有效参与度较高的非农业型农户中，其获得的信息公开程度、参与权利的明确程度、参与范围的明确程度、参与程序的明确程度、参与渠道的明确程度等参与机会以及房屋拆迁及耕地占用的补偿标准、政府对现代农业产业的支持程度、对农户农业收入的增加程度、对农户社会价值的提升程度等农户参与动力已经不次于高度兼业型农户，由参与能力带来的个体特征差异才是导致高度兼业型农户与非农业型农户有效参与度的差异的决定性因素。

7.6.3 丘陵工程模式区不同类型农户的分位数分解

为了观测在丘陵工程模式区内纯农业型农户与低度兼业型农户有效参与度的差异，本节直接提取了丘陵工程模式区中上述两类农户的样本进行反事实差异分解。表 7-14 为丘陵工程模式区中纯农业型农户与低度兼业型农户有效参与度差异的反事实分解结果，图 7-12 为反事实分解结果在各个分位数上拟合的图形。

表 7-14　丘陵工程模式区纯农业型农户与低度兼业型农户有效参与度的反事实差异分解

分位数	总差异	特征差异 数值	特征差异 百分比	系数差异 数值	系数差异 百分比
10	−0.002 4	−0.256 1	10 670.83%	0.253 7	−10 570.83%
25	0.064 8	−0.040 5	−62.50%	0.105 3	162.50%
50	0.081 6	0.054 4	66.67%	0.027 1	33.21%
75	0.041 2	0.038 6	93.69%	0.002 6	6.31%
90	0.087 6	0.115 8	132.19%	−0.028 2	−32.19%

注：负数代表纯农业型农户具有优势

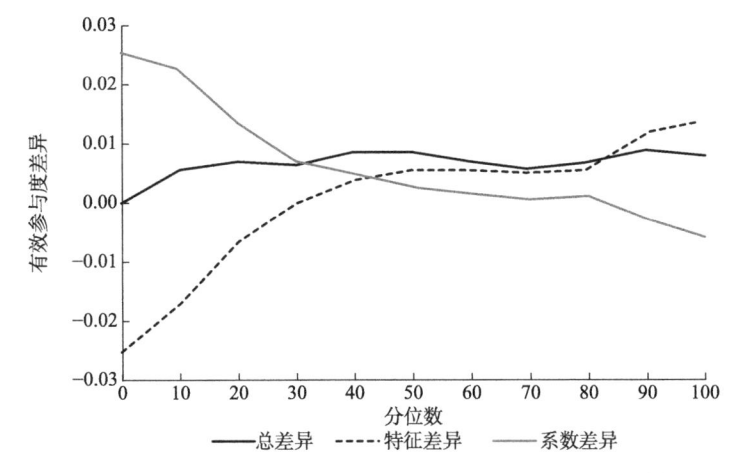

图 7-12　丘陵工程模式区纯农业型农户与低度兼业型农户有效参与度差异

由图 7-12 可知，丘陵工程模式区纯农业型农户与低度兼业型农户有效参与度差异在农户有效参与度分布的不同位置上存在不对称现象，在农户有效参与度分布的完整区间内，由参与机会和参与动力造成的系数差异逐步递减，而由参与能力造成的农户个体特征差异则呈单调递增的趋势。具体而言，在农户有效参与度分布的 0~30 分位数区间，特征差异为负值，即丘陵工程模式区内农户有效参与度较低的这部分农户中，纯农业型农户的参与能力要高于低度兼业型农户，表明纯农业型农户在参与农地整治过程中，其认知能力、协商沟通能力、组织联盟能力、资源集聚能力、具备的专业技能等方面要强于低度兼业型农户，而由参与机会和参与动力带来的系数差异才是导致低度兼业型农户有效参与度高于纯农业型农户的主要原因。在农户有效参与度分布的 30~80 分位数区间，由参与机会和参与动力造成的系数差异以及由参与能力造成的个体特征差异值均为正数，且逐步递增的个体特征差异逐渐取代了系数差异，成为纯农业型农户与低度兼业型农户有效参与度差异的主要原因。而在 80~100 分位数这部分农户有效参与度较高的区间内，由参与机会和参与动力造成的系数差异变为负值，而由参与能力造成的农户个体特征差异持续递增。在丘陵工程模式区的实际调研过程中，纯农业型农户里存在一部分种田大户，通过土地流转、土地租赁等方式承包了其他外出务工人员一定数量的农地进行规模化的农业生产活动，这部分纯农业型农户从信息公开程度、参与权利的明确程度、参与范围的明确程度、参与程序的明确程度、参与渠道的明确程度等方面发现的参与机会与房屋拆迁及耕地占用的补偿标准、政府对现代农业产业的支持程度、对农户农业收入的增加程度、对农户社会价值的提升程度等方面得到的参与动力远高于其他群体，而与之相对应的是，有一部分低度兼业型农户拥有丰富的农业生产经验以及农业经营能力，且拥有一定数量的农业设备资产，这部分农户生产效率极高，在进行农业产业活动提高家庭收入的同时，可节省出部分时间进行外出务工等兼业活动，这部分兼业户参与农地整治项目的能力极强，如果通过农地整治项目可进一步促进粮食增产、农民增收和农业增效，其积极性必然大大提高，有效参与度自然更高。

为了观测在丘陵工程模式区中低度兼业型农户与高度兼业型农户有效参与度的差异，本节直接提取了丘陵工程模式区上述两类农户的样本进行反事实差异分解。表 7-15 为丘陵工程模式区低度兼业型农户与高度兼业型农户有效参与度差异的反事实分解结果，图 7-13 为反事实分解结果在各个分位数上拟合的图形。

表 7-15　丘陵工程模式区低度兼业型农户与高度兼业型农户有效参与度的反事实差异分解

分位数	总差异	特征差异		系数差异	
		数值	百分比	数值	百分比
10	0.015 6	0.003 7	23.72%	0.011 9	76.28%
25	0.006 6	−0.010 6	−160.61%	0.017 2	260.60%
50	0.035 2	−0.008 7	−24.72%	0.043 9	124.72%
75	0.039 6	−0.019 4	−48.99%	0.059 0	148.99%
90	0.045 0	−0.020 3	−45.11%	0.065 3	145.11%

注：负数代表高度兼业型农户具有优势

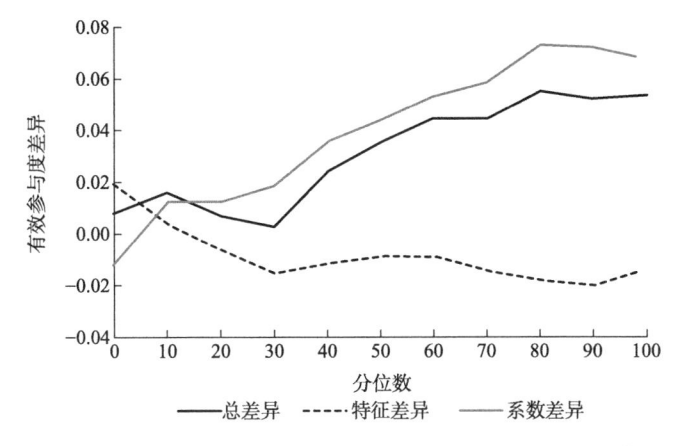

第7章 农地整治项目农户有效参与的差异及其成因分析 ·147·

图 7-13 丘陵工程模式区低度兼业型农户与高度兼业型农户有效参与度差异

由表 7-15 和图 7-13 可知，丘陵工程模式区低度兼业型农户与高度兼业型农户有效参与度差异主要是由参与机会和参与动力引起的系数差异造成的。具体而言，系数差异在 10 分位数上对总差异的解释能力达 76.28%，而在其他观测点上均突破了 100%，出现了"反向差异"。这表明在丘陵工程模式区高度兼业型农户在参与农地整治项目的认知能力、受教育程度、协商沟通能力、组织联盟能力、资源集聚能力、具备的专业技能等参与能力上并不弱于低度兼业型农户，反而还要更强，然而他们正是由于从事农业生产活动无法满足家庭开支的需要，且在农地整治项目实施过程中未能从信息公开程度、参与权利的明确程度、参与范围的明确程度、参与程序的明确程度、参与渠道的明确程度等方面发现合适的参与机会，同时未能在房屋拆迁及耕地占用的补偿标准、政府对现代农业产业的支持程度、对农户农业收入的增加程度、对农户社会价值的提升程度等方面得到的足够参与动力，因此他们对农地整治项目的积极性并不高，从而影响了高度兼业型农户的有效参与度。

为了观测在丘陵工程模式区内高度兼业型农户与非农业型农户有效参与度的差异，本节直接提取了丘陵工程模式区上述两类农户的样本进行反事实差异分解。表 7-16 为丘陵工程模式区高度兼业型农户与非农业型农户有效参与度差异的反事实分解结果，图 7-14 为反事实分解结果在各个分位数上拟合的图形。

表 7-16 丘陵工程模式区高度兼业型农户与非农业型农户有效参与度的反事实差异分解

分位数	总差异	特征差异 数值	特征差异 百分比	系数差异 数值	系数差异 百分比
10	0.029 6	0.007 9	26.76%	0.021 7	73.31%
25	0.042 8	0.018 3	42.76%	0.024 5	57.24%
50	0.050 8	0.019 8	38.98%	0.031 1	61.22%

续表

分位数	总差异	特征差异 数值	特征差异 百分比	系数差异 数值	系数差异 百分比
75	0.049 3	0.021 6	43.81%	0.027 7	56.19%
90	0.036 4	0.021 2	58.24%	0.015 1	41.48%

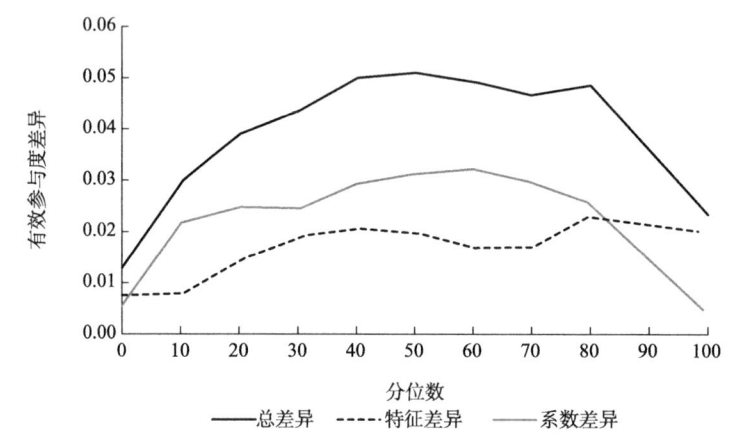

图 7-14 丘陵工程模式区高度兼业型农户与非农业型农户有效参与度差异

由表 7-16 和图 7-14 可知，在丘陵工程模式区高度兼业型农户与非农业型农户有效参与的差异始终为正值。具体而言，在农户有效参与度 0~80 分位数区间，由参与机会、参与动力造成的系数差异对高度兼业型农户与非农业型农户有效参与度总差异的解释能力较强，这是由于丘陵工程模式区中的非农业型农户在生计方式上发生了重大变化，他们长期在离村庄较远的中心城区务工，对农业生产活动的关注程度已经远远不如还有一定农业收入的高度兼业型农户。因此在农地整治过程中，高度兼业型农户在参与权利的明确程度、参与范围的明确程度、参与程序的明确程度、参与渠道的明确程度等方面发现的参与机会多于非农业型农户，且能够从房屋拆迁及耕地占用的补偿标准、政府对现代农业产业的支持程度、对农户社会价值的提升程度等方面得到高于非农业型农户的参与动力，因此由参与机会和参与动力造成的系数差异是 0~80 分位数区间内高度兼业型农户与非农业型农户有效参与度产生差异的主要原因。而由参与能力造成的个体特征差异同样是不可忽略的重要因素，在图 7-14 中随着分位数的增加，特征差异的数值基本呈逐步上升的趋势，对高度兼业型农户与非农业型农户有效参与度总差异的解释能力也是逐步增强，在 10 分位数时，特征差异对总差异的解释能力仅为 26.76%，而在 90 分位数上解释能力增至 58.24%。由参与能力造成的特征差异在 80 分位数之后的分位点超过了系数差异，成为丘陵工程模式区高度兼业型农户与非农业型农户有效参与度产生差异的主要原因。由于非农业型农户几乎已经不依赖农业收入，仅留有部分口粮田进行经营活动，因此在农地整治中其认知能力、协商沟通能力、组织联盟能力、资源集聚能力、具备的专业技能等方面已经弱于仍从事一定规模农业活动的高度兼业型农户。

7.6.4 岗前平原工程模式区不同类型农户的分位数分解

为了观测在岗前平原工程模式区内纯农业型农户与低度兼业型农户有效参与度的差异，本节直接提取了岗前平原工程模式区中上述两类农户的样本进行反事实差异分解。表 7-17 为岗前平原工程模式区中纯农业型农户与低度兼业型农户有效参与度差异的反事实分解结果，图 7-15 为反事实分解结果在各个分位数上拟合的图形。

表 7-17 岗前平原工程模式区纯农业型农户与低度兼业型农户有效参与度的反事实差异分解

分位数	总差异	特征差异 数值	特征差异 百分比	系数差异 数值	系数差异 百分比
10	−0.001 1	−0.057 4	5 218.18%	0.056 3	−5 118.18%
25	0.003 1	−0.043 9	−1 416.13%	0.047 0	1 516.13%
50	0.016 8	−0.031 8	−189.29%	0.048 6	289.23%
75	0.028 5	−0.030 4	−106.67%	0.058 9	206.70%
90	0.021 4	0.003 5	16.36%	0.017 9	83.76%

注：负数代表纯农业型农户具有优势

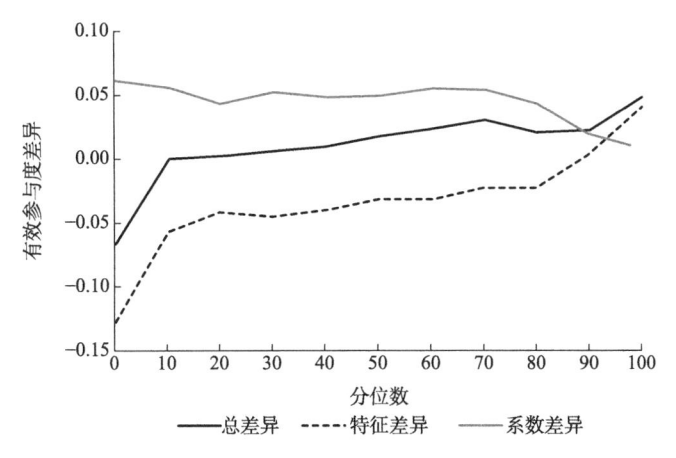

图 7-15 岗前平原工程模式区纯农业型农户与低度兼业型农户有效参与度差异

图 7-15 的反事实差异的研究结果表明，岗前平原工程模式区纯农业型农户与低度兼业型农户有效参与度差异在农户有效参与度分布的不同位置上存在不对称现象，在农户有效参与度分布的 0~90 分位数区间，由参与机会和参与动力造成的系数差异总体趋于平稳，其在 0~70 分位数区间内始终在 0.05 附近波动，在 70~90 分位数区间略微下降；在农户有效参与度分布的 0~90 分位数区间内，由参与能力造成的农户个体特征差异呈逐步递增之势，且其值始终为负数，这表明在此区间内由参与机会和参与动力造成的系数差异"过度解释"了纯农业型农户与低度兼业型农户有效参与度的差异，即在岗前平原工程模式区绝大部分纯农业型农户的参与能力要高于低度兼业型农户，表明纯农业型农户在农地整治中，其认知能力、协商沟通能力、组织联盟能力、资源集聚能力、具备的专业技能等方面要强于低度兼业型农户，而由参与机会和参与动力带来的系数差异才是导致纯农业型农户有效参与度低于低度兼业型农户有效参与度的决定性因素，即低度兼业型农户在信息公开程度、参与权利的明确程度、参与范围的明确程度、参与程序的明确程度、参与渠道的明确程度等参与机会以及房屋拆迁及耕地占用的补偿标准、政府对现代农业产业的支持程度、对农户农业收入的增加程度、对农户社会价值的提升程度等农户参与动力方面要远高于纯农业型农户。在农户有效参与度分布的 90~100 分位数区间，由参与机会和参与动力造成的系数差异逐步递减，而由参与能力造成的农户个体特征差异数值大于 0 且呈逐步递增之势，最终其数值超过了由参与机会和参与动力造成的系数差异，这表明在农户有效参与度极高的这部分农户中，由参与能力造成的个体特征差异渐渐成为岗前平原工程模式区农户有效参与度差异逐渐增加的主要原因。

为了观测岗前平原工程模式区的低度兼业型农户与高度兼业型农户有效参与度的差异，本节直接提取了上述岗前平原工程模式区两类农户的样本进行反事实差异分解。表 7-18 为岗前平原工程模式区低度兼业型农户与高度兼业型农户有效参与度差异的反事实分解结果，图 7-16 为反事实分解结果在各个分位数上拟合的图形。

表 7-18　岗前平原工程模式区低度兼业型农户与高度兼业型农户有效参与度的反事实差异分解

分位数	总差异	特征差异 数值	特征差异 百分比	系数差异 数值	系数差异 百分比
10	0.004 0	0.019 4	485.03%	−0.015 4	−384.68%
25	0.031 2	0.020 9	67.03%	0.010 3	33.03%
50	0.052 0	0.019 8	38.13%	0.032 2	61.92%
75	0.058 0	0.009 8	16.92%	0.048 2	83.14%
90	0.039 1	−0.006 7	−17.16%	0.045 8	117.10%

注：负数代表高度兼业型农户具有优势

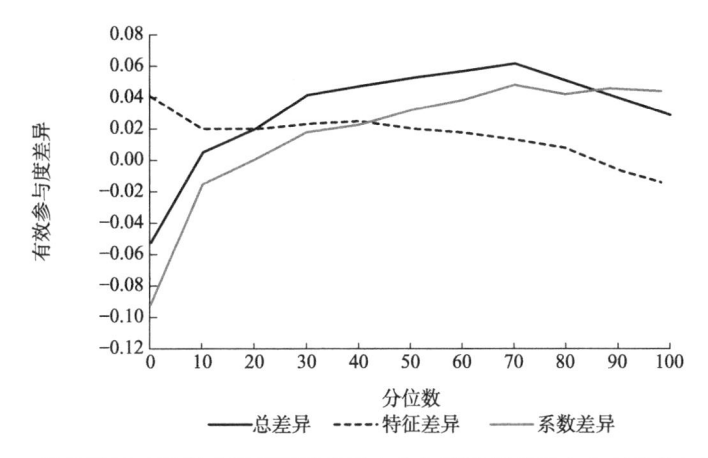

图 7-16 岗前平原工程模式区低度兼业型农户与高度兼业型农户有效参与度差异

从表 7-18 和图 7-16 可知，岗前平原工程模式区的低度兼业型农户与高度兼业型农户有效参与度差异在农户有效参与度分布的不同位置上存在不对称现象，在农户有效参与度分布的 0~10 分位数区间，总差异与由参与机会和参与动力导致的系数差异为负值，而由参与能力导致的个体特征差异始终为正值，这说明在此区间内低度兼业型农户与高度兼业型农户有效参与度差异主要是由参与机会和参与动力导致的系数差异造成的，在实际调研过程中存在一部分有效参与度较低的低度兼业型农户，他们在农地整治项目开展过程中，无法在信息公开程度、参与权利的明确程度、参与范围的明确程度、参与程序的明确程度、参与渠道的明确程度等方面得到太多的参与机会，同时在房屋拆迁及耕地占用的补偿标准、政府对现代农业产业的支持程度、对农户农业收入的增加程度、对农户社会价值的提升程度等方面没能获得足够的参与动力，这部分缺乏参与机会和参与动力的低度兼业型农户选择了外出务工、投身兼业项目来获取一定的收入，其参与农地整治项目的有效参与度较低。在农户有效参与度分布的 10~20 分位数区间，农户有效参与度总差异变成了正值，农户个体特征差异数值在 0.02 附近平稳波动，而由参与机会和参与动力导致的系数差异仍然为负值，这表明在这部分农户群体中，由参与能力导致的个体特征差异成为低度兼业型农户有效参与度高于高度兼业型农户的主要原因，即低度兼业型农户在参与农地整治项目的认知能力、受教育程度、协商沟通能力、组织联盟能力、资源集聚能力、具备的专业技能等参与能力上强于高度兼业型农户。在农户有效参与度分布的 20~100 分位数区间，由参与机会和参与动力导致的系数差异变为正值，且呈逐步递增之势，而由参与能力导致的个体特征差异则逐渐递减，在 75 分位数后变为负值，这表明在 20~100 分位数区间内由参与机会和参与动力造成的系数差异逐渐增大，在 40 分位数之后取代个体特征差异，成为低度兼业型农户与高度兼业型农户有效参与度差异的主要成因。这表明在岗前平原工程模式区的两类兼业户中,更为倚重农业活动收入的低度兼业型农户,能够更好地从信息公开程度、参与权利的明确程度、参与范围的明确程度、参与程序的明确程度、参与渠道的明确程度等方面获得充分的参与机会,并通过房屋拆迁及耕地占用的补偿标准、政府对现代农业产业的支持程度、对农户农业收入的增加程度、对农户社会价值的提升程度等方面得到足够的参与动力,这是他们有效参与度高于高度兼业型农户的主要原因。从图 7-16 还可知,在农户有效参与度分布的 75 分位数以上的区间内,农户有效参与度出现了"反向差异",即在这部分农户中高度兼业型农户的参与能力并不低于低度兼业型农户。

为了观测在岗前平原工程模式区内高度兼业型农户与非农业型农户有效参与度的差异,本节直接提取了岗前平原工程模式区上述两类农户的样本进行反事实差异分解。表 7-19 为岗前平原工程模式区中高度兼业型农户与非农业型农户有效参与度差异的反事实分解结果,图 7-17 为反事实分解结果在各个分位数上拟合的图形。

表 7-19 岗前平原工程模式区高度兼业型农户与非农业型农户有效参与度的反事实差异分解

分位数	总差异	特征差异 数值	特征差异 百分比	系数差异 数值	系数差异 百分比
10	0.059 2	0.015 6	26.29%	0.043 6	73.67%
25	0.025 9	0.017 7	68.23%	0.008 2	31.77%
50	−0.000 5	0.013 8	−2 756.60%	−0.014 3	2 862.80%
75	−0.038 2	−0.014 8	38.77%	−0.023 4	61.33%
90	−0.057 0	−0.043 4	76.15%	−0.013 6	23.87%

注:负数代表非农业型农户具有优势

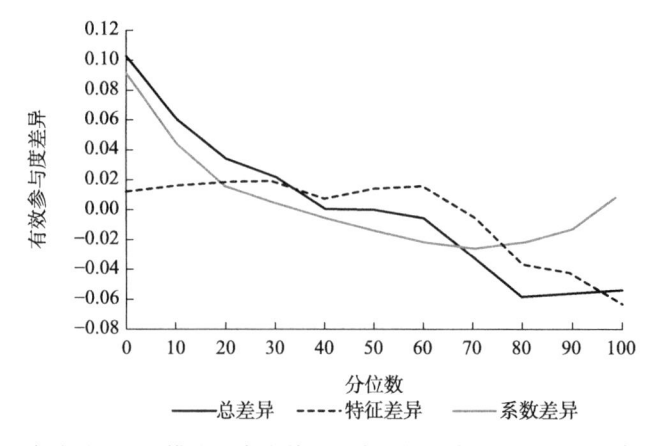

图 7-17 岗前平原工程模式区高度兼业型农户与非农业型农户有效参与度差异

由表7-19和图7-17可知，在岗前平原工程模式区农户有效参与度分布的0~40分位数区间，由参与能力造成的个体特征差异变化不大，基本在0.01~0.02范围内波动，而由参与机会与参与动力造成的系数差异以及高度兼业型农户与非农业型农户有效参与度的总差异逐步缩小，这表明在农户有效参与度较低的群体中，高度兼业型农户在参与农地整治中发现的参与机会以及获得的参与动力要高于岗前平原工程模式区中部分非农业型农户，这是两类农户有效参与度差异产生的主要原因，同时随着分位数增长系数差异产生的影响在逐渐减小。在农户有效参与度分布的40~100分位数区间，高度兼业型农户与非农业型农户有效参与度的总差异由正值变为负值，即在40分位点之后非农业型农户的有效参与度反而超过了高度兼业型农户。从分位数回归图的40~70区间的观察中发现，系数差异成为非农业型农户有效参与度高于高度兼业型农户有效参与度的主要原因。在实际调研过程中，岗前平原工程模式区这部分有效参与度较高的非农业型农户常年在外务工，开拓了视野，对农地整治项目的认识更为充分，在参与权利的明确程度、参与范围的明确程度、参与程序的明确程度、参与渠道的明确程度以及公开程度方面较容易发现参与机会，同时也能够从房屋拆迁及耕地占用的补偿标准、政府对现代农业产业的支持程度、对农户社会价值的提升程度等方面得到参与动力，他们参与农地整治项目的积极性大大增强了。而在农户有效参与度分布的70~100分位数区间，由参与能力造成的个体特征差异也成为非农业型农户有效参与度高于高度兼业型农户的原因，随着农地整治项目对田水路林村的改造，本身受教育程度较高的非农业型农户能够更好地在岗前平原工程模式区内发挥自身认知能力、协商沟通能力、组织联盟能力、资源集聚能力、专业技能等优势，其参与农地整治的积极性自然得到极大增强，有效参与度也就越大。

7.7 本章小结

本章在分位数回归模型对不同农户有效参与水平上各影响因素对农户有效参与度影响机理的研究基础上，通过构建反事实分布函数，将不同区域和不同类型农户样本间有效参与的差异分解成了由参与能力造成的个体特征差异和由参与机会与参与动力造成的系数差异，结果如下。

（1）在不同区域样本的研究中，通过对岗前平原工程模式区与丘陵工程模式区之间农户有效参与差异进行反事实分解，结果表明由参与能力造成的个体特征差异解释了丘陵工程模式区与岗前平原工程模式区之间农户有效参与度差异的绝大部分，然而由参与机会和参与动力导致的系数差异同样也是不容忽视的影响因素。

（2）在不同类型农户样本的研究中，本章分别从全部样本、丘陵工程模式区样本、岗前平原工程模式区样本三个维度，利用反事实分位数分解模型，探究了区域内不同类型农户间有效参与的差异及其成因，最终通过差异分解，归因于由农户参与能力导致的个体特征差异以及由农户参与机会和农户参与动力造成的系数差异两个方面。由于生计方式以及家庭主要收入来源迥异，不同类型农户样本的有效参与存在着极大的差异，为政府国土部门差别化地制定提升农地整治项目农户有效参与的政策提供了依据与参考。

第 8 章　不同模式下农地整治前后土地利用效率比较分析

本章首先在构建土地利用效率投入产出指标体系的基础上测算出了调查区农户的土地利用效率；其次比较分析传统模式整治项目区与未整治项目区土地利用效率的差异，运用 DID 模型来分析农地整治对土地利用效率的影响；最后比较分析农户有效参与模式整治项目区与传统模式整治项目区土地利用效率的差异，运用 DID 模型来分析农户有效参与农地整治对土地利用效率的影响。

8.1　基于 SE-DEA 的土地利用效率测度模型构建

8.1.1　土地利用效率指标体系构建

通过查阅相关文献，发现学者们在对耕地利用效率进行测度时，其投入指标通常选取的是土地、劳力和资本（赵芝俊和张杜梅，2006；潘倩红，2011）。各指标含义大致如下：土地投入量用农户现有的承包地面积来表示；劳力投入量用农业从业人员数量来表示；资本投入包括流动资本投入和固定资本投入，其中流动资本投入主要是指农户农业生产的种子、化肥、农药和灌溉等流动资本投入量，固定资本投入则是指农户农业机械的资本投入量。由于农户种植的农产品品种不一，采用农户的农业收益来表征土地产出变量更能体现农户的农业产出效益（李明艳，2009），因此土地产出用农业总产值来表示。王兆林认为农业生产中的三大基本要素投入是土地、劳力和资本，农业生产中的产出则是农业总产值。因此，其采用农作物播种面积来表征土地，采用农业从业人员来表征劳力，采用农业化肥施用量和农业机械总动力分别表征流动资本和固定资本，采用农业总产值来表征农业产出。借鉴以上学者们的研究，本节选取土地、劳力、资本为农业生产的投入指标，由于调查地区农户种植的农产品品种不一致，用农户农业收入更能反映土地的产出效益，因此本节选用农业总产值来表征土地的产出。

1. 土地投入指标

土地投入是指农户家庭现有的承包地面积，是农户家庭承包地面积加上转入土地面积（或减去转出土地面积）之后的土地总面积。

2. 劳力投入指标

劳力投入是指农户农业生产中播种、施肥、打农药、收获农作物所投入的劳动时间，包括自有劳力和雇佣劳力的投入。未将劳力投入时间折合为资金投入的原因在于：一方面，由于不同地区劳力市场价格存在差异，折合成资金可能会失去可比性；另一方面，调查地区农户经济作物的种植比例较大，且大部分农户基本以种植业为主，农户一年中的较多时间均用于农业生产，以资金来表征农户的劳力投入时间，可能会出现劳力资金投入（劳工时间乘以劳工单位成本）大于农户农业收入的情况。因此，用劳力的投入时间来表征劳力投入更为科学合理。

3. 资本投入指标

资本投入包括流动资本投入和固定资本投入。流动资本投入是指农户在全年农业生产中购买肥料、种子、农药及灌溉等的资本投入。固定资本投入是指农户农业生产中购买和租用农业机械的资本投入。租用农业机械的农户，其机械资本投入等于农业机械的租用面积乘以农业机械的租用单价。对于农户自购的农业机械，其农业机械资本投入按照农业机械的使用年限进行摊销（年固定资本投入=机械购买价格/机械使用寿命）。

4. 农业总产出指标

农业总产出指标是指农户全年的农业总产值。农业总产值由粮食作物（如水稻、玉米、小麦等）和经济作物（如蔬菜、棉花、瓜果等）的总产量乘以各自的销售单价求和得到。由于调查对象均为粮食和经济作物种植户，故不考虑其他收入，如畜牧业收入、土地流转收入、粮食补贴收入等。

8.1.2 土地利用效率测度模型构建

DEA 模型是基于相对效率概念，应用数学规划模型来对决策单元（decision making unit，DMU）进行相对效率的评价。其基本原理是利用包络线来替代经济学中的生产函数，采用线性规划方法来构建观测数据的生产前沿边界，对具有相同投入、产出的 DMU 进行效率高低的评价，通过分析每个 DMU 的投入与产出是否有效，确定其有效的生产前沿边界。DMU 的投入和产出是否有效则是根据每个 DMU 与有效的生产前沿边界之间的距离而判定的，凡是落在生产边界上的 DMU，其效率值为 1，其投入产出组合最有效率，其他未落在生产前沿边界上的 DMU，其效率值介于 0~1，其投入产出组合无效率。

1978 年，美国著名运筹学家 Charnes、Cooper 和 Rhodes 首次提出了第一个用于评价具有相同类型投入和产出的 DMU 之间相对效率的模型——C^2R 模型。C^2R 模型是在假设规模报酬不变的前提下来计算 DMU 的综合效率（TE），并未考虑规模报酬的变化。但这种假设通常与实际情况相违背，当 DMU 无效时，除了由配置无效率和技术无效率引起外，也可能由规模不合理引起，而 C^2R 模型则未考虑这一影响。由于 C^2R 模型仅能计算综合效率，而不能计算规模效率，为了解决这一问题，1984 年 Banker、Charnes 和 Cooper 对 C^2R 模型进行了改进，加入了约束条件 $\sum_{j}^{n} \lambda_j = 1$，提出了用以评价技术有效和规模有效的 BC^2 模型，它测算的是规模报酬可变条件下 DMU 的纯技术效率（PTE），可将综合效率分解为纯技术效率（PTE）与规模效率（SE）。运用 BC^2 模型可判断出 DMU 的综合效率受技术效率和规模效率影响的程度。

在采用 C^2R 与 BC^2 模型对效率进行测度时，常出现多个有效的 DMU（其效率值为 1），此时 C^2R 与 BC^2 模型将无法对这些有效的 DMU 进行效率高低的评价。"超效率"（super-efficiency）模型（本节简称为 SE-DEA 模型）可以弥补 C^2R 和 BC^2 模型的缺陷，使有效的 DMU 之间（即效率值为 1 的决策单位）也能进行效率高低的比较。SE-DEA 模型的基本思想如下：在进行第 i 个 DMU 效率评价时，用其他所有 DMU 投入和产出的线性组合来代替第 i 个 DMU 的投入和产出变量，而将第 i 个 DMU 排除在外（C^2R 和 BC^2 模型则将这一 DMU 包括在内）。一个有效的 DMU 可以使其产出按比率增加，而其效率可保持不变，其投入增加比率即是其超效率评价值。将这一基本原理扩展应用于 BC^2 模型上，就有 SE-DEA 模型。

由于 BC^2 模型假设规模报酬可变，因此用其评价农户的土地利用效率比较符合农业生产的实际。在测算农户的土地利用效率时，单个农户即 DMU，用

$\mathrm{DMU}_i(i=1,2,\cdots,n)$ 来表示，假设每个农户有 m 种类型投入和 s 种类型产出，分别用 $X_i=(x_{i1},x_{i2},\cdots,x_{im})$ 和 $Y_i=(y_{i1},y_{i2},\cdots,y_{is})$ 表示，那么对于单个农户投入导向的 BC^2 模型为

$$\mathrm{BC}^2 \begin{cases} \min\left[\theta-\varepsilon\left(e_1^\mathrm{T} S^- + e_2^\mathrm{T} S^+\right)\right]=V_D \\ \mathrm{s.t.} \sum_{i=1}^n \lambda_i X_i + S^- = \theta x_0 \\ \sum_{i=1}^n \lambda Y_i - S^+ = y_0 \\ \lambda_i \geqslant 0, i=1,2,\cdots,n \\ S^- \geqslant 0, S^+ \geqslant 0 \\ \sum_{j=1}^n \lambda_j = 1 \end{cases}$$

其中，λ_i 为各农户在某项指标上的权重变量；θ 表示 BC^2 模型测算出的农户土地利用效率值，θ 值越接近于 1，表明土地利用效率值越高，反之越低；S^- 和 S^+ 为松弛变量，S^- 代表投入冗余度，S^+ 代表产出不足率。S^- 和 S^+ 是判断农户土地利用效率相对有效性的标准，依据现有文献则有以下结论：①若 $\theta^*=1$，且 $S^{*-}=S^{*+}=0$，则 DMU_i 为 DEA 有效，表示第 i 个农户土地利用同时达到技术效率最佳和规模收益不变；②若 $\theta^*<1$，则 DMU_i 为 DEA 无效，表示第 i 个农户土地利用的技术效率和规模效率均无效。

运用 BC^2 模型对效率进行测度时，常出现多个 DEA 有效的 DMU（其效率值均为 1），此时将无法对这些有效的 DMU 进行评价。为了进一步评价有效 DMU 之间效率的高低，本章引进了 SE-DEA 模型，用以评价效率值为 1 的农户之间土地利用效率的高低，SE-DEA 模型如下所示：

$$\mathrm{SE\text{-}DEA} \begin{cases} \min \theta \\ \mathrm{s.t.} \sum_{i=1,i\neq k}^n X_i \lambda_i \leqslant \theta X_k \\ \sum_{i=1,i\neq k}^n Y_i \lambda_i \leqslant Y_k \\ \lambda_i = 0, i=1,2,\cdots,n \end{cases}$$

其中，λ_i 为各农户土地利用在某一指标上的权重变量；θ 表示 SE-DEA 模型测算出的农户土地利用超效率值，θ 值越大，表明农户土地利用效率越高，反之越低；$X_i=(x_{i1},x_{i2},\cdots,x_{im})$ 和 $Y_i=(y_{i1},y_{i2},\cdots,y_{is})$ 分别表示第 i 个农户土地利用的投入和产出向量，X_k 和 Y_k 分别表示其他农户投入和产出向量的线性组合。

8.2 研究区域与数据来源

8.2.1 研究区域及农地整治项目概况

湖北省武汉市江夏区处于江汉平原向鄂南丘陵过渡地段，以网状平原为主，其两侧为平坦的冲积平原，丘陵地形主要分布在江夏区北部，呈东西向带状分布，东部和西部为滨湖平原。全区总面积 20.1 万公顷，其中陆地面积 12.2 万公顷，水域面积 7.85 万公顷。2012 年江夏区总人口 58.2 万人，其中农村人口 37 万人，耕地面积 3.6 万公顷，水田 2.3 万公顷，旱地 1.3 万公顷。2012 年，江夏区共完成生产总值 414.7 亿元，其中完成农业总产值 113.6 亿元，全年粮食总产量 29 万吨，同比增长 6.6%[①]。金口街道位于江夏区西部，地处滨湖平原区，光照充足，气候适宜，比较适宜发展农业。金口街道位于湖北省武汉市江夏区境内，人口 8.07 万人，面积 230.68 平方千米[②]。法泗街道位于江夏区西南部，地处滨湖平原区，地势平坦，气候冬冷夏热，四季分明，水资源丰富，较适宜发展农业。法泗街道总面积 0.89 万公顷，在册耕地面积 0.30 万公顷，总人口 3.05 万人[③]。

湖北省较早就开展了农地整治，经过多年的实践与发展，湖北省农地整治的工作体系已较为完善，全省各乡镇都普遍开展了农地整治项目，具有一定程度的代表性，因此，本节选取了湖北省武汉市江夏区法泗街道卫东农地整治项目、湖北省武汉市江夏区金口街道金水农地整治项目，以及湖北省武汉市江夏区金口街道前进村、大咀口村、青菱村农地整治项目。其中，江夏区金口街道前进村、大咀口村、青菱村农地整治项目为农户有效参与的农地整治项目，其投资模式为"财政投资为主、联户农民投资为辅、农户投工投劳"的多元化投入模式，由联户农民申报并组织实施；江夏区法泗街道卫东农地整治项目和江夏区金口街道金水农地整治项目为传统模式的农地整治项目，由政府国土部门投资并组织实施。

1. 金口街道前进村、大咀口村、青菱村农地整治项目概况

前进村、大咀口村及青菱村处于平原湖区，水资源比较丰富，绝大部分农

---

① 《武汉市江夏区统计年鉴（2013）》。
② https://baike.so.com/doc/326184-345512.html。
③ https://baike.so.com/doc/7696705-7970800.html。

户农田耕作主要依靠金水河和既有渠道抽水进行灌溉，只怕旱、不怕淹。3个村的沟渠、泵站年久失修，均处于废弃的状态；农田水利设施落后，田间道路凹凸不平，给农户和农业机械通行带来不便，严重阻碍了当地农村经济的发展。根据武汉市委、市政府相继开展的"城乡互联，结对共建""万名干部进万村入万户""万名干部进万村挖万塘"活动的工作部署，上述三村联合向武汉市人民政府申请开展"三万"活动塘堰整治，以沟渠清淤、涵闸泵站维修、农机路建设为主，以田块平整为辅，并联合当地农户开展了农地整治。村委会牵头，当地农户投资投劳并组织项目实施，联户农民掀起了农田水利、土地平整和田间道路建设的高潮。该项目是一种"财政投资为主、联户农民投资为辅、农户投工投劳"的多元化投入模式，项目共投资约232.27万元，共建成2米宽碎石农机路21 000米，共修建U型水渠10 100米。项目于2010年10月开工，在2011年12月底竣工。

2. 武汉市江夏区法泗街道卫东农地整治项目

武汉市江夏区法泗街道卫东村地势低洼，排水设备和灌溉设施老化，年久失修，致使水患发生频繁。虽然土地肥沃，但中低产田占了很大比例，高产农田比例较少，制约了当地土地产出能力的提高，阻碍了农村经济的发展，同时削弱了农民从事农业生产的积极性，当地亟待开展农地整治以解决农业生产中的限制性问题。项目区主要包括武汉市江夏区法泗街道菱米村、永丰村、庆丰村、长虹村等7个村，本次调查选取的是菱米村和长虹村。项目建设总规模0.17万公顷，项目总投资金额为2 884万元。项目于2008年11月开工，在2009年10月底竣工。

3. 武汉市江夏区金口街道金水农地整治项目

项目区主要包括金口街道金水村、红灯村、西湖村共6个村，本次调查选取的是西湖村和红灯村。项目建设总规模155.65公顷。项目内容包括：对现有未利用地进行开发和对废弃坑塘进行恢复利用，并将其整治为耕地，提高土地利用率；对零散、低产旱地进行整治和对田间道路、农田水利设施进行改造，使项目区成为集约高效的现代化农业生产基地。项目投资总金额约449.7万元，项目于2008年12月动工，在2010年8月竣工。

8.2.2　数据来源

本节采用的数据来自针对武汉市江夏区金口街道和法泗街道农地整治项

目区的农户及未整治区农户做的问卷调查，其中整治区选取了传统模式和农户有效参与模式两类项目区。江夏区金口街道和法泗街道均属于长江冲积小平原地区，土地肥沃，其农田基础设施兴建于二十世纪六七十年代，受当时条件限制，工程建设标准低，维修管护滞后，工程老化严重。尽管近年来，国家加大了建设力度使得部分骨干水利设施状况有所改善，但田间工程的整治相对滞后，存在着渠道与排灌设施老化失修、田间道路损坏且通达度低、田块集中连片程度低、难以进行机械化耕作等问题。调研区的选定遵循了地区经济发展水平相当、地貌形态一致的原则。选取的传统模式的项目有两个，即法泗街道卫东农地整治项目和金口街道金水农地整治项目：法泗街道卫东农地整治项目区主要包括永丰村和庆丰村等 7 个村，项目建设总规模 1 700 公顷，新增耕地率为 3.559%，项目投资 2 884 万元，于 2008 年 11 月开工，2009 年 10 月底竣工；金口街道金水农地整治项目区主要包括红灯村和金水村等 6 个村，项目建设总规模 155.65 公顷，总投资约 449.7 万元，2008 年 12 月开工，2010 年 8 月竣工。选取的农户有效参与模式的项目是金口街道前进村、大罾口村及青菱村三村的农地整治项目，该项目是一种财政投资与农户投工投劳相结合的多元化投入模式，共投资约 232.27 万元，调查中农户反映政府投资部分低于传统模式项目的投资标准。该项目于 2010 年 10 月开工，2011 年 12 月底竣工。因投资标准低上述整治项目的建设目标均以农田水利和田间道路工程建设为重点，以土地平整工程和其他工程为辅，改善农业生产条件，提高土地利用效率。因上述整治项目涉及的土地平整工程较少，因此到 2013 年农业产出已完全稳定。未整治项目区涉及法泗街道的桂山村、东港村、农科村及金口街道南岸村。

  课题组于 2013 年 12 月组织博士、硕士 8 人深入项目区，采取随机抽样和面对面访谈式问卷调查，确保了问卷质量，总共调查的有效农户数为 138 户，其中农户主导、传统政府主导两类模式项目区及未整治区收集的样本数均为 46 份。本节以 2008 年数据来反映农地整治前的情况，以 2013 年数据来反映整治后的情况，考虑数据分析需要，本节采用 2008 年（整治前）和 2013 年（整治后）共 276 组被调查的农户样本数，其中 2008 年的数据是调研时通过农户对比回忆收集得到的。

  因采用 DEA 模型对农户土地利用效率进行评价时，决策单元数（样本数）大于投入产出指标数的 2 倍时，效率的评价结果有非常合理的区分度[20]。本节中涉及的农户有效参与模式项目相对较少，且规模小，尽管有效农户数仅 138 户，但能很好满足 DEA 模型对 DMU（样本）的要求。

8.3 不同模式农地整治前后农户土地投入与产出比较分析

本小节比较分析不同模式农地整治前后农户农地投入与产出的变化，通过对比分析不同模式农地整治前后农户农地投入与产出的变化，分析不同模式农地整治对农户土地利用效率及投入与产出的影响。

8.3.1 劳力投入

根据表 8-1 可知，农地整治后（2013 年）农户有效参与整治项目区、传统模式整治项目区及未整治项目区农户的家庭劳力投入与农地整治前（2008 年）相比均有所下降，三类项目区农户单位面积劳力投入依次减少 6.96 天/公顷、5.1 天/公顷、3.2 天/公顷。农户家庭劳力投入降低的原因可能是农业机械化的实施节省了部分劳力投入。整治项目区由于农业基础设施条件得以改善，比未整治项目区农业机械化程度高，农户家庭劳力投入降低幅度较大；整治项目区中农户有效参与整治项目区项目实施效果优于传统模式整治项目区，前者农业基础设施条件得到较大改善，劳力投入节省更多；由于农业机械化的普及，未整治项目区农业机械程度也得以提高，劳力投入也有所下降。

表 8-1 农地整治前后单位面积劳力投入（单位：天/公顷）

样本均值	整治后（2013 年）	整治前（2008 年）	变化幅度
总体样本	202.37	207.46	-5.09
农户有效参与整治项目区	202.57	209.53	-6.96
传统模式整治项目区	200.84	205.94	-5.10
未整治项目区	203.72	206.92	-3.20

8.3.2 固定资本投入

农户农业生产中的固定资本投入主要是指农业机械的投入情况，单位面积固定资本投入包括单位面积农业机械的租金和农机购买年折旧（折旧年限为 10 年）在单位面积上的分摊。

对调查农户固定资本投入进行统计分析（表 8-2）可知，农地整治后（2013

年），总体样本中，农户单位面积固定资本投入平均增加 1 807.90 元/公顷；农户有效参与农地整治项目区、传统模式整治项目区及未整治项目区单位面积固定资本投入依次增加 1 918.51 元/公顷、1 813.79 元/公顷、1 691.41 元/公顷。结果表明：农地整治后，三类项目区农户单位面积固定资本投入均有所增加，但农户有效参与整治项目区增加幅度最大，传统模式整治项目区次之，未整治项目区最小。整治项目区农业基础设施条件得以改善，农户希望通过增加单位面积固定资本投入来节省劳力投入，所以农户单位面积固定资本投入增加；农户有效参与整治项目区农业机械化程度得到很大提高，因此该模式农地整治项目区农户单位面积固定资本投入增加幅度较大；未整治项目区由于农业机械化的普及农户单位面积固定资本投入也有所增加。

表 8-2　农地整治前后单位面积固定资本投入（单位：元/公顷）

样本均值	整治后（2013 年）	整治前（2008 年）	变化幅度
总体样本	4 261.40	2 453.50	1 807.90
农户有效参与整治项目区	4 689.92	2 771.41	1 918.51
传统模式整治项目区	4 047.85	2 234.06	1 813.79
未整治项目区	4 046.45	2 355.04	1 691.41

8.3.3　流动资本投入

从表 8-3 可知，农地整治实施后，农户有效参与整治项目区、传统模式整治项目区及未整治项目区农户单位面积化肥、农药、种子等投入金额均有所增加，单位面积化肥投入金额分别增加 2 917.54 元/公顷、2 807.15 元/公顷、2 702.78 元/公顷，单位面积农药投入金额分别增加 1 315.22 元/公顷、1 218.96 元/公顷、1 177.68 元/公顷，单位面积种子投入金额分别增加 1 299.03 元/公顷、1 233.03 元/公顷、1 174.70 元/公顷。整治项目区与未整治项目区相比，农户单位面积流动资本投入金额（不包括灌溉）均有所增加，可能的原因是整治项目区农业基础设施条件得以改善，农户希望通过增加流动资本投入（不包括灌溉）来增加农业产出。农户有效参与整治项目区比传统模式整治项目区农户单位面积流动资本投入（不包括灌溉）增加幅度较大，可能的原因是农户有效参与农地整治实施后，农户对农业生产更有信心，农户希望通过增加单位面积流动资本投入来增加土地产出，因此农户有效参与整治项目区单位面积流动资本投入（不包括灌溉）增加更多。

表 8-3　农地整治前后单位面积流动资本投入（单位：元/公顷）

样本均值	化肥			农药		
	整治后	整治前	变化幅度	整治后	整治前	变化幅度
总体样本	7 058.97	4 249.82	2 809.15	2 579.38	1 342.10	1 237.28
农户有效参与整治项目区	7 103.76	4 186.22	2 917.54	2 656.34	1 341.12	1 315.22
传统模式整治项目区	7 114.4	4 307.25	2 807.15	2 568.51	1 349.55	1 218.96
未整治项目区	6 956.76	4 253.98	2 702.78	2 513.32	1 335.64	1 177.68

样本均值	种子			灌溉		
	整治后	整治前	变化幅度	整治后	整治前	变化幅度
总体样本	2 482.53	1 247.28	1 235.25	359.82	425.29	−65.47
农户有效参与整治项目区	2 534.67	1 235.64	1 299.03	207.43	402.67	−195.24
传统模式整治项目区	2 546.37	1 313.34	1 233.03	275.46	404.45	−128.99
未整治项目区	2 367.56	1 192.86	1 174.70	596.57	468.76	127.81

与前面几种流动资本投入增长不同的是，农地整治后农户有效参与整治项目区和传统模式整治项目区农户单位面积灌溉资本投入降低了，且前者降低的幅度更大，两者分别降低 195.24 元/公顷、128.99 元/公顷；未整治项目区农户单位面积灌溉资本投入增加了，与农地整治前（2008 年）相比，未整治项目区农户单位面积灌溉资本投入增加 127.81 元/公顷。这是因为农地整治通过修建或改善农田水利设施，降低了农户农业灌溉资本投入。农户有效参与整治项目区农户单位面积灌溉资本投入降低幅度更大的原因是农户有效参与农地整治项目农户参与程度较高，农地整治实施效果较好，节省灌溉资本更多。

8.3.4　土地投入

调查结果（表 8-4）表明：农地整治后，农户有效参与整治项目区户均土地投入[①]变化为 0.05 公顷；传统模式整治项目区户均土地投入变化为 0.02 公顷；未整治项目区户均土地投入变化仅为 0.01 公顷。这反映目前农地整治对农户土地投入影响不大，可能的原因是调查地区耕地资源有限，农户农地流转意愿不强。

表 8-4　农地整治前后户均土地投入（单位：公顷）

样本均值	整治后（2013 年）	整治前（2008 年）	变化幅度
总体样本	0.87	0.85	0.02
农户有效参与整治项目区	1.14	1.09	0.05
传统模式整治项目区	0.74	0.72	0.02
未整治项目区	0.75	0.74	0.01

---

① 农户土地投入是指农户原有承包地面积加上转入土地面积后，减去流转出去的土地面积，即农户现有的总承包土地面积。

8.3.5 土地产出

农户农业总产值主要来自农产品销售收入,即农户各类农作物产量乘以其市场价格之和。对调查数据进行统计分析(表 8-5)可知:农地整治前,农户有效参与整治项目区与未整治项目区单位面积土地产出相差不大,但农地整治后,农户有效参与整治项目区农户单位面积土地产出明显大于未整治项目区,这说明农地整治提高了土地的产出能力;农户有效参与整治项目区单位面积土地产出明显大于传统模式整治项目区,这说明农户有效参与农地整治比传统模式农地整治更有效率,对土地产出的促进作用更大。

表 8-5 农地整治前后单位面积土地产出(单位:元/公顷)

样本均值	整治后(2013 年)	整治前(2008 年)	变化幅度
农户有效参与整治项目区	37 608.46	22 994.76	14 613.70
传统模式整治项目区	35 747.68	23 670.43	12 077.25
未整治项目区	33 392.45	23 555.65	9 836.80

8.4 农户土地利用效率的测度

8.4.1 数据质量的评价

在利用 DEA5.1 软件进行超效率分析时,所选择变量的效度和信度直接影响到测度数据的质量,从而对不同模式农地整治前后土地利用效率的研究结果产生影响。因此,必须对 DEA 模型中变量的信度和效度进行分析。本节采用内部一致性系数指标最常用的方法 Cronbach's α 进行信度检验,运用 SAS 8.1 软件对回收的样本计算 Cronbach's α 系数值,得到各变量的 Cronbach's α 值都大于 0.70,表明构建的土地利用效率 DEA 模型中的变量具有较好信度。同时,本节借助于探索性因子分析法来进行结构效度分析,通过 SAS 8.1 软件对土地利用效率 DEA 模型中的所有变量进行因子分析,可得到 KMO 值为 0.802,大于推荐的临界值 0.80,Bartlett 球形检验显著性水平值为 0.000,小于 0.001,表明获得的样本数据适合做因子分析。在因子分析中采用方差最大法旋转后得到因子矩阵,从该因子矩阵可看出,各指标在各自归属的变量上的负载都较高,而在其他变量上的负载则很低,表明土地利用效率 DEA 模型中的变量具有较好的结构效度。

8.4.2 农户土地利用效率测算结果分析

本节运用DEA5.1软件，采用SE-DEA模型测算出了农户的土地利用效率，由表 8-6 可知，农地整治前，总体样本中户均土地利用效率为 0.338 9，农户的土地利用效率频率分布如图 8-1 所示；农地整治后，总体样本中户均土地利用效率平均为 0.419 6，农户的土地利用效率频率分布如图 8-2 所示；农地整治前后，研究区域农户户均土地利用效率提高了 0.080 7。农地整治前，农户有效参与模式整治项目区、传统模式整治项目区与未整治项目区户均土地利用效率分别为 0.345 6、0.336 8、0.334 5；农地整治后，三类项目区户均土地利用效率分别为 0.466 8、0.417 4、0.374 6。农地整治后，传统模式整治项目区户均土地利用效率大于未整治项目区户均土地利用效率，说明农地整治对土地利用效率具有促进作用；农户有效参与模式整治项目区户均土地利用效率增加幅度大于传统模式整治项目区户均土地利用效率增加幅度，说明农户有效参与模式比传统模式更有效率，对土地利用效率的促进作用更大。

表 8-6 不同模式农地整治前后土地利用效率均值

均值	整治后（2013 年）	整治前（2008 年）	变化幅度
总体样本	0.419 6	0.338 9	0.080 7
农户有效参与模式整治项目区	0.466 8	0.345 6	0.121 2
传统模式整治项目区	0.417 4	0.336 8	0.080 6
未整治项目区	0.374 6	0.334 5	0.040 1

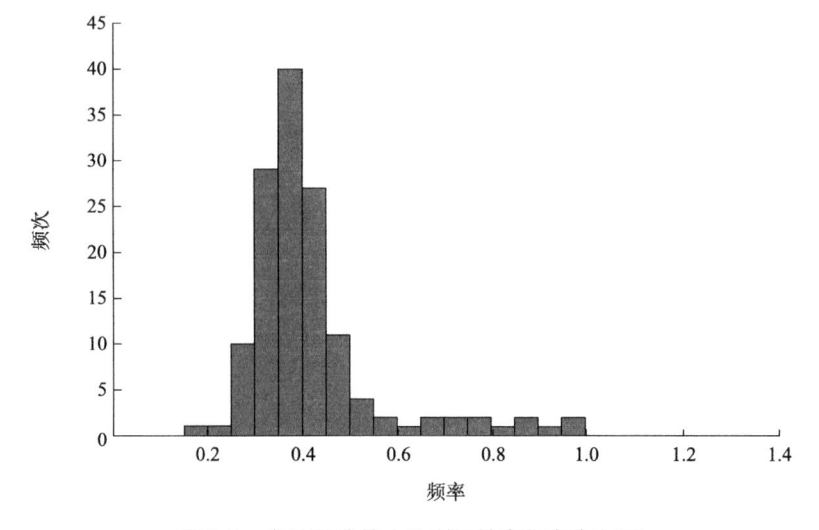

图 8-1 农地整治前土地利用效率频率直方图

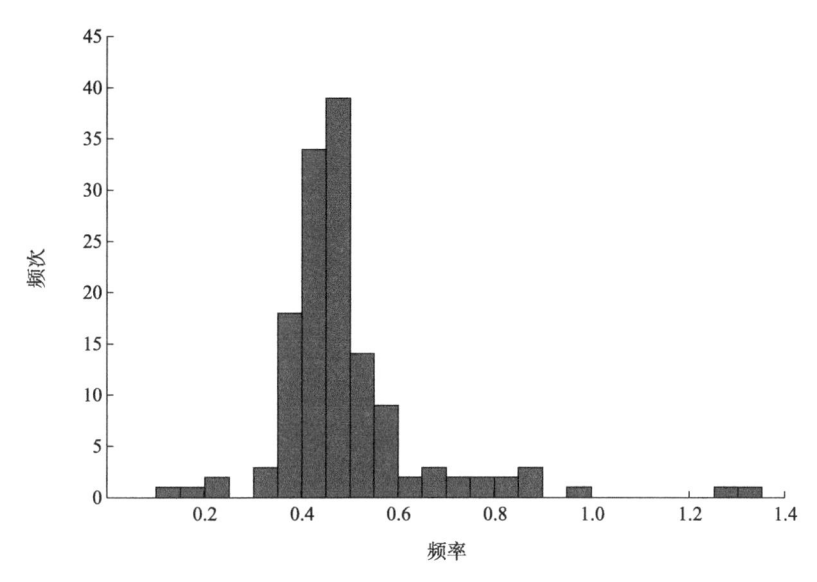

图 8-2 农地整治后土地利用效率频率直方图

8.5 传统模式整治项目区与未整治项目区土地利用效率差异分析

本节首先分析传统模式整治项目区与未整治项目区户均土地利用效率差异的原因，然后运用 DID 模型来分析农地整治对农户土地利用效率及投入与产出的影响，最后引入控制变量，对影响土地利用效率的因素进行固定效应分析。

8.5.1 差异分析

根据表 8-6 的土地利用效率测算结果可知，农地整治前，传统模式整治项目区与未整治项目区户均土地利用效率相近，差别是 0.002 3；农地整治后，未整治项目区户均土地利用效率增加 0.040 1，这是由农业技术进步或其他方面因素所引起的。传统模式整治项目区户均土地利用效率增加 0.080 6，比未整治项目区户均土地利用效率多增加 0.040 5，传统模式整治项目区户均土地利用效率的提高除了受农业技术进步或其他方面因素的影响外，还受农地整治的影响。农地整治项目中的土地平整工程和田间道路工程的实施，在方便农户和农业机械通行的同时，为农业机械化的实施提供了条件，可减轻农民的劳动强度和投入成本；农田水利工程改善了农业生产条件，提高了农业的灌溉保证率，在降低农业灌溉成本的同时，增加了农业产出；生态防护林工程可以减少自然灾害对农业生产造成的损失，降低农业生产中的自然风险，提高农地的保障功能。综合以上分析，农地整治可降低农业生产成本，增加农业产出，进而提高土地利用效率。

8.5.2 DID 模型构建

DID 模型是政策分析和工程评估中广为使用的模型，用于评估政府政策或公共工程给作用对象所带来的净影响。该模型借鉴科学研究中的"准自然实验"方法，将调查样本分为两组：一组是政策或工程作用对象即"处理组"；另一组是非政策或工程作用对象即"对照组"。

本节借鉴 DID 模型来评价农地整治对土地利用效率的影响程度，期望能够对传统模式整治项目区与未整治项目区户均土地利用效率的差异进行解释。基本思路是将调查样本分为两组：一组是农地整治项目区的农户（处理组）；另一组是未整治项目区的农户（对照组）。根据农地整治项目区农户和未整治项目区农户在农地整治前后的相关信息，评价农地整治影响土地利用效率及投入与产出的相关指标，如计算传统模式整治项目区与未整治项目区农户土地利用效率及投入与产出指标在农地整治前后的差值。在分析处理组农户与对照组农户土地利用效率投入与产出指标的差距时，按被调查农户所在地区是否实施农地整治分为农地整治项目区农户和未整治项目区农户。

把对照组称作 A，处理组称作 B，虚拟变量 dB 对应的实施农地整治项目区的农户为 1，未实施农地整治项目区的农户为 0。T 表示农地整治时期的虚拟变量，农地整治前，$T=0$，农地整治后，$T=1$。假设 ε 为扰动项。这样，用于分析农地整治所带来影响的经济计量方程为

$$Y = \beta_0 + \alpha_0 T + \beta_1 dB + \alpha_1 TdB + \varepsilon$$

从以上模型可以得到处理组农户和对照组农户农地整治前后各自土地利用效率及投入与产出变动的模型。其中，对于对照组农户，$dB=0$，模型可以表示为 $Y = \beta_0 + \alpha_0 T + \varepsilon$，因此，对照组农户在农地整治前后的土地利用效率及投入与产出分别为

$$Y = \begin{cases} \beta_0, & 当 T = 0 时 \\ \beta_0 + \alpha_0, & 当 T = 1 时 \end{cases}$$

农地整治前后对照组农户的土地利用效率及投入与产出平均变动为

$$\text{diff1} = (\beta_0 + \alpha_0) - (\beta_0) = \alpha_0$$

对于处理组农户，$dB=1$，模型可以表示为 $Y=\beta_0+\alpha_0 T+\beta_1+\alpha_1 T+\varepsilon$，因此，处理组农户在农地整治前后的土地利用效率及投入与产出分别为

$$Y=\begin{cases}\beta_0+\beta_1, \text{当}T=0\text{时}\\ \beta_0+\alpha_0+\beta_1+\alpha_1, \text{当}T=1\text{时}\end{cases}$$

农地整治前后处理组农户的土地利用效率及投入与产出平均变动为

$$\text{diff}2=(\beta_0+\alpha_0+\beta_1+\alpha_1)-(\beta_0+\beta_1)=\alpha_0+\alpha_1$$

从而，农地整治对农户土地利用效率及投入与产出的净影响为

$$\text{diff}=\text{diff}2-\text{diff}1=(\alpha_0+\alpha_1)-\alpha_0=\alpha_1$$

即模型中 TdB 的参数 α_1，α_1 是双重差分估计值，它代表了农地整治的实际效果。

在实证分析过程中，为了剔除其他因素对农户土地利用效率的影响，采用固定效应（这里引入控制变量，仅对土地利用效率进行固定效应分析）模型：

$$Y_{it}=\beta_0+\alpha_0 T_t+\beta_1 dB_i+\alpha_1 T_t dB_i+\theta X_{it}+\varepsilon_{it}$$

其中，i 代表农户；t 代表时期；Y_{it} 是农户 i 在时期 t 的土地利用效率；dB_i 是一个二值虚拟变量，衡量农户所在地区是否实施了农地整治，若实施，则 $dB_i=1$，否则，$dB_i=0$；变量 T_t 代表样本数据是否来自农地整治后的那个时期，如果是，$T=1$，否则，$T=0$；X_{it} 是一组可观测的影响土地利用效率的控制变量，包括农户的年龄、受教育程度、农业收入比重、耕地面积、旱涝保收耕地比例和复种指数。

8.5.3 变量选取及说明

1. 数据说明及时间段选取

本小节分析的是农地整治对农户土地利用效率及投入与产出的净影响，因此这里选取了传统模式整治项目区和未整治项目区农户的调查数据。金口街道和法泗街道同处于武汉市江夏区，经济发展水平相当、地貌形态一致。传统模式农地整治项目区选取的是武汉市江夏区法泗街道卫东农地整治项目区的长虹村、菱米村和武汉市江夏区金口街道金水农地整治项目的西湖村、红灯村，样本数为 46 份，未整治项目区选取的是武汉市江夏区法泗街道桂山村、农科村、东港村和金口街道南岸村，样本数为 46 份。武汉市江夏区法泗街道卫东农地整治项目于 2008 年 11 月开工，至 2009 年 10 月底竣工；江夏区金口街道金水农地整治项目于 2008 年 12 月开工，至 2010 年 8 月竣工，两个项目均由政府国土部门投资并组织实施。课题组于 2013 年 12 月对上述传统模式整治项目区和未整治项目区进行了实地调查，因此，本节以 2008 年数据来反映农地整治前的情况，

以 2013 年数据来反映农地整治后的情况，将传统模式农地整治项目区调查数据作为处理组，未整治项目区调查数据作为对照组，通过对照组与处理组在农地整治前后的土地利用效率及投入与产出变化来分析农地整治对土地利用效率的影响。

2. 因变量

评价农地整治对农户土地利用效率的影响，主要从农户土地利用效率及投入与产出变化的视角进行分析。农户农业生产中的投入包括化肥、农药、灌溉、种子和机械等资本及劳力投入，而土地利用效率则反映土地将各种生产要素投入转化为产出的能力。因变量共 8 个指标，各个指标的统计描述如表 8-7 所示。

表 8-7 因变量统计描述

变量	样本	均值	标准差	最小值	最大值
土地利用效率	184	0.40	0.12	0.08	0.89
农业总产值/（元/公顷）	184	28 516	8 403	6 441	64 007
化肥投入/（元/公顷）	184	5 603	1 452	3 080	7 500
农药投入/（元/公顷）	184	1 996	710	700	3 300
灌溉投入/（元/公顷）	184	421	203	0	796
种子投入/（元/公顷）	184	1 885	715	600	3 450
机械投入/（元/公顷）	184	3 167	910	720	4 650
劳力投入/（天/公顷）	184	200	110	35	984

3. 自变量

影响农户土地利用效率的自变量主要分为个体因素和家庭因素。个体因素主要包括户主年龄和户主受教育程度，家庭因素主要包括务农收入比例、农户家庭拥有的承包地面积、农户家庭旱涝保收耕地比例、复种指数等，各自变量的统计描述如表 8-8 所示。

表 8-8 自变量统计描述

变量	样本	均值	标准差	最小值	最大值
是否实施农地整治（虚拟变量）	184	0.25	0.43	0	1
ln 年龄（X_{i1}）	184	3.94	0.15	3.40	4.30
受教育程度（0=文盲；1=小学；2=初中；3=高中；4=大专及以上）（X_{i2}）	184	2.51	0.70	0	4

续表

变量	样本	均值	标准差	最小值	最大值
旱涝保收耕地比例（X_{i3}）	184	0.66	0.38	0	1
土地承包地面积/公顷（X_{i4}）	184	0.73	0.41	0.11	2.67
务农收入比例（X_{i5}）	184	0.56	0.23	0.43	1
复种指数（种植面积/承包面积）（X_{i6}）	184	1.87	0.18	1	2

户主基本属性影响着农户农业生产及土地经营的决策，户主往往在家庭决策中起主导作用，而家庭其他成员往往遵从户主的生产安排。户主年龄代表了农户从事农业生产的经验，户主年龄越大，其农业生产经验越丰富；户主的文化程度直接制约着户主对信息的把握能力和农业科技应用的能力，直接影响到农业生产中的土地利用效率。家庭因素也影响着农户的农业生产决策，如农户家庭拥有的承包地面积影响土地规模经营的效益；旱涝保收耕地比例反映了农户的土地质量，土地质量直接影响着土地的利用效率；农户家庭农业收入占总收入的比重越大，农户对农业生产的倚重程度越高，说明农户越重视农业生产，土地利用效率也就越高。复种指数反映了耕地的集约利用程度，耕地集约利用程度越高，土地利用效率就越高。

8.5.4 模型估计结果及分析

本节运用SAS8.1软件分析了农地整治对农户土地利用效率及投入与产出的影响，另外引入控制变量，对影响农户土地利用效率的因素进行了固定效应分析。

1. 农地整治前后农户土地利用效率的影响因素分析

表8-9列出了农地整治前后传统模式整治项目区与未整治项目区农户土地利用效率及投入与产出的组内和组间均值差。研究结果证实，农地整治前传统模式整治项目区户均土地利用效率略高于未整治项目区户均土地利用效率，差别是0.0023；农地整治后传统模式整治项目区户均土地利用效率明显高于未整治项目区农户，差别是0.0428，与农地整治前相比，二者的双重差分估计值是0.0405，这就是DID估计值，农地整治后传统模式整治项目区与未整治项目区户均土地利用效率均有所增加，但传统模式整治项目区户均土地利用效率明显比未整治项目区户均土地利用效率增加的幅度要大。

表 8-9　农地整治前后农户土地利用效率及投入与产出的组内和组间均值差

户均土地利用效率	未整治项目区农户	传统模式整治项目区农户	diff	户均农业总产值/（元/公顷）	未整治项目区农户	传统模式整治项目区农户	diff
整治前（2008 年）	0.334 5	0.336 8	0.002 3	整治前（2008 年）	23 555	23 670	115
整治后（2013 年）	0.374 6	0.417 4	0.042 8	整治后（2013 年）	33 392	35 748	2 356
diff	0.040 1	0.080 6	0.040 5	diff	9 837	12 078	2 241
户均化肥投入/（元/公顷）	未整治项目区农户	传统模式整治项目区农户	diff	户均农药投入/（元/公顷）	未整治项目区农户	传统模式整治项目区农户	diff
整治前（2008 年）	4 254	4 307	53	整治前（2008 年）	1 335	1 349	14
整治后（2013 年）	6 956	7 114	157	整治后（2013 年）	2 513	2 568	55
diff	2 702	2 807	104	diff	1 178	1 219	41
户均灌溉投入/（元/公顷）	未整治项目区农户	传统模式整治项目区农户	diff	户均种子投入/（元/公顷）	未整治项目区农户	传统模式整治项目区农户	diff
整治前（2008 年）	468	404	−64	整治前（2008 年）	1 192	1 313	121
整治后（2013 年）	596	275	−321	整治后（2013 年）	2 367	2 546	179
diff	128	−129	−257	diff	1 175	1 233	58
户均劳力投入/（天/公顷）	未整治项目区农户	传统模式整治项目区农户	diff	户均机械投入/（元/公顷）	未整治项目区农户	传统模式整治项目区农户	diff
整治前（2008 年）	207	205	−2	整治前（2008 年）	2 355	2 234	−121
整治后（2013 年）	204	200	−4	整治后（2013 年）	4 046	4 048	2
diff	−3	−5	−2	diff	1 691	1 814	123

从户均农业总产值来看，农地整治前，传统模式整治项目区户均农业总产值比未整治项目区高 115 元/公顷；农地整治后，传统模式整治项目区与未整治项目区户均农业总产值的差距进一步扩大，二者差距高达 2 241 元/公顷，表明农地整治后，传统模式整治项目区户均农业总产值有了较大幅度的增长。

从户均化肥、农药、种子、机械等资本投入来看，农地整治后，传统模式整治项目区与未整治项目区户均化肥、农药、种子、机械等资本投入均有所增加，但两者相比，前者户均化肥、农药、种子、机械等资本投入增加的幅度均大于后者，同农地整治前相比，四种农业生产要素投入的双重差分估计值分别为 104 元/公顷、41 元/公顷、58 元/公顷、123 元/公顷，这表明户均化肥、农药、种子、机械等资本投入与农地整治呈正相关。可能的原因是农地整治后，农业生产条件得到改善，农户希望通过增加流动资本投入来增加农业产出，因此传统模式整治项目区户均流动资本投入增加幅度较大。

与前面几种农业生产要素投入增长不同的是，户均劳力投入降低了，呈现下降的局面。从户均劳力投入来看，农地整治前，传统模式整治项目区户均劳力投入比未整治项目区农户低 2 天/公顷；农地整治后，传统模式整治项目区农户与未整治项目区户均劳力投入均有所下降，但前者下降的幅度更大，前者户均劳力投入比后者低 4 天/公顷，与农地整治前相比，其双重差分估计值为-2 天/公顷，表明户均劳力投入同农地整治呈负相关，即传统模式整治项目区与未整治项目区相比，前者户均劳力投入降低的幅度更大。从户均灌溉资本投入来看，农地整治前，传统模式整治项目区户均灌溉资本投入比未整治项目区农户低 64 元/公顷，农地整治后，传统模式整治项目区户均灌溉资本投入降低了，而未整治项目区户均灌溉资本投入反而增加了，前者户均灌溉资本比后者低 321 元/公顷，与农地整治前相比，其双重差分估计值为-257 元/公顷，这说明农地整治降低了传统模式整治项目区农户的户均灌溉资本投入。

通过分析表 8-9 的数据可以看出，农地整治后，传统模式整治项目区与未整治项目区户均化肥、农药、种子、机械等资本投入均有所增加，但两者相比较，前者户均流动资本增加的幅度较大，表明户均化肥、农药、种子、机械等资本投入与农地整治呈正相关；农地整治实施后，传统模式整治项目区户均灌溉资本投入与农地整治前相比有所降低，未整治项目区户均灌溉资本投入与之前相比有所增加，表明户均灌溉资本投入与农地整治呈负相关；农地整治后，传统模式整治项目区与未整治项目区相比，前者户均农业总产值有了较大幅度的增长，表明户均农业总产值与农地整治呈正相关。农地整治后，传统模式整治项目区农业生产条件得到改善，农户对农业生产的信心增加，农户希望通过增加流动资本投入来提高农业产出；农地整治改善了农田水利设施，在降低农业灌溉资本投入的同时提高了农业产量；农地整治降低了劳力成本，提高了农业机械化程度，大大增加了农业产出；综合考虑以上农业生产投入与产出对户均土地利用效率的影响，户均土地利用效率与农地整治呈正相关，即农地整治对土地利用效率有促进作用。

2. 农地整治对农户土地利用效率的计量分析

1）基本回归结果

农地整治对农户土地利用效率及投入与产出的回归结果如表 8-10 所示。

表 8-10 农地整治对农户土地利用效率及投入与产出的回归结果

变量	系数	土地利用效率	农业总产值	化肥	农药
T_t	α_0	0.042 8* (1.82)	9 837*** (5.40)	2 722*** (27.29)	1 178*** (21.05)
dB_i	β_1	0.002 3 (-0.82)	115 (0.08)	53 (0.54)	14 (0.26)
$T_t dB_i$	α_1	0.040 5** (2.60)	2 241** (2.31)	103 (0.59)	41 (0.51)

续表

变量	系数	土地利用效率	农业总产值	化肥	农药
常数项	β_0	0.334 6*** (28.78)	23 555*** (23.91)	4 254*** (60.31)	1 335*** (33.75)
R^2		0.201 4	0.379 6	0.893 5	0.833 3

变量	系数	灌溉	劳力	种子	机械
T_t	α_0	128*** (3.88)	−3 (−0.12)	1 174*** (19.90)	1 691*** (16.62)
dB_i	β_1	−64** (−1.95)	−2 (−0.02)	121** (2.05)	−121*** (−1.19)
$T_t dB_i$	α_1	−257*** (−5.50)	−2.98 (−0.10)	58 (0.70)	122 (0.85)
常数项	β_0	468*** (20.10)	207*** (14.28)	1 192*** (28.57)	2 355*** (32.73)
R^2		0.342 9	0.006 0	0.821 0	0.763 8

*、**和***分别表示在0.1、0.05和0.01的水平上显著，括号内为t值

注：农业生产投入与农业总产值的单位均为元/公顷，其中劳力投入的单位为天/公顷

结果表明：①户均土地利用效率、户均农业总产值的 DID 估计值显著且为正，说明在控制了时变效应和差异效应的同时，农地整治后，与未整治项目区农户相比，整治项目区农户户均土地利用效率、户均农业总产值显著提高了。农地整治通过修建农田水利设施，提高了旱涝保收耕地的比例，在降低农业灌溉资本投入的同时增加了农业产出；农地整治提高了农业机械化程度，而农业的规模化经营可提高土地的产出能力；农地整治的实施改善了农业生产条件，农户对农业生产更有信心，农户希望通过增加流动资本投入来增加农业产出。因此，综合以上分析，农地整治的实施可促进土地利用效率的提高。②户均灌溉资本投入的 DID 估计值显著且为负，说明在控制了时变效应和差异效应的同时，农地整治对户均灌溉资本投入有显著负影响，即处理组与对照组相比，农地整治前后前者户均灌溉资本投入显著降低了，即农地整治的实施可以降低农业灌溉资本。

其他模型估计结果显示：①农地整治对农户家庭农业生产过程中的化肥、农药、种子等流动资本投入影响不显著。一方面，农地整治实施后农业生产条件得到改善，农户希望通过增加流动资本投入来增加农地产出，因此农地整治后农户流动资本投入有所增加；另一方面，农地整治通过改善农田水利设施提高了土地质量，土地质量的提高节省了部分流动资本投入，使得农户流动资本投入有所减少。因此农地整治对户均化肥、农药、种子等流动资本投入影响不显著。②农地整治对户均农业机械资本投入影响不显著。一方面，农地整治的实施提高了农业机械化水平，户均农业机械资本投入有所增加；另一方面，由于土地经营规模的制约和农业机械操作能力的限制，部分农户农业机械化生产的意愿较低。因此户

均农业机械资本投入增加不明显。③农地整治对户均劳力投入影响不显著。一方面，农地整治提高了农业机械化的程度，节省了部分劳力投入；另一方面，受传统小农经营模式的影响，农户希望通过精耕细作来提高单位面积土地产量，这部分农户劳力投入较多。因此农地整治对户均劳力投入影响不显著。

2）引入控制变量的回归分析

引入控制变量对影响土地利用效率的因素进行固定效应分析。根据表 8-11 的分析结果可知：农户受教育程度对户均土地利用效率有正影响，在 5%的水平上显著；农户家庭农业收入比重对户均土地利用效率有正影响，其显著性概率远小于 0.01；农户年龄、旱涝保收耕地比例、土地承包地面积、复种指数等对户均土地利用效率影响不显著。在显著的控制变量中：①农户受教育程度越高，农户对新事物、新技术的认知能力和接受能力就越强，越有能力提高土地利用效率。②农户家庭农业收入比重越大，农户对农业生产越重视，农户会采取各种措施来提高土地利用效率，如在合理范围内增加单位面积流动资本投入、采用农业科技新品种等。

表 8-11　引入控制变量的模型回归结果

变量	系数	t-value	Pr>$|t|$
DID 估计值	0.052 5	2.41	0.017 1**
ln（农户年龄）	−0.009 8	−0.24	0.809 1
受教育程度（0=文盲；1=小学；2=初中；3=高中；4=大专及以上）	0.021 2	2.46	0.014 9**
旱涝保收耕地比例	0.014 9	1.00	0.317 0
土地承包地面积/公顷	0.037 8	1.22	0.223 2
农业收入比重	0.099 4	3.79	0.000 2***
复种指数（农作物种植面积/土地承包地面积）	0.049 6	1.33	0.184 4
C	0.763 2	3.07	0.002 5
Adj-R^2		0.306 2	

和*分别表示在 0.05 和 0.01 的水平上显著

8.6　农户有效参与模式整治项目区与传统模式整治项目区土地利用效率差异分析

本节首先分析农户有效参与模式整治项目区与传统模式整治项目区土地利用效率差异的原因，其次运用 DID 模型来分析验证农户有效参与农地整治对土地利用效率的净影响，最后引入控制变量，对影响土地利用效率的因素进行固定效应分析。

8.6.1 差异分析

根据表 8-6 的土地利用效率测算结果可知，农地整治前，农户有效参与模式整治项目区与传统模式整治项目区户均土地利用效率分别为 0.345 6 和 0.336 8，两者相差 0.008 8；农地整治后，农户有效参与模式整治项目区与传统模式整治项目区户均土地利用效率均有所增加，分别为 0.466 8 和 0.417 4，但前者比后者多增加 0.029 4，与农地整治前相比，二者的差值为 0.020 5。两种模式下农地整治前后户均土地利用效率均有所增加，但两者相比较，农户有效参与模式整治项目区户均土地利用效率要比传统模式整治项目区农户增加得快，这是由于农户参与农地整治项目使得土地利用效率增加。农户有效参与模式与传统模式相比，虽然都实施了农地整治，但农户的参与程度却存在很大区别，农户有效参与模式农地整治项目由联户农户自发申报并组织实施。农户作为农地整治项目的受益主体，由其进行项目申报，可以使得项目选址符合农业生产实际，能够解决农业生产中面临的迫切问题，如农田水利设施落后、土地不平整、田间道路破败等。同时农户参与项目选址、规划设计方案编制，并负责项目施工及后期管护等工作，可保证项目的工程质量，进而提高土地利用效率，因此农户有效参与模式整治项目区户均土地利用效率比传统模式整治项目区增加的幅度要大。

8.6.2 DID 模型构建

农户有效参与模式农地整治与传统模式农地整治二者的区别在于农户参与程度的高低，农户有效参与模式下农户参与程度较高，而传统模式下农户参与较少，或几乎没有参与。这里也借鉴 DID 模型来评价农户有效参与农地整治对土地利用效率的影响，期望能够对农户有效参与模式整治项目区与传统模式整治项目区户均土地利用效率的差异进行解释。基本思路是将调查样本分为两组：一组是农户有效参与模式整治项目区的农户（处理组，农户参与程度较高），另一组是传统模式整治项目区的农户（对照组，农户较少参与或几乎不参与）；根据处理组农户和对照组农户在农地整治前后的相关信息，评价农户参与农地整治影响土地利用效率及投入与产出的相关指标，如计算农户有效参与模式整治项目区与传统模式整治项目区农户土地利用效率及投入与产出指标在农户参与农地整治前后的差值。在分析处理组农户与对照组农户土地利用效率投入与产出指标的差距时，按被调查农户所在项目区农户参与程度的高低分为农户有效参与模式整治项目区农户和传统模式整治项目区农户。

相应地令对照组为 A，处理组为 B，虚拟变量 dB 对应的农户有效参与模式整治项目区（农户参与程度较高）农户为 1，传统模式整治项目区（农户参与程度较低）农户为 0。T 表示农户参与农地整治时期的虚拟变量，农户参与农地整治前，$T=0$，农户参与农地整治后，$T=1$。ε 为扰动项。用于分析农户有效参与农地整治所带来影响的经济计量方程为

$$Y = \beta_0 + \alpha_0 T + \beta_1 dB + \alpha_1 TdB + \varepsilon$$

从以上模型可以得到处理组农户和对照组农户在农户参与农地整治前后各自土地利用效率及投入与产出变动的模型。其中，对于对照组农户，$dB=0$，模型可以表示为 $Y=\beta_0+\alpha_0 T+\varepsilon$；对于处理组农户，$dB=1$，模型可以表示为 $Y=\beta_0+\alpha_0 T+\beta_1+\alpha_1 T+\varepsilon$，模型中 TdB 的系数 α_1 是双重差分估计值，它代表农户参与农地整治的实际效果。另外引入控制变量对影响土地利用效率的其他因素进行固定效应分析，其模型为 $Y_{it}=\beta_0+\alpha_0 T_t+\beta_1 dB_i+\alpha_1 T_t dB_i+\theta X_{it}+\varepsilon_{it}$，其中，$i$ 代表农户；t 代表时期；Y_{it} 是农户 i 在时期 t 的土地利用效率；dB_i 是一个二值虚拟变量，衡量农户所在项目区农户参与程度的高低，若农户参与程度较高，则 $dB_i=1$，否则，$dB_i=0$；变量 T_t 代表样本数据是否来自农户参与农地整治后的那个时期，如果是，$T=1$，否则，$T=0$；X_{it} 是一组可观测的影响土地利用效率的控制变量，包括农户的年龄、受教育程度、农业收入比重、耕地面积、旱涝保收耕地比例和复种指数。

8.6.3 变量选取及说明

1. 数据说明及时间段选取

本小节分析的是农户有效参与农地整治对农户土地利用效率的净影响。调查地区为武汉市江夏区金口街道和法泗街道，两地区经济发展水平相当、地貌形态一致。农户有效参与模式农地整治项目选取的是武汉市江夏区金口街道农地整治项目区的前进村、大嘴口村、青菱村，样本数为 46 份。金口街道农地整治项目由联户农民投资投劳并组织实施，项目于 2010 年 10 月开工，至 2011 年 12 月底竣工。传统模式农地整治项目选取的是武汉市江夏区法泗街道卫东农地整治项目区的菱米村、长虹村和武汉市江夏区金口街道金水农地整治项目区的西湖村、红灯村，样本数为 46 份。江夏区法泗街道卫东农地整治项目于 2008 年 11 月开工，至 2009 年 10 月底竣工；江夏区金口街道金水农地整治项目于 2008 年 12 月开工，至

2010 年 8 月竣工，两个项目均由政府国土部门投资并组织实施。课题组在 2013 年 12 月对以上地区进行了实地调查，本节以 2008 年数据来反映农地整治前的情况，以 2013 年数据来反映农地整治后的情况，将农户有效参与模式农地整治项目区农户作为处理组，传统模式整治项目区农户作为对照组，通过对照组与处理组在农地整治前后的土地利用效率及投入与产出方面的变化来分析农地整治项目中农户有效参与对土地利用效率的影响。

2. 因变量

评价农户有效参与农地整治对农户土地利用效率的影响，主要从农户土地利用效率及投入与产出变化的视角进行分析。农户农业生产中的投入包括化肥、农药、灌溉、种子和机械等资本投入及劳力投入，土地产出则是指农业总产值，土地利用效率反映土地将各种生产要素投入转化为产出的能力。因变量共 8 个指标，各个指标的统计描述如表 8-12 所示。

表 8-12 因变量统计描述

变量	样本	均值	标准差	最小值	最大值
土地利用效率	184	0.43	0.15	0.14	1.36
农业总产值/（元/公顷）	184	30 005	10 070	8 886	44 584
化肥投入/（元/公顷）	184	5 468	1 512	2 250	9 375
农药投入/（元/公顷）	184	1 920	727	743	3 600
灌溉投入/（元/公顷）	184	308	217	0	1 200
种子投入/（元/公顷）	184	1 795	650	463	3 450
机械投入/（元/公顷）	184	3 185	1 002	518	5 475
劳力投入/（天/公顷）	184	201	81	192	1 200

3. 自变量

影响农户土地利用效率的自变量主要分为个体因素和家庭因素。个体因素主要包括户主年龄、受教育程度等，家庭因素主要包括农业收入比重、农户家庭拥有的承包地面积、旱涝保收耕地比例和复种指数等，各自变量的统计描述如表 8-13 所示。

表 8-13 自变量统计描述

变量	样本	均值	标准差	最小值	最大值
农户参与（虚拟变量）	184	0.50	0.50	0	1
ln（年龄）（X_{i1}）	184	3.93	0.14	3.46	4.32
受教育程度（0=文盲；1=小学；2=初中；3=高中；4=大专及以上）（X_{i2}）	184	2.59	0.69	0	4

续表

变量	样本	均值	标准差	最小值	最大值
农业收入比重（X_{i3}）	184	0.57	0.24	0	1
旱涝保收耕地比例（X_{i4}）	184	0.60	0.41	0	1
土地承包地面积/公顷（X_{i5}）	184	0.91	1.02	0.2	8.67
复种指数（种植面积/承包地面积）（X_{i6}）	184	1.93	0.51	1	2

8.6.4 模型运行结果分析

本节运用SAS8.1软件分析了农户有效参与农地整治项目对农户土地利用效率及投入与产出的影响，另外引入控制变量，对影响农户土地利用效率的因素进行固定效应分析。

1. 农户有效参与农地整治前后土地利用效率的影响因素分析

表 8-14 列出了农地整治前后农户有效参与模式整治项目区与传统模式整治项目区农户土地利用效率及投入与产出的组内和组间均值差。结果表明：农地整治前，农户有效参与模式整治项目区户均土地利用效率比传统模式整治项目区高 0.008 8；农地整治后，农户有效参与模式整治项目区户均土地利用效率明显高于传统模式整治项目区，二者差距为 0.049 4，与农地整治前相比，其 DID 估计值为 0.040 5。这表明，农地整治前后农户有效参与模式整治项目区户均土地利用效率明显比传统模式整治项目区农户增加得快，这是由农户有效参与农地整治项目所带来的土地利用效率的增加。

表 8-14 不同模式农地整治前后土地利用效率及投入与产出的组内和组间均值差

户均土地利用效率	对照组农户	处理组农户	diff	户均农业总产值/（元/公顷）	对照组农户	处理组农户	diff
整治前（2008年）	0.336 8	0.345 6	0.008 8	整治前（2008年）	23 671	22 994	−677
整治后（2013年）	0.417 4	0.466 8	0.049 4	整治后（2013年）	35 457	36 608	1 861
diff	0.080 6	0.121 2	0.040 5	diff	12 076	14 614	2 538
户均化肥投入/（元/公顷）	对照组农户	处理组农户	diff	户均农药投入/（元/公顷）	对照组农户	处理组农户	diff
整治前（2008年）	4 307	4 186	−121	整治前（2008年）	1 349	1 341	−8
整治后（2013年）	7 114	7 103	−11	整治后（2013年）	2 568	2 656	−88
diff	2 807	2 917	110	diff	1 219	1 315	96

续表

户均灌溉投入/（元/公顷）	对照组农户	处理组农户	diff	户均种子投入/（元/公顷）	对照组农户	处理组农户	diff
整治前（2008年）	404	402	−2	整治前（2008年）	1 313	1 235	−78
整治后（2013年）	275	207	−68	整治后（2013年）	2 546	2 534	−12
diff	−129	−195	−66	diff	1 233	1 299	66
户均劳力投入/（天/公顷）	对照组农户	处理组农户	diff	户均机械投入/（元/公顷）	对照组农户	处理组农户	diff
整治前（2008年）	205	209	−4	整治前（2008年）	2 234	2 771	537
整治后（2013年）	200	202	−2	整治后（2013年）	4 047	4 690	643
diff	−5	−7	−2	diff	1 813	1 919	105

注：对照组为传统模式整治项目区农户，处理组为农户有效参与模式整治项目区农户

从户均农业总产值来看，农地整治前，农户有效参与模式整治项目区户均农业总产值比传统模式整治项目区低677元/公顷；农地整治后，农户有效参与模式整治项目区户均农业总产值比传统模式整治项目区高1 861元/公顷，与农地整治前相比，其双重差分估计值为2 538元/公顷。表明农地整治后，农户有效参与模式整治项目区农户与传统模式整治项目区相比户均农业总产值有了较大幅度的增长。

从户均化肥、农药、种子、机械等资本投入来看，农地整治后，农户有效参与模式整治项目区与传统模式整治项目区户均化肥、农药、种子、机械等资本投入均有所增加。但两者相比，前者户均化肥、农药、种子、机械等资本投入增加的幅度均大于后者，同农地整治前相比，四种农业生产要素投入的双重差分估计值分别为110元/公顷、96元/公顷、66元/公顷、105元/公顷。表明农地整治后，农户有效参与模式整治项目区与传统模式整治项目区相比，户均化肥、农药、种子、机械等资本投入有所增加。可能的原因是农户有效参与模式整治项目区农业生产条件明显改善，农户扩大了经济作物种植面积，农户对农业生产的信心增加，因此农户单位面积流动资本投入增加。

与前面几种农业生产要素投入增长不同的是，户均劳力投入降低了，呈现下降局面。从劳力投入来看，农地整治前农户有效参与模式整治项目区户均劳力投入比传统模式整治项目区低4 天/公顷；农地整治后农户有效参与模式整治项目区与未整治项目区户均劳力投入均有所下降，但前者下降幅度更大，前者户均劳力投入比后者低2 天/公顷，与农地整治前相比，其双重差分估计值为−2 天/公顷。表明农户有效参与模式农地整治项目区实施效果优于传统模式整治项目区，节省劳力成本更多。从灌溉资本投入来看，农地整治前，农户有效参与模式整治项目区户均灌溉资本投入比传统模式整治项目区低2 元/公顷；农地整治后，两者户均灌溉资本投入均降低了，但前者户均灌溉资本投入降低的幅度更大，前者户均灌溉资本投入比后者低68 元/公顷，与农地整治前相比，其双重

差分估计值为-66 元/公顷。说明农户有效参与模式农地整治项目区实施效果较优于传统模式整治项目区，节省灌溉资本更多。

通过分析表 8-14 的数据还可以看出，农地整治后，农户有效参与模式整治项目区与传统模式整治项目区户均化肥、农药、种子、机械等资本投入均有所增加，但两者相比较，前者增加的幅度较大，表明农户有效参与模式农地整治项目区实施效果较好，农户对农业生产条件更有信心，农户希望通过增加流动资本投入来增加农业产出，也说明农户参与农地整治，农地整治实施效果更好。农地整治后，农户有效参与模式整治项目区与传统模式整治项目区户均灌溉资本投入与农地整治前相比均有所降低，且前者降低的幅度更大；农户有效参与模式整治项目区与传统模式整治项目区户均农业总产值与农地整治前相比均有所增加，且前者增加的幅度更大；表明农户有效参与农地整治，农地整治的效率更高，节省灌溉资本投入更多，农业产出增加更明显。农户有效参与农地整治，农地整治的效率更高，农业生产条件明显得到改善，农户希望通过增加流动资本投入来增加农业产出；农户有效参与农地整治，使得农地整治实施效果较好，农地整治项目在降低农业生产成本的同时大大提高了农业产出。因此，综合以上分析，户均土地利用效率同农户有效参与农地整治呈正相关，即农户有效参与农地整治对土地利用效率的促进作用更大。

2. 农户参与农地整治对土地利用效率的计量分析

1）回归结果

表 8-15 是农户有效参与农地整治对上述 DID 估计值的回归结果。结果显示：户均土地利用效率、户均农业总产值的 DID 估计值显著且为正，说明在控制了时变效应和差异效应的同时，农户有效参与模式整治项目区农户与传统模式整治项目区农户相比，农地整治前后前者户均土地利用效率、户均农业总产值显著提高。这说明农户有效参与模式农地整治比传统模式农地整治实施效果更好。

表 8-15　农户有效参与农地整治对农户土地利用效率及投入与产出的回归结果

变量	系数	土地利用效率	农业总产值	化肥	农药
T_t	α_0	0.080 6*** （19.27）	12 076*** （7.67）	2 806*** （22.58）	1 218*** （18.30）
dB_i	β_1	0.008 8*** （3.02）	-676 （-0.43）	-121* （-0.97）	-11 （-0.15）
$T_t dB_i$	α_1	0.049 6* （1.97）	2 538* （2.14）	110 （0.63）	97 （1.04）
常数项	β_0	0.337 0* （1.97）	23 670** （21.25）	4 307*** （48.99）	1 350*** （28.69）

续表

变量	系数	灌溉	劳力	种子	机械
R^2		0.202 0	0.446 4	0.852 5	0.798 2
T_t	α_0	−129*** (−3.38)	−5.22 (−0.15)	1 232*** (14.24)	1 813*** (14.59)
dB_i	β_1	−3 (−0.07)	−4 (0.78)	−78 (−0.90)	535 (4.31)
$T_t dB_i$	α_1	−66 (−1.23)	−2 (0.20)	64 (0.53)	102 (0.58)
常数项	β_0	404*** (15.01)	205*** (17.39)	1 313*** (21.47)	2 234*** (25.42)
R^2		0.166 4	0.003 4	0.699 0	0.728 8

*、**和***分别表示在 0.1、0.05 和 0.01 的水平上显著，括号内为 t 值

注：各种农业生产投入与农业总产值的单位为元/公顷，其中劳力投入的单位为天/公顷

其他模型估计结果显示：①农户有效参与农地整治对农户家庭农业生产中的化肥、农药、种子等资本投入影响不显著。一方面农户有效参与农地整治项目，使得项目实施效果较好，农户希望通过增加农地流动资本投入来增加农地产出，因此农户有效参与农地整治后户均流动资本投入增加；另一方面农户有效参与农地整治使得项目效率更高，土地质量明显提高，节省了部分流动资本投入。因此农户有效参与农地整治对户均化肥、农药、种子等流动资本投入影响不显著。②户均灌溉资本投入的 DID 估计值为负，但不显著。前面研究结果已证实农地整治对户均灌溉资本投入有显著负影响，这里农户有效参与模式整治项目区与传统模式整治项目区相比较，前者户均灌溉资本投入降低的幅度更大，说明农户有效参与模式农地整治比传统模式农地整治实施效果要好，节省灌溉资本更多。③农户有效参与农地整治对户均农业机械资本投入影响不显著。一方面农户有效参与农地整治使得农业机械化程度提高，户均农业机械资本投入有所增加；另一方面因为土地规模经营的制约和农业机械操作能力的限制，部分农户农业机械化生产的意愿较低，因此户均农业机械资本投入增加不明显。④农户有效参与农地整治对户均劳力投入影响不显著。一方面，农户有效参与农地整治提高了农业机械化的程度，节省了部分劳力投入；另一方面，受传统小农经营模式的影响，农户希望通过精耕细作来提高单位面积土地产量，这部分农户劳力投入较多。因此农户有效参与农地整治对户均劳力投入影响不显著。

2）引入控制变量的回归分析

引入控制变量对影响土地利用效率的因素进行固定效应分析，找出影响农户土地利用效率的主要变量，具体模型回归结果见表 8-16。

表 8-16 引入控制变量的模型回归结果

变量	系数	t-value	$Pr>|t|$
DID 估计值	0.051 9	1.70	0.091 6*
ln（年龄）	0.072 3	1.15	0.251 3
受教育程度（0=文盲；1=小学；2=初中；3=高中；4=大专及以上）	0.000 7	−0.06	0.954 5
农业收入比例	0.116 3	3.15	0.001 9***
旱涝保收耕地比例	0.047 6	2.42	0.016 6**
土地承包地面积/公顷	0.071 3	5.18	0.000 1***
复种指数	0.005 9	−0.15	0.882 4
C	1.019 9	3.13	0.002 1***
Adj-R^2		0.545 6	

*、**和***分别表示在 0.1、0.05 和 0.01 的水平上显著

由表 8-16 的分析结果可以看出：农户家庭农业收入比例、农户家庭土地承包地面积和旱涝保收耕地比例对户均土地利用效率均有显著正影响；农户年龄及受教育程度、复种指数等对户均土地利用效率影响不显著。在显著的控制变量中：①农户家庭农业收入占家庭总收入比例越大，说明农户对农业生产的倚重程度越高，农户对农业生产就越重视，农户就会尽力去提高土地利用效率；②农户家庭旱涝保收耕地比例越高，单位面积土地获得的产出就越高，土地利用效率也就越高；③农户家庭土地承包地面积增多，就可获得土地规模经营带来的好处，农户就可以获得更高的产出，农户的土地利用效率相对也就越高。

8.7 本章小结

本章在测算不同模式农地整治前后土地利用效率的基础上，对农户有效参与模式整治项目区、传统模式整治项目区和未整治项目区的土地利用效率差异进行了分析，在分析差异原因的基础上运用 DID 模型分析了农地整治和农户有效参与农地整治对农户土地利用效率的影响，结果如下。

（1）农地整治后，农户有效参与模式整治项目区、传统模式整治项目区及未整治项目区户均土地利用效率均有所提高，但农户有效参与模式整治项目区户均土地利用效率增加幅度最大，传统模式整治项目区次之，未整治项目区农户增加幅度最小。

（2）农地整治后，传统模式整治项目区户均土地利用效率高于未整治项目区，两者差异的原因是农地整治可促进农业产出和土地利用效率的提高。运用

DID 模型分析得出：农地整治对户均农业总产值、户均土地利用效率有显著正影响；农地整治对户均农业灌溉资本投入有显著负影响；说明农地整治可降低农业生产成本，增加农业产出和提高土地利用效率。

（3）农地整治后，农户有效参与模式整治项目区户均土地利用效率高于传统模式整治项目区，两者差异的原因是农户有效参与农地整治提高了项目效率，进而促进了农业产出和土地利用效率的提高。运用 DID 模型分析得出：农户有效参与农地整治对户均农业总产值、户均土地利用效率有显著正影响。这说明在农地整治项目中提高农户的参与程度，可提高农地整治项目的实施效率，进而可促进农业产出和土地利用效率的提高。

（4）户主受教育程度、农业收入比例、旱涝保收耕地比例及承包地面积等对土地利用效率影响显著，应从这些方面因素来考虑提高土地利用效率。

第9章 结论与政策建议

9.1 研究结论

  本书基于已有的文献研究成果和相关理论，对农户有效参与影响农地整治项目绩效的内在机理进行了分析，构建了农户有效参与（F）、农地整治项目管理行为（M）及农地整治项目绩效（P）三者之间的理论影响路径，并选取了湖北省农地整治项目岗前平原工程模式区和丘陵工程模式区对理论影响路径及其影响效应进行了实证分析与测算，研究了农地整治项目农户有效参与的差异及其成因、不同模式农地整治前后土地利用效率的差异，主要得到了以下结论。

  （1）两模式区中农户有效参与（F）、农地整治项目管理行为（M）和农地整治项目绩效（P）的样本分析与测算结果表明，农户有效参与度越高，农地整治项目管理行为情况越好，农民对农地整治项目绩效的满意度就越高。因此提高农户有效参与、促进农地整治项目管理行为的优化将有利于农地整治项目绩效的改善。但目前来看，由于相关法律、监管机制的缺失，农民参与意识与参与能力的不足，相关部门规范项目管理与决策行为的意识薄弱，农民的参与往往流于形式，农民参与的有效度偏低，项目管理者的管理与决策质量不高，农民对农地整治项目绩效并不是很满意。

  （2）农户有效参与不仅可以通过农地整治项目管理行为的优化间接对农地整治项目绩效起到贡献作用（$F→M→P$），而且对项目绩效也有直接的影响（$F→P$）。虽然岗前平原工程模式区得益于自然地理优势，其各影响路径系数（$F_n→M_n$、$M_n→P_n$、$F_n→P_n$）均略高于丘陵工程模式区，但总的来看，两模式区的实证分析结果表明：农户有效参与（F）对农地整治项目管理行为（M）的优化具有直接的积极影响，农地整治项目管理行为（M）又进一步对农地整治项目绩效（P）产生直接的积极影响，且农户有效参与（F）对农地整治项目绩效（P）也有直接的积极影响；验证了理论影响路径的合理性。

（3）研究区域总样本及岗前平原工程模式区样本和丘陵工程模式区样本中，农户有效参与对农地整治项目绩效影响效应测算值虽然存在差异，但差异并不明显；农户有效参与对农地整治项目绩效的间接影响效应均占到了总效应的85%左右，远大于直接效应。这表明农户有效参与对农地整治项目绩效的提升路径主要在于农地整治项目管理行为的优化；说明通过提高农户有效参与度，促进农地整治项目管理行为的优化，是提升农地整治项目绩效更为有效的途径。因此，相较于单一地通过农户有效参与度的提高来改善农地整治项目绩效，促进农户有效参与度的提高与农地整治项目管理行为的优化"双管"齐下，效果将更显著。

（4）从研究区域的总体情况来看，湖北省农地整治项目农户有效参与度普遍较低，而在不同模式区以及不同类型农户中，农户有效参与情况存在一定的差异。从总体样本来看，农户有效参与度为"极高"和"较高"的比例仅为4.5%和10.3%，而"极低"和"较低"的比例达到了9.6%和50.3%，表明湖北省农地整治项目中农户有效参与度总体偏低。在不同模式区农户有效参与的比较中，岗前平原工程模式区农户有效参与情况略好于丘陵工程模式区；在不同类型农户有效参与的比较中，低度兼业型农户的有效参与度最高，其次是纯农业型农户和高度兼业型农户，而非农业型农户的有效参与情况最不理想。

（5）在农地整治项目农户有效参与影响因素分析中，参与能力的增强、参与机会的增加、参与动力的提升对不同模式区农户有效参与均有重要的影响。然而，影响不同模式区农户有效参与农地整治项目的因子及其贡献率大小却不尽相同。在不同模式区农户有效参与的比较中，农户的认知能力、农户的受教育程度、农户具备的专业技能、信息公开程度、参与权利的明确程度、参与程序的明确程度、房屋拆迁及耕地占用的补偿标准、对农户农业收入的增加程度以及对农户社会价值的提升程度是两类模式区共同的影响因子，此外显著影响岗前平原工程模式区的因子还包括农户的协商沟通能力、农户的资源集聚能力、参与范围的明确程度、政府对现代农业产业的支持程度，显著影响丘陵工程模式区的因子还包括参与范围的明确程度。此外，即使是同一影响因子，其在不同分位点上对不同工程模式区农户有效参与度的贡献率也有差异。

（6）不同类型农户有效参与农地整治的影响因素也存在一定差异。具体而言，除项目信息的公开程度对各类型农户有效参与度均有显著的正向影响外，对纯农业型农户有效参与影响显著的变量还包括农户的受教育程度、参与渠道的明确程度、对农民农业收入的增加程度、政府对现代农业产业的支持程度；对低度兼业型农户有效参与影响显著的变量还包括农户的认知能力、房屋拆迁及耕地占用的补偿标准、对农民社会价值的提升程度；对高度兼业型农户有效参与影响显著的变量还包括农户的认知能力、农户的协商沟通能力、农户的资源集聚能力、农民具备的专业技能、参与程序的明确程度、参与渠道的明确程度、房屋拆迁及耕地占用的补偿标准、对农户社会价值的提升程度、对农户农业收入的增加程度、政府对现代农业产业的支持程度；对非农业型农户有效参与影响显著的变量还包括农户的资源集聚能力、农户具备的专业技能、房屋拆迁及耕地占用的补偿标准、政府对现代农业产业的支持程度。影响不同类型农户有效参与农地整治项目的因素不尽相同。此外，即使是同一影响因子，其在不同分位点上对不同类型农户有效参与度的贡献率也存在着较大差异。

（7）传统模式农地整治可促进土地利用效率的提高，但该模式下农地整治项目农户满意度评价低于农户有效参与模式。农户有效参与模式下农地整治项目农户满意和非常满意的比例分别为55%和17%，传统模式下农地整治项目农户满意和非常满意的比例分别为23%和5%，可见传统模式下农户满意度评价相对较低。传统模式下农地整治项目由于农户参与程度较低、项目监管力度不够、后期管护工作不到位等，导致农户对项目的满意度评价低于农户有效参与模式。我国现行的农地整治运作模式多为政府投资并组织实施的模式，农户主导实施的农地整治模式还很有限。因此对于传统模式的农地整治项目，应提倡农户有效参与以提高项目决策水平和监管水平，确保工程质量，并建立农户全程参与农地整治的机制，政府给予引导与支持，同时拓宽农户参与的渠道和途径，提高农户的参与程度。

（8）与传统模式相比，农户有效参与模式农地整治对土地利用效率的促进作用更大。农地整治后，农户有效参与模式整治项目区户均土地利用效率提高了0.1212，传统模式整治项目区户均土地利用效率提高了0.0806，未整治项目区户均土地利用效率提高了0.0401，说明农户有效参与模式农地整治比传统模式农地整治更有效率，对土地利用效率的促进作用更大。与传统模式相比，农户有效参与模式存在以下优势：①项目选址由农户共同协商决定，符合农业生产的实际；②农户组织项目实施，可确保工程质量；③项目的管护主体和职责明确；④通过引进高效现代农业产业化项目，可以实现农业的产业化、规模化经营，增加农民收入和促进农村经济的发展。在当前我国进行农地整治的大背景下，应大力推广农户主导实施农地整治项目的模式，国家给予财政和政策支持，并将农户有效参与模式农地整治项目与农业产业化相结合，推进农业的产业化、规模化经营。

9.2 政策建议

（1）政府部门应进一步完善农地整治相关法律与规范，确立农民在农地整治项目建设中的主体地位，明确其权益与职责，保障农民的知情权、参与权与一定的决策权。农地整治项目服务于项目区农民，这决定了项目区农民理应在农地整治项目中拥有充分的知情权、参与权与一定的决策权。明确的法律规范能确保农民参与的权益真正得到保障，提高农民参与的积极性与有效性，使农地整治项目的建设能更好地满足农业生产的需要。

（2）政府国土部门应制定有关农民参与范围、参与渠道等具体施行制度，使农民的参与具有更强的可操作性，以确保农户有效参与。虽然目前农地整治项目建设重视农民参与，但农民究竟如何参与，在不同的项目模式区域和不同的项目阶段农民参与的内容、参与的方式以及如何参与决策等具体的内容都没有予以明确规定，导致农民参与的可操作性差，农民参与流于形式化、有效性低。因此，政府相关部门应因地制宜，尽可能明确和细化农民参与的范围、参与渠道，尽快建立起相关参与制度，使农民参与具备可操作性，保障农民参与的有效性。

（3）政府相关部门应进一步规范项目管理者的管理决策行为，明确项目管理者的权、责、利。项目管理者作为项目建设的主要参与者，其管理行为、决策行为对项目绩效有着重要影响。规范项目管理者的管理决策行为，明确项目管理者的权、责、利，有利于项目管理效率的提高、决策质量的改善，促进农地整治项目绩效的改善。但目前来看，政府部门尚未针对项目管理者管理行为进行明确的管理与规范。因此，政府有关部门应考虑尽快建立和完善项目管理者的管理机制和考核机制，明确项目管理者权力、职责和利益，规范项目管理者的管理行为。

（4）建立配套的协调、监督和反馈机制。农地整治项目涉及多个利益相关主体，不同的利益相关主体的参与目标、参与内容以及参与方式不尽相同，建立农地整治项目的协调机制有利于化解各方利益矛盾；同时监督和反馈机制的建立也有利于保障各利益主体的权益及其相应职责的履行。因此建立相关配套的协调、监督和反馈机制可以规范各参与方的行为，协调各方利益，提高各方参与的效率，为改善农地整治项目绩效提供保障。

（5）政府国土部门应树立农民在农地整治项目建设中的主体地位，并将政府自身的主导型角色向导向型角色转变，尊重农民的自主权。农地整治项目的最终受益者是项目区农民，这决定了农民应该成为农地整治项目的主要参与者和重要决策者之一。在关系到农地整治项目建设的一系列重要环节中，项目区的农民最有发言权。只有农民的积极性、创造性和主动性被充分调动起来，农地整治项目的建设才能更好地满足农业生产需要。但调查数据反映在湖北省农地整治项目建设实践中，大多是政府积极推动，其扮演着决策者和执行者的角色，项目区农民的主体地位并没有得到完整的确认和保障，农民参与农地整治的主导作用被忽略，使农地整治空有政府的激情，却难以发挥农民参与的积极性。

（6）建立健全真正代表农民利益的民间农民社会组织，如耕地保护协会、农村合作社等，确保农民有能力参与。从农地整治项目农民参与表现的情况来看，有代表农民利益的民间社会组织参与的项目，农民参与的积极性就越高，农民参与也就越广泛或越有代表性，因而农民组织在其内部的协调沟通能力也就越强，农民的意见和观点也能更好地得到统一，也更便于集聚农村的劳动力资源、智力资源、信息资源、资金资源、耕地资源等，以保障农民参与行为的有效性。总之，有代表农民利益的民间社会组织参与，就能更好地确保农民的参与能力，从而提升农地整治项目农户有效参与度。

（7）政府国土部门应该就农民如何参与农地整治项目制定具体制度，如信息公开、参与程序、参与渠道等，使农民参与具有较强的操作性，以确保农民有机会参与。尽管当前《全国土地整治规划》强调农地整治项目建设过程中农民全程参与的问题，但究竟如何参与，如项目不同阶段中各事项参与的时点、参与的具体内容、参与的渠道或途径、参与信息的获取等问题均没有相关制度予以明确规定。通过调查也发现，虽然有些地方农民参与的积极性很高，但是对项目本身的信息了解较少，对参与的时间、参与的具体事项、参与的渠道、参与中需联系的部门等问题模糊不清，使得农民无法正常参与。因此，政府国土部门应建立具体参与制度，使农民参与具备可操作性，从而确保农民有机会参与。

（8）政府国土部门应建立相关的配套机制，如科学合理的损失补偿机制、农业特色产业发展与农地整治的耦合机制等，从外在环境方面促使农民有动力参与。农民一方面期待着农地整治这一惠民工程，同时也因农地整治中道路和沟渠的拓宽而占用耕地以及为提高耕地的集中连片程度导致少量农房被拆除而顾虑重重，若能针对上述情况制定科学合理的损失补偿机制，农民参与的积极性必然得到提高。此外，农地整治应该更好地服务于当地农业特色产业的发展，若农地整治从项目选址、规划设计及施工等方面来促进地方的农业特色产业，必定能较大幅度地提高农民的农业收入，农民参与农地整治的积极性也会得到提高。因此，政府国土部门应该通过上述途径建立相关配套机制，确保农民有动力参与。

（9）根据各地实际情况，差别化地制定相应的政策以提升农地整治项目农户有效参与度。农地整治项目农户有效参与的区域差较为明显，不同地区的地貌形态等自然条件不同，政府国土部门的政策以及当地农民自身参与能力等也不尽相同，这都影响着农地整治项目农户有效参与度。湖北省岗前平原工程模式区和丘陵工程模式区不仅在农户有效参与度有一定的差别，且影响农户有效参与的因素也不尽相同。因此在制定农地整治项目农户有效参与的政策时，应充分考虑地区差异及农民自身的参与能力。

参 考 文 献

奥斯本 D，盖布勒 T. 1996. 改革政府：企业家精神如何改革着公营部门[M]. 上海市政协编译组，东方编译所译. 上海：上海译文出版社.

白俊峰. 2010. 代建项目过程绩效评价及管理绩效改善研究[D]. 天津大学博士学位论文.

鲍海君，吴次芳，贾化民. 2004. 土地整理规划中公众参与机制的设计与应用[J]. 华中农业大学学报（社会科学版），（1）：43-46.

毕宇珠. 2009. 乡村土地整理规划中的公众参与研究——以一个中德合作土地整理项目为例[J]. 生态经济，（9）：38-41.

蔡起华，朱玉春. 2014. 农户参与农村公共产品供给意愿分析[J]. 华南农业大学学报（社会科学版），13（3）：45-51.

蔡荣，蔡书凯. 2013. 农田灌溉设施建设的农户参与意愿及其影响因素——以安徽省巢湖市740户稻农为例[J]. 资源科学，35（8）：1661-1667.

陈倩. 2010. 农户参与农村居民点整理意愿的影响因素分析——以辽阳市为例[D]. 四川农业大学硕士学位论文.

陈绍军，张春亮，黄煌. 2011. 参与式发展理论在水库移民后扶项目中的应用初探[J]. 中国农村水利水电，（6）：165-168.

陈昕. 2010. 基于有效管理模型的环境影响评价公众参与有效性研究[D]. 吉林大学博士学位论文.

陈旭清，金红磊，吴雅杰. 2010. 公共项目管理[M]. 北京：人民出版社.

陈易. 2002. 公众参与中的若干问题[J]. 城市问题，（1）：61-64.

陈振明. 2000. 走向一种"新公共管理"的实践模式——当代西方政府改革趋势透视[J]. 厦门大学学报，（2）：76-84.

陈振明. 2003. 公共管理学：一种不同于传统行政学的研究途径[M]. 第二版. 北京：中国人民大学出版社.

程亮，贺筱华. 2012. 从代议制民主到参与式民主——网络政治参与对民主政治形式的发展[J]. 学理论，（35）：8-10.

戴洁, 李华燊, 郭莉娜. 2011. 基于参与式发展理论的武汉低碳城市建设问题与对策[J]. 湖北社会科学, （10）：63-66.

丁煌. 2005. 当代西方公共行政理论的新发展——从新公共管理到新公共服务[J]. 广东行政学院学报, 17（6）：5-10.

董海峰, 何志锋, 王浩. 2013. 农户对农田水利工程的需求和投资的影响因素分析——基于博罗县120户农户调查[J]. 广东农业科学, 40（5）：220-223.

董石桃. 2014. 中国参与式民主理论研究文献综述[J]. 重庆社会主义学院学报, （6）：89-96.

杜鑫昱, 夏建国, 章大容. 2015. 四川省土地整理项目绩效评价[J]. 中国生态农业学报, 23（4）：514-524.

杜亚灵. 2009. 基于治理的公共项目管理绩效改善研究[D]. 天津大学博士学位论文.

杜源泉, 杜静. 2008. 土地整理公众参与机制研究[J]. 山东国土资源, 24（5）：43-46.

高明秀, 张芹, 赵静, 等. 2008. 和谐社会背景下土地整理农民参与机制研究[J]. 资源与产业, 10（5）：57-61.

高向军. 2003. 土地整理理论与实践[M]. 北京：地质出版社.

郭刚, 薛思学, 杨凤海, 等. 2011. 宁夏回族自治区土地整治项目绩效评价[J]. 中国农学通报, 27（29）：241-245.

韩冬, 韩立达. 2013. 农村土地综合整治绩效评价的MAUT及FANP分析[J]. 重庆大学学报（社会科学版）, 19（2）：8-15.

郝晓玲, 孙强. 2005. 企业信息化绩效评价[M]. 北京：清华大学出版社.

侯杰泰, 温忠麟, 成子娟. 2004. 结构方程模型及其应用[M]. 北京：教育科学出版社.

胡甜, 鞠正山, 周伟. 2014. 我国土地整治研究现状及发展趋势[J]. 国土资源科技管理, 31（4）：22-28.

胡小芳, 严金明, 陈子雄. 2008. 关于土地整理项目规划实施的状况分析[J]. 农业工程学报, 24（1）：169-171.

胡晓光, 刘天军. 2013. 农户参与小型农田水利设施管护意愿的影响因素——基于河南省南阳市的实证研究[J]. 江苏农业科学, 41（4）：377-380.

胡昱东, 吴次芳. 2009. 我国农村土地整理中土地权属调整问题研究[J]. 西北农林科技大学学报（社会科学版）, 9（1）：6-10.

华永新. 2008. 参与式发展理论在农村能源生态建设中的应用探讨[J]. 可再生能源, 26（5）：119-121.

黄慧春. 2011. 我国县域农村金融市场结构与绩效研究——以江苏为例[D]. 南京农业大学博士学位论文.

黄建荣. 2005. 公共管理新论[M]. 北京：社会科学文献出版社.

黄琦. 2008. 参与式理论在土地整理项目规划中的运用研究[D]. 华中农业大学硕士学位论文.

黄熙, 王春峰. 2006. 工程监理博弈行为分析与对策研究[J]. 中国人口·资源与环境, 16

（4）：90-93.

黄幸婷，张坤. 2012. 土地规划中公众参与的行为选择及其影响因素[J]. 农村经济与科技，23（1）：98-99.

季丽新，吴君. 2013. 中国特色参与式农村发展研究[J]. 理论学刊，（9）：77-80.

江畅. 2014. 在借鉴与更新中完善中国民主理念——西方民主理论的启示和警示[J]. 中国政法大学学报，（5）：5-14.

江月，牛文安. 2011. 美国地方政府公民预算参与有效性及对中国启示[J]. 地方财政研究，（9）：27-31.

姜维国. 2014. 环境影响评价中公众参与影响因素及方式分析研究[J]. 环境科学与管理，39（3）：1-4.

雷亚芹. 2012. 农村土地综合整治效益评估研究[D]. 四川农业大学硕士学位论文.

李冰清，王占岐，金贵. 2015. 新农村建设背景下的土地整治项目绩效评价[J]. 中国土地科学，29（3）：68-74，96.

李建强，诸培新，陈江龙. 2005. 土地开发整理农户行为响应机制研究[J]. 中国人口·资源与环境，15（4）：74-78.

李敏. 2015. 农地整治项目农民有效参与的区域差异研究[D]. 华中农业大学硕士学位论文.

李明艳. 2009. 农村劳动力转移对农地利用效率的影响研究[D]. 南京农业大学博士学位论文.

李斯敏，臧俊梅. 2014. 土地整治中农民权益保障问题研究[J]. 广东土地科学，13（1）：14-19.

李文静. 2013. 农民参与农地整理项目评价机制研究[D]. 华中农业大学硕士学位论文.

李熙东，王婷婷. 2013. 农村土地整理规划设计的问题与解决对策[J]. 资源与人居环境，（4）：50-52.

李琰. 2013. 农村土地整理中公众参与机制探析[J]. 农业经济，（9）：29-31.

李正，王军，白中科，等. 2010. 基于物元评判模型的土地整理综合效益评价方法研究[J]. 水土保持通报，30（6）：190-194.

梁彦庆，黄志英，冯忠江，等. 2011. 基于人工神经网络的土地整理项目综合效益评价研究[J]. 安徽农业科学，39（8）：4799-4801.

刘红岩. 2014. 公民参与的有效决策模型再探讨[J]. 中国行政管理，（1）：102-105.

刘华，屠梅曾，候守礼. 2006. 自然资源决策领域的公众参与模式研究[J]. 中国软科学，（7）：12-21.

刘辉，陈思羽. 2012. 农户参与小型农田水利建设意愿影响因素的实证分析——基于对湖南省粮食主产区475户农户的调查[J]. 中国农村观察，（2）：54-63.

刘慧. 2014. 农村环境治理"一主两翼"公众参与模式构想[J]. 农村经济与科技，25（6）：6-8.

刘建生，胡卫军，梁晨雯，等. 2010. 论土地整理中的公众参与[J]. 河北农业科学，14（2）：115-117.

刘敏岚. 2013. 公众参与环保活动的动机及影响因素的分析——从"限塑令"说起[J]. 前沿，

（2）：99-101.

刘姝驿，杨庆媛，何春燕，等. 2013. 基于层次分析法（AHP）和模糊综合评价法的土地整治效益评价——重庆市 3 个区县 26 个村农村土地整治的实证[J]. 中国农学通报，29（26）：54-60.

刘伟华，张宏玉. 2014. 非官方组织对环评公众参与有效性的影响[J]. 承德石油高等专科学校学报，16（3）：91-94.

刘向东. 2011. 基于利益相关者的土地整理项目共同治理模式研究[D]. 中国地质大学博士学位论文.

刘新卫，吴初国. 2013. 建立健全土地整治公众参与机制[J]. 国土资源情报，（7）：37-40.

刘洋，欧名豪. 2008. 推进农村居民点整理的机制创新途径初探[J]. 南京农业大学学报（社会科学版），8（1）：55-59.

卢小丽，赵奥，王晓岭. 2012. 公众参与自然资源管理的实践模式——基于国内外典型案例的对比研究[J]. 中国人口·资源与环境，22（7）：172-176.

路泽亮，陈晓超，赵勇. 2014. 参与式发展理论在水库移民后扶项目中的应用[J]. 小水电，（1）：33-36.

罗鹏飞. 2012. 关于城市规划公众参与的反思及机制构建[J]. 城市问题，（6）：30-35.

罗小锋. 2012. 农户参与农业基础设施建设的意愿及影响因素——基于湖北省 556 户农户的调查[J]. 中南财经政法大学学报，（3）：29-34.

倪楠，郭韬. 2014. 基于超高效率 DEA 模型的土地整治项目绩效评价——以安徽省为例[J]. 中国农学通报，30（29）：142-148.

潘倩红. 2011. 兰州市农户耕地利用效率及其影响因素分析[D]. 四川农业大学硕士学位论文.

彭可，杨庆媛，余剑晖. 2007. 提高土地利用规划中公众参与有效性的对策研究[J]. 农业经济与科技，18（8）：72-73.

蒲春玲，吴郁玲，金晶. 2004. 国外土地整理实施经验对新疆土地整理的启示[J]. 农村经济，（2）：95-97.

钱文荣，应一逍. 2014. 农户参与农村公共基础设施供给的意愿及其影响因素分析[J]. 中国农村经济，（11）：39-51.

任民. 2014. 行政规制公众参与模式研究[J]. 长江大学学报（社会科学版），37（5）：47-49.

施引芝. 1998. 德国土地整理概况：国内外土地整理借鉴[M]. 北京：中国大地出版社.

石峡，朱道林，张军连. 2014. 土地整治公众参与机制中的社会资本及其作用[J]. 中国土地科学，28（4）：84-90.

孙平. 2014. 参与式发展：社区教育发展的新视点[J]. 高教探索，（3）：149-153.

托马斯 J C. 2005. 公共决策中的公民参与：公共管理者的新技能与新策略[M]. 孙柏瑛等译. 北京：中国人民大学出版社.

田甜，杨钢桥，赵微，等. 2014. 农民参与农地整理项目行为决策研究——基于武汉城市圈农地整理项目的实证分析[J]. 中国土地科学, 28（8）：49-56.

汪萍, 汪文雄, 杨海霞, 等. 2016. 农民有效参与对农地整治项目绩效的影响效应研究——基于项目管理行为的中介效应分析[J]. 资源科学, 38（3）：395-406.

汪文雄, 陈梦华, 杨钢桥. 2013c. 基于标杆管理的农地整治项目实施阶段效率测度[J]. 农业工程学报, 29（19）：253-261.

汪文雄, 陈梦华, 杨钢桥. 2013d. 基于价值链增值的农地整治项目前期阶段效率测度研究[J]. 自然资源学报, 28（12）：2189-2200.

汪文雄, 李敏, 杨帆, 等. 2015a. 农地整治项目农民有效参与的测度及其诊断——以湖北省为例[J]. 资源科学, 37（4）：671-679.

汪文雄, 李敏, 杨钢桥, 等. 2014b. 标杆管理视角下农地整治项目后期管护效率测度研究[J]. 南京农业大学学报（社会科学版）, 14（4）：75-84.

汪文雄, 李敏, 余利红, 等. 2015c. 农地整治项目农民有效参与的实证研究[J]. 中国人口·资源与环境, 25（7）：128-137.

汪文雄, 罗冰, 杨帆, 等. 2015b. 不完全与不确定信息条件下农地整治项目绩效评价研究[J]. 中国土地科学, 29（6）：75-81.

汪文雄, 钱圣, 杨钢桥. 2013a. PPP模式下农地整理项目前期阶段效率影响机理研究[J]. 资源科学, 35（2）：341-352.

汪文雄, 汪萍, 罗冰, 等. 2016. 农户有效参与提升农地整治项目绩效的机理研究[J]. 中国人口·资源与环境, 26（7）：159-168.

汪文雄, 王文玲, 朱欣, 等. 2013b. 农地整理项目实施阶段农户参与程度的影响因素研究[J]. 中国土地科学, 27（7）：62-68.

汪文雄, 杨钢桥, 李进涛. 2010a. 农户参与土地整理项目后期管护意愿的影响因素研究[J]. 中国土地科学, 24（3）：42-47.

汪文雄, 杨钢桥, 李进涛. 2010b. 农地整理项目后期管护效率的影响因素实证研究[J]. 资源科学, 32（6）：1169-1176.

汪文雄, 余利红, 刘凌览, 等. 2014a. 农地整治效率评价研究——基于标杆管理和DEA模型[J]. 中国人口·资源与环境, 24（6）：103-113.

汪文雄, 朱欣, 余利红, 等. 2015d. 不同模式下农地整治前后土地利用效率的比较研究[J]. 自然资源学报, 30（7）：1104-1117.

王瑷玲, 赵庚星, 史娟. 2005. 我国土地整理发展的现状、问题与对策研究[J]. 山东农业大学学报（社会科学版）, 7（4）：45-48.

王冰, 黄岱. 2005. "市场结构—市场行为—市场绩效"范式框架下的政府管制理论及其对我国的借鉴作用[J]. 山东社会科学, （3）：56-60.

王春雷. 2008. 基于有效管理模型的重大事件公众参与研究——以2010年上海世博会为例[D]. 同济大学博士学位论文.

王凤. 2008. 公众参与环保行为影响因素的实证研究[J]. 中国人口·资源与环境, 18 (6): 30-35.

王会. 2012. 土地开发整理公众参与的必要性——以辽宁省丹东市为例[J]. 农业资源与环境, (3): 156-157.

王利民. 2013. 公众参与政府交通运输管理问题研究[D]. 吉林大学博士学位论文.

王万茂. 1997. 土地整理的产生、内容和效益[J]. 中国土地, (9): 20-22.

王文玲, 陈梦华, 杨钢桥. 2012. 农地整理项目农户参与程度的影响因素研究[J]. 河北科技师范学院学报（社会科学版), 11 (2): 38-43.

王文玲. 2012. 农户参与农地整理项目的影响因素研究[D]. 华中农业大学硕士学位论文.

王喜, 陈常优, 谢申申. 2014. 基于行为与结果的土地整治项目绩效评价研究[J]. 地理与地理信息科学, 30 (6): 88-93.

王先锋. 2014. 基于参与式发展的理念小型农村水利工程建设研究[J]. 科技创新导报, (33): 219.

王亚飞. 2013. 基于物元评判模型的农地整理综合效益评价研究——以南河村等农地整理项目为例[D]. 东华理工大学硕士学位论文.

魏凤娟, 李江风, 刘艳中, 等. 2014. 基于村级领导满意度的湖北省土地整理项目绩效评价[J]. 中国土地科学, 28 (11): 57-65.

温忠麟, 叶宝娟. 2014. 中介效应分析：方法和模型发展[J]. 心理科学进展, 22 (5): 731-745.

文枫, 景军. 2009. 土地整理中公众参与存在的问题研究——以重庆市黔江区为例[J]. 资源与人居环境, (10): 48-50.

文枫, 杨庆媛, 鲁春阳, 等. 2009. 土地整理公众参与的问题及对策研究[J]. 中国国土资源经济, 22 (5): 10-13.

文高辉, 杨钢桥, 李文静, 等. 2014. 基于农民视角的农地整理项目绩效评价及其障碍因子诊断——以湖北省毛嘴等三个项目为例[J]. 资源科学, 36 (1): 26-34.

文高辉, 杨钢桥, 李文静, 等. 2015. 基于农民视角的湖北省鄂中平原类型区农地整理项目立项决策评价[J]. 中国土地科学, 29 (2): 67-73.

吴九兴, 杨钢桥. 2013. 农地整理项目农民参与现状及其原因分析——基于湖北省部分县区的问卷调查[J]. 华中农业大学学报（社会科学版), (1): 65-71.

吴九兴, 杨钢桥. 2014a. 农地整理项目实施中的农民利益表达机制现状研究[J]. 华中农业大学学报（社会科学版), (3): 117-124.

吴九兴, 杨钢桥. 2014b. 农地整理项目农民参与行为的机理研究[J]. 中国人口·资源与环境, 24 (2): 102-110.

吴明隆. 2012. 结构方程模型：SIMPLIS 的应用[M]. 重庆：重庆大学出版社.

吴人韦, 杨继梅. 2005. 公众参与规划的行为选择及其影响因素——对圆明园湖底铺膜事件的反思[J]. 规划师, 21 (11): 5-7.

吴诗嫚，杨钢桥，汪文雄. 2013. 农户参与农地整理项目规划设计意愿的影响因素研究[J]. 中国土地科学，27（6）：66-72.

吴诗嫚. 2014. 农地整理过程中利益协调机制研究[D]. 华中农业大学博士学位论文.

熊天溧. 2014. 广西科技决策中的公众参与有效性研究[D]. 广西大学硕士学位论文.

徐国柱. 2008. 农民参与土地整理研究——以潍坊市土地整理实践为例[D]. 中国农业科学院硕士学位论文.

徐雪林. 2004. 公众参与土地整理项目的必然[J]. 资源·产业，6（6）：20-22.

薛继斌，吴次芳，徐保根. 2004. 农地整理规划环境影响评价中的公众参与探讨[J]. 农机化研究，（5）：23-25，30.

严玲，尹贻林，范道津. 2004. 公共项目治理理论概念模型的建立[J]. 中国软科学，（6）：130-135.

严玲. 2005. 公共项目治理理论与代建制绩效改善研究[D]. 天津大学博士学位论文.

杨鸿泽. 2014. 绩效评价如何更具科学性——基于公共治理理论的土地整治绩效评价机制[J]. 中国土地，（4）：38-39.

杨建平. 2009. 政府投资项目协同治理机制及其支撑平台研究[D]. 中国矿业大学博士学位论文.

杨建文，周冯琦，胡晓鹏. 2004. 产业经济学[M]. 上海：学林出版社.

杨俊，王占岐，金贵，等. 2013. 基于AHP与模糊综合评价的土地整治项目实施后效益评价[J]. 长江流域资源与环境，22（8）：1036-1042.

杨瑞龙，周业安. 2000. 企业的利益相关者理论及其应用[M]. 北京：经济科学出版社.

叶敬忠，刘燕丽，王伊欢. 2005. 参与式发展规划[M]. 北京：社会科学文献出版社.

尹贻林，杜亚灵. 2011. 公共项目管理绩效改善路径研究[J]. 经济学动态，（1）：93-96.

于晓梅，高军，李英. 2012. 大庆五湖地区土地整理效应模糊评价[J]. 安徽农业科学，40（8）：4881-4883，4900.

袁方成. 2006. 参与式发展：草根组织成长与农村发展的路径选择——岳东实验观察[J]. 社会主义研究，（5）：82-84.

展炜，何立恒，金晓斌，等. 2009. 基于模糊综合评价的土地整理项目绩效评价[J]. 南京林业大学学报（自然科学版），33（2）：145-148.

张兵，孟德锋，刘文俊，等. 2009. 农户参与灌溉管理意愿的影响因素分析——基于苏北地区农户的实证研究[J]. 农业经济问题，（2）：66-72.

张鲁萍. 2013. 公众参与行政决策之有效性分析[J]. 南都学坛（人文社会科学学报），33（1）：110-114.

张萍，邵丹，孙青，等. 2011. 环境影响评价中公众参与有效性的研究[J]. 环境科学与管理，36（9）：179-183.

张庶，金晓斌，魏东岳，等. 2014. 土地整治项目绩效评价指标设置和测度方法研究综述[J]. 中国土地科学，28（7）：90-96.

张勋胜, 朱宇峰, 孟庆香. 2013. 土地整治项目绩效评价指标体系研究[J]. 湖北农业科学, 52（11）：2717-2720.

张正峰, 陈百明. 2003. 土地整理的效益分析[J]. 农业工程学报, 19（2）：210-213.

张正峰, 赵伟. 2011. 土地整理的资源与经济效益评估方法[J]. 农业工程学报, 27（3）：295-299.

章岳峰. 2015. 基于公众参与的土地整治模式研究[J]. 城市地理,（16）：83.

赵彬吟. 2012. 地方政府公共项目建设中的公众参与机制研究[D]. 湘潭大学硕士学位论文.

赵建宁, 洪土林. 2010. 我国土地整治公众参与现状分析[J]. 江西农业学报, 22（4）：204-206.

赵谦. 2010. 刍议中国农村土地整理的立法价值[J]. 中国土地科学, 24（9）：29-32.

赵谦. 2011. 构建中国农民参与农村土地整理制度之思考[J]. 中国土地科学, 25（7）：37-44.

赵微, 汪文雄. 2010. 土地整理立项决策的属性约简方法研究[J]. 中国人口·资源与环境, 20（10）：86-90.

赵芝俊, 张社梅. 2006. 近20年中国农业技术进步贡献率的变动趋势[J]. 中国农村经济,（3）：4-12.

郑华伟, 张锐, 刘友兆. 2014. 利益相关者视角下农村土地整理项目绩效评价[J]. 中国土地科学, 28（7）：54-61.

郑华伟. 2012. 农村土地整理项目绩效形成、测度与改善[D]. 南京农业大学博士学位论文.

钟俊生, 赵洪伟. 2011. 维护社会稳定理论与实践研究[M]. 沈阳：东北大学出版社.

朱红根, 翁贞林, 康兰媛. 2010. 农户参与农田水利建设意愿影响因素的理论与实证分析——基于江西省619户种粮大户的微观调查数据[J]. 自然资源学报, 25（4）：539-546.

朱焕. 2004. 我国证券投资基金业的结构-行为-绩效（SCP）研究[D]. 复旦大学博士学位论文.

朱米均. 2006. 西方新公共管理理论述评[J]. 党政干部学刊,（8）：28-29.

朱欣, 王文玲. 2014. 农地整理项目农户参与意愿的影响因素研究[J]. 国土资源科技管理, 31（2）：46-51, 56.

邹俊, 吴元其. 2008. 公众参与公共政策过程的三种模式比较——基于服务型政府理论[J]. 行政论坛, 89（5）：33-36.

Erich W. 1999. 联邦德国的乡村土地整理[M]. 贾生华译. 北京：中国农业出版社.

Turner J R. 2005. 项目型组织中的治理[J]. 师冬平译. 项目管理技术,（5）：63-65.

Turner J R. 2005. 项目中的合同管理[M]. 戚安邦, 耿岚岚, 于玲译. 天津：南开大学出版社.

Almond G A. 1998. Comparative Politics Today：A World View[M]. London：Longman Press.

Andersen P, Petersen N C. 1993. A procedure for ranking efficiency units in data envelopment analysis[J]. Management Science, 39（10）：1261-1264.

Anuar M I N M, Saruwono M. 2012. Barriers of user's involvement in the design process of public parks as perceived by landscape architects[J]. Procedia Social and Behavioral Sciences,（35）：253-259.

Arnstein S R. 1969. A ladder of citizen participation[J]. Journal of the American Institute of Planners, 35（4）: 216-224.

Bagozzi R P, Yi Y. 1988. On the evaluation of structural equation models[J]. Journal of the Academy of Marketing Science, 16（1）: 74-94.

Bernardin H J, Beatty R W. 1984. Performance Appraisal: Assessing Human Behavior at Work [M]. Boston: Kent Publishers.

Brinkerhoff D W, Goldsmith A A. 2003. How citizens participate in macroeconomic policy: international experience and implications for poverty reduction[J]. World Development, 31（4）: 685-701.

Campbell J P, McCloy R A, Oppler S H, et al. 1993. A Theory of Performance[M]. Personnel Selection in Organizations, San Francisco: Jossey-Bass.

Cegarra-Navarro J G, Garcia-Perez A, Moreno-Cegarra J L. 2014. Technology knowledge and governance: empowering citizen engagement and participation[J]. Government Information Quarterly, 31（4）: 660-668.

Charlotte W. 2013. Swedish municipalities and public participation in the traffic planning process—where do we stand?[J]. Transportation Research Part A: Policy and Practice, 50（4）: 105-112.

Chatfield A T, Scholl H J, Brajawidagda U. 2013. Tsunami early warnings via Twitter in government: net-savvy citizens' co-production of time-critical public information services[J]. Government Information Quarterly, 30（4）: 377-386.

Christensen C M, Bower J L. 1996. Customer power, strategic investment, and the failure of leading firms [J]. Strategic Management Journal, 17（3）: 197-218.

Clarkson M B E. 1995. A stakeholder frame work for analyzing and evaluating corporate social performance[J]. The Academy of Management Review, 20（1）: 92-117.

Cooper M D. 2000. Towards a model of safety culture[J]. Safety Science, 36（2）: 111-136.

Creighton J L. 2012. The public participation handbook: making better decisions through citizen involvement[Z].

Daniels S E, Lawrence R L, Alig R J. 1996. Decision-making and ecosystem-based management: applying the Vroom-Yetton model to public participation strategy[J]. Environmental Impact Assessment Review, 16（1）: 13-30.

Dijk T V. 2007. Complications for traditional land consolidation in Central Europe[J]. Geoforum, 38（3）: 505-511.

Eiter S, Vik M L. 2015. Public participation in landscape planning: effective methods for implementing the European Landscape Convention in Norway[J]. Land Use Policy, 44: 44-53.

Ferro E, Loukis E N, Charalabidis Y, et al. 2013. Policy making 2.0: from theory to practice[J].

Government Information Quarterly, 30（4）: 359-368.

Fisk G M, Friesen J P. 2012. Perceptions of leader emotion regulation and LMX as predictors of followers' job satisfaction and organizational citizenship behaviors[J]. The Leadership Quarterly, 23（1）: 1-12.

Fuentes-Bautista M. 2014. Rethinking localism in the broadband era: a participatory community development approach[J]. Government Information Quarterly, 31（1）: 65-77.

Furia L D, Wallace-Jones J. 2000. The effectiveness of provisions and quality of practices concerning public participation in EIA in Italy[J]. Environ Impact Assess Review, 20（4）: 457-479.

Gumperz J J. 1976. Language, communication, and public negotiation[C]//Sanday P R. Anthropology and the Public Interest. New York: Academic Press.

Hair J F, Black W C, Babin B J, et al. 2006. Multivariate Data Analysis[M]. 6th ed. Upper Saddle River: Prentice-Hall.

Hardiker N R, Grant M J. 2011. Factors that influence public engagement with health: a literature review [J]. International Journal of Medical Informatics, 80（1）: 1-12.

Hilmer J D. 2010. The state of participatory democratic theory[J]. New Political Science, 32（1）: 43-63.

Hobbs S J, White P C L. 2012. Motivations and barriers in relation to community participation in biodiversity recording[J]. Journal for Nature Conservation, 20（6）: 364-373.

Holgersson J, Karlsson F. 2014. Public e-service development: understanding citizens' conditions for participation[J]. Government Information Quarterly, 31（3）: 396-410.

Hood C. 1991. Public management for all seasons?[J]. Public Administration, 69（1）: 3-19.

Hourdequin M, Landres P, Hanson M J, et al. 2012. Ethical implications of democratic theory for U.S. public participation in environmental impact assessment[J]. Environmental Impact Assessment Review, 35: 37-44.

Huang G. 2014. PM2.5 opened a door to public participation addressing environmental challenges in China[J]. Environmental Pollution, 197: 313-315.

Jackson A L, Olsen J E, Granzin K L, et al. 1993. An investigation of determinants of recycling consumer behavior[J]. Advances in Consumer Research, 20（1）: 481-487.

Jensen M C, Murphy K J. 1990. Performance pay and top-management in centives[J]. Journal of Political Economy, 98（2）: 225-264.

Jilke S. 2015. Choice and equality: are vulnerable citizens worse off after liberalization reforms? [J]. Public Administration, 93（1）: 68-85.

Johnson C Y, Bowker J M, Cordell H K. 2004. Ethnic variation in environmental belief and behavior: an examination of the new ecological paradigm in a social psychological context [J]. Environment and Behavior, 36（2）: 157-186.

Kirwan B. 1992. Human error identification in human reliability assessment. Part 2: Detailed comparison of techniques[J]. Applied Ergonomics, 23（6）: 371-381.

Lawrence R L, Deagen D A. 2001. Choosing public participation methods for natural resources: a context-specific guide[J]. Society and Natural Resources, 14（10）: 857-872.

Lee T H. 2013. Influence analysis of community resident support for sustainable tourism development[J]. Tourism Management, 34: 37-46.

Leendertse W, Lenferink S, Arts J. 2012. Public-private collaboration: how private involvement can contribute to network performance[J]. Procedia-Social and Behavioral Sciences, 48（9）: 2917-2929.

Lostarnau C, Oyarzún J, Maturana H, et al. 2011. Stakeholder participation within the public environmental system in Chile: major gaps between theory and practice[J]. Journal of Environmental Management, 92（10）: 2470-2478.

Luísa S, Carla G, Susana G, et al. 2013. Are we all on the same boat? The challenge of adaptation facing Portuguese coastal communities: risk perception, trust-building and genuine participation[J]. Land Use Policy, 38（5）: 355-365.

MacKinnon D P, Warsi G, Dwyer J H. 1995. A simulation study of mediated effect measures [J]. Multivariate Behavioral Research, 30（1）: 41-62.

Melly B. 2006. Estimation of counterfactual distributions using quantile regression[Z]. Review of Labor Economics.

Michael D, Breed J M. 2012. Animal Behavior[M]. Amsterdam: Academic Press.

Mir F A, Pinnington A H. 2014. Exploring the value of project management: linking project management performance and project success[J]. International Journal of Project Management, 32（2）: 202-217.

Mitchell R K, Agle B R, Wood D J. 1997. Toward a theory of stakeholder identification and salience: defining the principle of who and what really counts[J]. Academy of Management Review, 22（4）: 853-886.

Munns A K, Bjeirmi B F. 1996. The role of project management in achieving project success[J]. International Journal of Project Management, 14（2）: 81-87.

Murray M, Green J. 2002. Participatory planning an dialogue: the northern Ireland regional strategic framework and its public examination process[J]. Policy Studies, 23（3）: 191-209.

Nadeem O, Fischer T B. 2011. An evaluation framework for effective public participation in EIA in Pakistan[J]. Environmental Impact Assessment Review, 31（1）: 36-47.

Nagamine H. 1986. The land readjustment techniques of Japan[J]. Habitat International, 10（1）: 51-58.

O'Hare D, Wiggins M, Batt R, et al. 1994. Cognitive failure analysis for aircraft accident investigation[J]. Ergonomics, 37（11）: 1855-1869.

Oisen R P. 1971. Can project management be defined? [J]. Project Management Quarterly, 2（1）: 12-14.

Ostrom E. 1999. Crafting institutions for self-governing irrigation systems[J]. Institute for Contemporary Studies, 2（5）: 493-535.

Pateman C. 1970. Participation and Democratic Theory[M]. Cambridge: Cambridge University Press.

Predescu M, Darjan I. 2010. Promoting political participation through adult education[J]. Procedia-Social and Behavioral Sciences, 2（2）: 3241-3245.

Reason J. 2000. Human Error[M]. New York: Cambridge University Press.

Rousse O, Sévi B. 2013. Citizen's participation in permit markets and social welfare under uncertainty[J]. Environmental Science & Policy, 27: 215-222.

Rowe G, Frewer L J. 2000. Public participation methods: a framework for evaluation[J]. Science, Technology & Human Values, 25（1）: 3-29.

Sample V A. 1993. A framework for public participation in natural resource decision-making[J]. Journal of Forestry, 91（7）: 22-27.

Schmidt L, Gomes C, Guerreiro S, et al. 2014. Are we all on the same boat? The challenge of adaptation facing Portuguese coastal communities: risk perception, trust-building and genuine participation [J]. Land Use Policy, 38（5）: 355-365.

Shyamsundar P, Xei M, Bandyopadhyay S. 2010. Yield impact of irrigation management transfer: a success story from the Philippines[J]. Policy Research Working Paper, 150（2-3）: 44-48.

Skeffington. 1969. Report of the Committee on Public Participation in Planning: People and Planning[M]. London: HMSO.

Soma K, Vatn A. 2009. Local democracy implications for coastal zone management—a case study in southern Norway[J]. Land Use Policy, 26（3）: 755-762.

Soma K, Vatn A. 2014. Representing the common goods—Stakeholders vs citizens[J]. Land Use Policy, 41（11）: 325-333.

Sorensen A. 2000. Conflict, consensus or consent: implications of Japanese land readjustment practice for developing countries[J]. Habitat International, 24（1）: 51-73.

Stefano L D. 2010. Facing the water framework directive challenges: a baseline of stakeholder participation in the European Union[J]. Journal of Environmental Management, 91（6）: 1332-1340.

Stern P C, Dietz T, Guagnano G A. 1995. The new ecological paradigm in social-psychological context [J]. Environment and Behavior November, 27（6）: 723-743.

Stern P C, Dietz T, Kalof L, et al. 1995. Values, beliefs and proenvironmental action: attitude formation toward emergent attitude objects[J]. Journal of Applied Social Psychology, 25（18）:

1611-1636.

Stockemer D, Carbonetti B. 2010. Why do richer democracies survive? —The non-effect of unconventional political participation[J]. The Social Science Journal, 47（2）: 237-251.

Tan R, Bechmenn V, van den Bery L, et al. 2009. Governing farmland conversion: comparing China with the Netherlands an Germany [J]. Land Use Policy, 26（4）: 961-974.

Thomas J C. 1990. Public involvement in public management: adapting and testing a borrowed theory[J]. Public Administration Review, 50（4）: 435-445.

Tritter J Q, Mc Callum A. 2006. The snakes and ladders of user involvement: moving beyond Arnstein[J]. Health Policy, 76（2）: 156-168.

van den Noort P C. 1987. Land consolidation in the Netherlands[J] .Land Use Policy, 4（1）: 11-13.

Vantanen A, Marttunen M. 2005. Public involvement in multi-objective water level regulation development projects — evaluating the applicability of public involvement methods[J]. Environmental Impact Assessment Review, 25（3）: 281-304.

Voyera M, Gladstonea W, Goodallb H. 2012. Methods of social assessment in Marine Protected Area planning: is public participation enough?[J]. Marine Policy, 36（2）: 432-439.

Vroom V H, Jago A G. 1988. The New Leadership: Managing Participation in Organizations[M]. Chicago: Prentice-Hall.

Webler T, Tuler S. 2006. Four perspectives on public participation process in environmental assessment and decision making: combined results from 10 case studies [J]. Policy Studies Journal, 34（4）: 699-722.

Wei C H, Kao C Y. 2010. Measuring traveler involvement in urban public transport services: the case of Kaohsiung[J]. Transport Policy, 17（6）: 444-453.

Winch G M . 2001 . Governing the project process: a conceptual framework[J]. Construction Management and Economics, 19（8）: 799-808.

Yang S. 2008. Public participation in the Chinese Environmental Impact Assessment（EIA）system[J]. Journal of Environmental Assessment Policy and Management, 10（1）: 91-113.

Yao B W. 2006. Technology and public participation in environmental decisions[J]. Massachusetts Institute of Technology, 21（5）: 142-149.

Young J C, Jordan A, Searle K R, et al. 2013. Does stakeholder involvement really benefit biodiversity conservation?[J]. Biological Conservation, 158: 359-370.

附 录 一

问卷编码：_____

农地整治项目农户有效参与影响农地整治项目绩效研究调查问卷

尊敬的农民朋友：

您好！

首先，非常感谢您参与问卷调查，本调查旨在了解农地整治项目中农户有效参与等问题，所调查资料仅作学术研究之用，请无须顾虑，认真填写。问卷中所列数字①②③④⑤代表感受强调，请根据您的实际感受填写，在相应的数字上打"√"。对于您的有关信息，我们将严加保密。谢谢您的支持！

华中农业大学土地管理学院

调查对象：_____县（区、市）_____乡（镇）_____村

第一部分　被调查者及家庭基本特征

（一）被调查者的基本特征

1. 性别：（　）。A.男　　　B.女
2. 年龄：（　）。A.35岁及以下　B.36~45岁　C.46~55岁　D.56~65岁

E.65 岁以上
3. 受教育程度：（　　）。A.文盲或半文盲　　B.小学　　C.初中　　D.高中　　E.大专及以上
4.1 是否当过村干部（　　）。　　　　　　4.2 是否为中共党员（　　）。
　　A.是　　B.否　　　　　　　　　　　　　A.是　　　B. 否
5. 目前从事工作是：（　　）。A.农业生产　　　B.农业生产+打零工　　　C.长期在外务工

（二）被调查者的家庭特征

6. 家庭人口情况：总人口_____人，劳动人口_____人，农业劳力_____人。
7. 家庭年总收入_____元，其中农业收入_____元。
8. 您家承包地面积总共为_____亩，其中，水田_____亩，旱地_____亩；地块总数为_____块。
9. 目前您家租种他人耕地_____亩（或租出耕地_____亩）。

第二部分　农地整治项目农户有效参与

（一）项目选址与立项决策阶段

◆　参与的范围及参与主体

1. 您是否参与了有关本村（组）的农地是否需要整治及整治紧迫性的讨论（　　）？
　　A. 未参与　　　　　B. 参与
2. 您是否参与了有关本村（组）农地整治初步方案（如整治目标与工程内容、各项工程内容的重要程度及优先序、各项工程的大致布局情况等）的讨论（　　）？
　　A. 未参与　　　　　B. 参与
3. 您是否参与了本村土地权属调整方案的编制或讨论（　　）？
　　A. 未参与　　　　　B. 参与
4. 您是否参与了村、乡（镇）或县国土部门组织的有关农地整治项目可行性研究报告的论证或评审活动（　　）？
　　A. 未参与　　　　　B. 参与
5.1 您若参与了，是否知道还有哪些主体参与了上述活动（　　）？

（①其他普通农民　②本村精英　③村委会　④耕地保护协会　⑤农村合作社等组织）

　　A. 仅普通农民　B. 仅本村精英　C. 仅村委会或农村合作社或耕地保护协会

　　D. 仅村委会、农村合作社等团体组织与本村精英

　　E. 既有村委会、农村合作社或耕地保护协会团体组织，也有本村精英及普通农民

5.2 您若未直接参与，可向以下哪些个人或组织表达您的意见（　　）？

（①其他普通农民　②本村精英　③农民村委会　④耕地保护协会　⑤农村合作社等组织）

　　A. 仅普通农民　B. 仅本村精英　C. 仅村委会或农村合作社或耕地保护协会

　　D. 仅村委会、农村合作社等团体组织与本村精英

　　E. 既有村委会、农村合作社或耕地保护协会团体组织，也有本村精英及普通农民

◆　参与的广泛性及参与渠道

6. 在农地整治项目选址与立项决策阶段，您认为本村农民参与的比例大概为（　　）？

　　A. 参与者很少　B. 参与者较少　C. 一般　D. 较广泛　E. 非常广泛

　　（或 A. 0~20%　B. 20%~40%　C. 40%~60%　D. 60%~80%　E. 80%~100%）

7. 在农地整治项目选址与立项决策阶段，农民参与渠道主要有几种（　　）？

（①面对面访谈　②问卷调查　③村民代表大会　④村民大会　⑤听证会　⑥座谈会、论证会　⑦投票等其他　⑧邮件、短信或微信）

　　A. 单一渠道　B. 两种渠道　C. 三种渠道　D. 四种渠道　E. 五种及以上渠道

8. 在农地整治项目选址与立项决策阶段，您认为本村农民参与渠道适合本村实际情况的程度如何（适宜性）（　　）？

　　A. 适宜性很差　B. 适宜性较差　C. 一般　D. 较适宜　E. 非常适宜

◆　参与的效果

9. 在农地整治项目选址与立项决策阶段，您认为本村农民参与的自主性如何（　　）？

　　A. 农民对参与事项认识非常模糊，完全听从别人意见

　　B. 农民对参与事项认识较模糊，受他人干扰较强

　　C. 农民对参与事项认识较清晰，但一定程度上受他人干扰

　　D. 农民对参与事项有清晰的认识，受他人干扰很小

　　E. 农民对参与事项有清晰的认识，完全不受他人干扰

10. 在农地整治项目选址与立项决策阶段，您认为本村农民参与的充分性如何

( )？

    A. 未能充分发表意见　　　　　　B. 发表意见相对较充分，不完全统一

    C. 虽充分发表意见，但未能通过反复比较以形成统一的意见

    D. 发表意见相对较充分，且基本能统一

    E. 深入辩论、反复比较，形成了统一的意见

11. 在农地整治项目选址与立项决策阶段，您认为本村农民意见的表达效果如何（ ）？

    A. 农民的意愿和观点未能完整表达，且不够准确和清楚

    B. 农民的意愿和观点表达基本完整，但是不够准确和清楚

    C. 农民的意愿和观点表达基本完整、准确和清楚

    D. 农民的意愿和观点表达比较完整、准确和清楚

    E. 农民的意愿和观点表达非常完整、准确和清楚

12. 在农地整治项目选址与立项决策阶段，您认为本村农民的意见和观点能到达权力部门的级别（ ）。

    A. 很低［未到达乡（镇）基层人民政府］

    B. 较低［到达乡（镇）基层人民政府］

    C. 一般［到达了县国土部门委托代理机构（如可研编制单位等）］

    D. 较高（县国土资源管理部门）　　　　E. 很高（县人民政府）

13. 在农地整治项目选址与立项决策阶段，您认为政府部门或委托代理部门对本村农民意见的接受程度如何（ ）？

    A. 很低　　B. 较低　　C. 一般　　D. 较高　　E. 很高

14. 在农地整治项目选址与立项决策阶段，您认为政府部门或委托代理部门对接受意见的反馈情况如何（ ）？

    A. 很少　　B. 较少　　C. 一般　　D. 较多　　E. 很多

（二）项目规划设计阶段

◆ 参与的范围及参与主体

15. 在设计单位实地踏勘过程中，每个小组需派农民配合设计单位的调查，一方面设计单位需要了解项目区的情况，农民应如实介绍农业基础设施情况及生产障碍；另一方面设计单位需就规划设计征询农民的意见和想法。您是否参与了该活动（ ）？

    A. 未参与　　　　　　　　　　B. 参与

16. 设计单位将规划设计的初步方案在当地张贴，并请农民针对规划设计的初步方案提出意见，您是否参与了该活动（ ）？

A. 未参与　　　　　　　B. 参与

17. 最终规划设计方案在确定之前，政府国土部门通常会组织规划设计方案合理性讨论会或评审会（听证会），您是否参与了该活动（　　）？

A. 未参与　　　　　　　B. 参与

18.1 您若参与了，是否知道还有哪些主体参与了上述活动（　　）？

（①其他普通农民　②本村精英　③村委会　④耕地保护协会　⑤农村合作社等组织）

A. 仅普通农民　　　　　　B. 仅本村精英

C. 仅村委会或农村合作社或耕地保护协会

D. 仅村委会、农村合作社等团体组织与本村精英

E. 既有村委会、农村合作社或耕地保护协会团体组织，也有本村精英及普通农民

18.2 您若未直接参与，可向以下哪些个人或组织表达您的意见（　　）？

（①其他普通农民　②本村精英　③村委会　④耕地保护协会　⑤农村合作社等组织）

A. 仅普通农民　　　　　　B. 仅本村精英

C. 仅村委会或农村合作社或耕地保护协会

D. 仅村委会、农村合作社等团体组织与本村精英

E. 既有村委会、农村合作社或耕地保护协会团体组织，也有本村精英及普通农民

◆　参与的广泛性及参与渠道

19. 在农地整治项目规划设计阶段，您认为本村农民参与的比例大概为（　　）？

A. 参与者很少　B. 参与者较少　C. 一般　D. 较广泛　E. 非常广泛

（或 A. 0~20%　B. 20%~40%　C. 40%~60%　D. 60%~80%　E. 80%~100%）

20. 在农地整治项目规划设计阶段，农民参与渠道主要有几种（　　）？

（① 面对面访谈　② 问卷调查　③ 村民代表大会　④ 村民大会　⑤ 听证会　⑥ 座谈会、论证会　⑦ 投票等其他　⑧邮件、短信或微信）

A. 单一渠道　B. 两种渠道　C. 三种渠道　D.四种渠道　E.五种及以上渠道

21. 在农地整治项目规划设计阶段，您认为本村农民参与渠道适合本村实际情况的程度如何（适宜性）（　　）？

A. 适宜性很差　B. 适宜性较差　C. 一般　D. 较适宜　E. 非常适宜

◆　参与的效果

22. 在农地整治项目规划设计阶段,您认为本村农民参与的自主性如何（　　）?
    A. 农民对参与事项认识非常模糊,完全听从别人意见
    B. 农民对参与事项认识较模糊,受他人干扰较强
    C. 农民对参与事项认识较清晰,但一定程度上受他人干扰
    D. 农民对参与事项有清晰的认识,受他人干扰很小
    E. 农民对参与事项有清晰的认识,完全不受他人干扰

23. 在农地整治项目规划设计阶段,您认为本村农民参与的充分性如何（　　）?
    A. 未能充分发表意见　　　　B. 发表意见相对较充分,不完全统一
    C. 虽充分发表意见,但未能通过反复比较以形成统一的意见
    D. 发表意见相对较充分,且基本能统一
    E. 深入辩论、反复比较,形成了统一的意见

24. 在农地整治项目规划设计阶段,您认为本村农民意见的表达效果如何（　　）?
    A. 农民的意愿和观点未能完整表达,且不够准确和清楚
    B. 农民的意愿和观点表达基本完整,但是不够准确和清楚
    C. 农民的意愿和观点表达基本完整、准确和清楚
    D. 农民的意愿和观点表达比较完整、准确和清楚
    E. 农民的意愿和观点表达非常完整、准确和清楚

25. 在农地整治项目规划设计阶段,您认为本村农民的意见和观点能到达哪一级政府权力部门（　　）。
    A. 很低［未到达乡（镇）基层人民政府］
    B. 较低［到达乡（镇）基层人民政府］
    C. 一般［到达了县国土部门委托代理机构（如可研编制单位等）］
    D. 较高（县国土资源管理部门）　　　　E. 很高（县人民政府）

26. 在农地整治项目规划设计阶段,您认为政府部门或委托代理部门对本村农民意见的接受程度如何（　　）?
    A. 很低　　B. 较低　　C. 一般　　D. 较高　　E. 很高

27. 在农地整治项目规划设计阶段,您认为政府部门或委托代理部门对接受意见的反馈情况如何（　　）?
    A. 很少　　B. 较少　　C. 一般　　D. 较多　　E. 很多

（三）项目施工与竣工验收阶段

◆ 参与的范围及参与主体

28.1 您若是村里聘请的工程质量"义务监督员",是否参与了日常的工程质量监

督（　　）？

  A. 未参与　　　　　　B. 参与

28.2 您若不是村里聘请的工程质量"义务监督员"，是否利用了空闲时间到施工现场围观以监督工程质量（　　）？

  A. 未参与　　　　　　B. 参与

29.1 您是否作为村民代表参加了设计单位或政府国土部门组织的设计变更的正式讨论会（　　）？

  A. 未参与　　　　　　B. 参与

29.2 您若不是村民代表，是否被设计单位或政府国土部门等因设计变更随机地征求过意见（　　）？

  A. 未征求　　　　　　B. 征求

30.1 您是否作为村民代表或"义务监督员"参与了单位工程（分步）验收（　　）？

  A. 未参与　　　　　　B. 参与

30.2 您若不是村民代表或"义务监督员"，是否利用单位工程（分步）验收的机会向业主、监理或验收专家反映工程质量问题（　　）？

  A. 未参与　　　　　　B. 参与

31.1 您是否作为村民代表或"义务监督员"参与了项目竣工工程质量验收评审会（　　）？

  A. 未参与　　　　　　B. 参与

31.2 您若不是村民代表或"义务监督员"，是否利用竣工工程质量验收的机会向业主、监理或专家反映工程质量问题（　　）？

  A. 未参与　　　　　　B. 参与

32. 项目竣工后需按照土地权属调整方案，合理、公平分配土地权益并确权，您是否参与了该项工作（　　）？

  A. 未参与　　　　　　B. 参与

33.1 您若参与了，是否知道还有哪些主体参与了上述活动（　　）？

  （①其他普通农民　②本村精英　③村委会　④耕地保护协会　⑤农村合作社等组织）

  A. 仅普通农民　　B. 仅本村精英

  C. 仅村委会或农村合作社或耕地保护协会

  D. 仅村委会、农村合作社等团体组织与本村精英

  E. 既有村委会、农村合作社或耕地保护协会团体组织，也有本村精英及普通农民

33.2 您若未直接参与，可向以下哪些个人或组织表达您的意见（　　）？

  （①其他普通农民　②本村精英　③村委会　④耕地保护协会　⑤农村合作

社等组织）

  A. 仅普通农民 B. 仅本村精英

  C. 仅村委会或农村合作社或耕地保护协会

  D. 仅村委会、农村合作社等团体组织与本村精英

  E. 既有村委会、农村合作社或耕地保护协会团体组织，也有本村精英及普通农民

  ◆ 参与的广泛性及参与渠道

34. 在农地整治项目施工与竣工验收阶段，您认为本村农民参与的比例大概为（ ）？

  A. 参与者很少 B. 参与者较少 C. 一般 D. 较广泛 E. 非常广泛

  （或 A. 0~20% B. 20%~40% C. 40%~60% D. 60%~80% E. 80%~100%）

35. 在农地整治项目施工与竣工验收阶段，农民参与渠道主要有几种（ ）？

  （①面对面访谈 ②问卷调查 ③村民代表大会 ④村民大会 ⑤听证会
  ⑥座谈会、论证会 ⑦邮件、短信或微信 ⑧上访、静坐和聚会）

  A. 单一渠道 B. 两种渠道 C. 三种渠道 D. 四种渠道 E. 五种及以上渠道

36. 在农地整治项目施工与竣工验收阶段，您认为本村农民参与渠道适合本村实际情况的程度如何（适宜性）（ ）？

  A. 适宜性很差 B. 适宜性较差 C. 一般 D. 较适宜 E. 非常适宜

  ◆ 参与的效果

37. 在农地整治项目施工与竣工验收阶段，您认为本村农民参与的自主性如何（ ）？

  A. 农民对参与事项认识非常模糊，完全听从别人意见

  B. 农民对参与事项认识较模糊，受他人干扰较强

  C. 农民对参与事项认识较清晰，但一定程度上受他人干扰

  D. 农民对参与事项有清晰的认识，受他人干扰很小

  E. 农民对参与事项有清晰的认识，完全不受他人干扰

38. 在农地整治项目施工与竣工验收阶段，您认为本村农民参与的充分性如何（ ）？

  A. 未能充分发表意见   B. 发表意见相对较充分，不完全统一

  C. 虽充分发表意见，但未能通过反复比较以形成统一的意见

  D. 发表意见相对较充分，且基本能统一

  E. 深入辩论、反复比较，形成了统一的意见

39. 在农地整治项目施工与竣工验收阶段，您认为本村农民意见的表达效果如何

(　　)?
  A. 农民的意愿和观点未能完整表达，且不够准确和清楚
  B. 农民的意愿和观点表达基本完整，但是不够准确和清楚
  C. 农民的意愿和观点表达基本完整、准确和清楚
  D. 农民的意愿和观点表达比较完整、准确和清楚
  E. 农民的意愿和观点表达非常完整、准确和清楚

40. 在农地整治项目施工与竣工验收阶段，您认为本村农民的意见和观点能达到哪一级政府权力部门（　　）。
  A. 很低［未到达乡（镇）基层人民政府］
  B. 较低［到达乡（镇）基层人民政府］
  C. 一般［达到了县国土部门委托代理机构（如可研编制单位等）］
  D. 较高（县国土资源管理部门）　　　　　　E. 很高（县人民政府）

41. 在农地整治项目施工与竣工验收阶段，您认为政府部门或委托代理部门对本村农民意见的接受程度如何（　　）？
  A. 很低　　B. 较低　　C. 一般　　D. 较高　　E. 很高

42. 在农地整治项目施工与竣工验收阶段，您认为政府部门或委托代理部门对接受意见的反馈情况如何（　　）？
  A. 很少　　B. 较少　　C. 一般　　D. 较多　　E. 很多

第三部分　农地整治项目管理行为

（一）项目的目标管理

1. 您认为该项目各主体（农民、政府等）目标（如提高耕地质量、改善农业生产条件、项目工程质量、项目工期、项目投资、生态环境保护等目标）的明确性如何（　　）？
  A. 很差　　B. 较差　　C. 一般　　D. 较好　　E. 很好

2. 您认为该项目实施目标的科学与合理性（目标要依据国家和地方的政策、规划设计规范或标准、工程预算定额及施工规范等制定）如何（　　）？
  A. 很差　　B. 较差　　C. 一般　　D. 较好　　E. 很好

3. 您认为该项目各参与主体（农民、政府等）实施目标（第 5 题列举）的一致（共识）性如何（　　）？
  A. 很差　　B. 较差　　C. 一般　　D. 较好　　E. 很好

4. 您认为该项目实施范围（项目边界或项目范围）的明确程度如何（　　）？

　　A. 很差　　　B. 较差　　　C. 一般　　　D. 较好　　　E. 很好

（二）项目的决策与计划

5. 您认为该项目决策的科学性（决策的制定要依据相应的政策、规范和标准）如何（　　）？

　　A. 很差　　　B. 较差　　　C. 一般　　　D. 较好　　　E. 很好

6. 您认为该项目各项工作（选址与立项决策、规划设计、施工与竣工验收三大阶段中各项具体的工作任务）计划的完备性（完整、具体）如何（　　）？

　　A. 很差　　　B. 较差　　　C. 一般　　　D. 较好　　　E. 很好

7. 您认为该项目计划与目标的匹配性（一致性，即上述工作计划应与制定的目标保持一致）如何（　　）？

　　A. 很差　　　B. 较差　　　C. 一般　　　D. 较好　　　E. 很好

（三）项目的执行

8. 您认为该项目各项工作任务执行的及时性如何（　　）？

　　A. 很差　　　B. 较差　　　C. 一般　　　D. 较好　　　E. 很好

9. 您认为该项目各项工作任务执行的规范性如何（　　）？

　　A. 很差　　　B. 较差　　　C. 一般　　　D. 较好　　　E. 很好

10. 您认为该项目各项工作任务的计划与执行的匹配程度如何（　　）？

　　A. 很差　　　B. 较差　　　C. 一般　　　D. 较好　　　E. 很好

11. 您认为该项目各项工作任务检查与反馈的情况如何（　　）？

　　A. 很差　　　B. 较差　　　C. 一般　　　D. 较好　　　E. 很好

（四）项目资源管理

12. 您认为该项目各项资源（人力资源、资金资源、项目区可利用的旧设备及水工建筑物、农村劳动力资源）准备的情况如何（　　）？

　　A. 很差　　　B. 较差　　　C. 一般　　　D. 较好　　　E. 很好

13. 您认为该项目各项资源（人力资源、资金资源、耕地资源、项目区可利用的旧设备及水工建筑物）科学管理的情况如何（　　）？

　　A. 很差　　　B. 较差　　　C. 一般　　　D. 较好　　　E. 很好

14. 您认为该项目各项资源（人力资源、资金资源、耕地资源、项目区可利用的旧设备及水工建筑物、农村劳动力资源）合理利用的情况如何（　　）？

A. 很差　　　B. 较差　　　C. 一般　　　D. 较好　　　E. 很好

15. 您认为该项目团队的整体能力如何（　　）？
    A. 很差　　　B. 较差　　　C. 一般　　　D. 较好　　　E. 很好

（五）项目的组织与协调

16. 您认为该项目各参与主体职责界定的明确程度（　　）？
    A. 很差　　　B. 较差　　　C. 一般　　　D. 较好　　　E. 很好
17. 您认为该项目实施过程中政府与农民之间沟通和协调情况是否良好（　　）？
    A. 很差　　　B. 较差　　　C. 一般　　　D. 较好　　　E. 很好
18. 您认为该项目实施过程中中介咨询机构与农民之间沟通情况是否良好（　　）？
    A. 很差　　　B. 较差　　　C. 一般　　　D. 较好　　　E. 很好
19. 您认为该项目实施过程中施工单位与农民之间沟通和协调情况是否良好（　　）？
    A. 很差　　　B. 较差　　　C. 一般　　　D. 较好　　　E. 很好

第四部分　农地整治项目的绩效

（一）项目选址与立项决策阶段

1. 您认为本地区实施农地整治项目的急需程度或紧迫程度如何（　　）？
    A. 很不紧迫　　B. 不紧迫　　C. 一般　　D. 紧迫　　E. 非常紧迫
2. 您认为可行性研究编制单位最终确定的工程措施方案的合理性如何（　　）？
    A. 很不合理　　B. 不合理　　C. 一般　　D. 合理　　E. 非常合理
3. 您认为农地权属调整方案的合理性如何（　　）？
    A. 很不合理　　B. 不合理　　C. 一般　　D. 合理　　E. 非常合理

（二）项目规划设计阶段

4. 您认为灌排工程规划布局的合理性（　　）。
    A. 很不合理　　B. 不合理　　C. 一般　　D. 较合理　　E. 很合理
5. 您认为土地平整工程规划布局的合理性（　　）。
    A. 很不合理　　B. 不合理　　C. 一般　　D. 较合理　　E. 很合理

6. 您认为水土保持工程规划布局的合理性（　　）。
  A. 很不合理　　B. 不合理　　C. 一般　　D. 较合理　　E. 很合理

7. 您认为田间道路工程规划布局的合理性（　　）。
  A. 很不合理　　B. 不合理　　C. 一般　　D. 较合理　　E. 很合理

8. 您认为农村居民点整理工程规划布局的合理性（　　）。
  A. 很不合理　　B. 不合理　　C. 一般　　D. 较合理　　E. 很合理

（三）项目施工管理

9. 你对设计变更的满意程度（　　）。
  A. 很不满意　　B. 不满意　　C. 一般　　D. 满意　　E. 很满意

10. 您认为该农地整治项目投资控制情况如何（　　）？
  A. 偏差大　　B. 偏差较大　　C. 一般　　D. 偏差较小　　E. 偏差很小

11. 您对该农地整治项目施工过程中友好性的满意程度（　　）。
  A. 很不满意　　B. 不满意　　C. 一般　　D. 满意　　E. 很满意

12. 您对施工方在施工中环境保护的满意度（　　）。
  A. 很不满意　　B. 不满意　　C. 一般　　D. 满意　　E. 很满意

13. 您认为该农地整治项目施工过程中对农业生产的破坏或影响的程度（　　）。
  A. 很大　　B. 较大　　C. 一般　　D. 较小　　E. 很小

（四）项目的竣工验收

14. 你认为该农地整治项目按期完工率如何（　　）。
  A. 很低　　B. 较低　　C. 一般　　D. 较高　　E. 能按期完工

15. 您对农地整治项目中土地平整工程（农用地平整、废弃地平整等）质量的满意程度（　　）。
  A. 很不满意　　B. 不满意　　C. 一般　　D. 满意　　E. 很满意

16. 您对农地整治项目中灌溉与排水工程（泵站、沟渠、水闸、渡槽、蓄水池等）质量的满意程度（　　）。
  A. 很不满意　　B. 不满意　　C. 一般　　D. 满意　　E. 很满意

17. 您对农地整治项目中田间道路与桥梁工程质量的满意程度（　　）。
  A. 很不满意　　B. 不满意　　C. 一般　　D. 满意　　E. 很满意

18. 您对农地整治项目中农田防护工程（防护林、草皮护坡）质量的满意程度（　　）。
  A. 很不满意　　B. 不满意　　C. 一般　　D. 满意　　E. 很满意

19. 您对农地整治项目中居民点整理工程（塘堰、排污沟、晒谷场等）质量的满意程度（　　）。
　　A. 很不满意　　　B. 不满意　　　C. 一般　　　D. 满意　　　E. 很满意
20. 您对该农地整治项目耕地质量提高的满意程度（　　）。
　　A. 很不满意　　　B. 不满意　　　C. 一般　　　D. 满意　　　E. 很满意
21. 您对农地权属调整结果的满意程度（　　）。
　　A. 很不满意　　　B. 不满意　　　C. 一般　　　D. 满意　　　E. 很满意

非常感谢您的支持与配合！祝您身体健康、家庭幸福！

附 录 二

问卷编码：_____

不同模式下农地整治前后土地利用效率比较研究

尊敬的农民朋友：

您好！

近年来，国家投资了一些农地整治理项目，这些整治项目的执行情况怎样？整治后对耕地利用效率的影响又如何？我们此次调查的目的就是要了解项目整治的效果、整治对耕地利用效率的影响。您提供的信息将为国家进一步修订与完善农地整治政策提供重要的参考依据。对于您的有关信息，我们将严加保密。

非常感谢您的支持与配合！

华中农业大学公共管理学院

一、农户基本特征调查

1. 调查对象：_____县（区、市）_____乡（镇）_____村_____组。
2. 该村农地整治项目实施情况：未开展农地整治_____；已开展农地整治_____。
3. 项目竣工或投入使用的时间_____。
4. 目前家庭基本情况：总人口_____人，劳动人口_____人，农业劳力_____人。

受访者	性别	年龄	受教育年限	是否为村干部	务工/务农	是否为户主

二、投入情况调查

（一）土地要素

项目	承包地面积/亩	粮食作物种植面积/亩	经济作物种植面积/亩	旱涝保收面积/亩	田块数/块
整治后（2013年）					
整治前（2008年）					

（二）劳力要素（劳力投入）

	整治后（2013年）		整治前（2008年）	
	实际投入劳动力/（天/亩）	务农劳动力单价/（元/天）	实际投入劳动力/（天/亩）	务农劳动力单价/（元/天）
自家劳力投入				
雇佣劳力投入				

（三）资本要素

◆ 化肥、农药及灌溉投入情况

项目	整治后（2013年）			整治前（2008年）		
	单价/（元/亩）	数量/（斤/亩或小时）	总价/元	单价/（元/亩）	数量/（斤/亩或小时）	总价/元
化肥						
农药						
灌溉						
种子						

◆ 农业机械使用情况（无论是租赁、单户购买、联户购买都应要计算）

	农机种类			
整治后 （2013年）	农机耕种面积/亩			
	单价/（元/亩）			
整治前 （2008年）	农机耕种面积/亩			
	单价/（元/亩）			

三、产出情况调查

农作物 种类	整治后（2013年）				整治前（2008年）			
	种植面积/亩	单产/ （斤/亩）	单价/ （元/斤）	收入/元	种植面积/亩	单产/ （斤/亩）	单价/ （元/斤）	收入/元
农作物总产量				农作物总产量				
农作物总销售收入				农作物总销售收入				

四、影响土地利用效率的控制变量

（一）家庭特征

1. 户主的年龄（　　）。
　　A. 20~30岁　　B. 31~40岁　　C. 41~50岁　　D. 51~60岁　　E. 61岁及以上
2. 户主的受教育年限及文化程度（　　）。
　　A. ≤3年；文盲　　　　B. 4~6年；小学　　　　C. 7~9年；初中
　　D. 10~12年；高中　　　E. ≥13年；大专及以上
3. 家庭人口规模_____人。
4. 务农劳动比例_____%。

（二）资源禀赋

5. 旱涝保收耕地比例_____%。
6. 承包经营的土地面积_____亩。

（三）家庭经济

7. 您的家庭总收入是_____万元，务工收入_____万元，粮食补贴收入_____万元。
8. 非农收入占家庭总收入的比重_____%。
9. 人均收入_____元。

（四）市场状况

10. 本地区劳务人员务工工资_____元/月。
11. 农产品（水稻）的价格_____元/千克。

五、农地整治的情况

（一）农地整治的实施模式

1. 农地整治项目采取的实施模式是（　　）。
　　A.自上而下的传统农地整治项目实施模式，政府及相关部门大包大揽，农户几乎没有参与
　　B.政府主导下的农地整治项目农户参与模式，农户参与有限，仅局限于少数环节的参与
　　C.自下而上的农地整治项目农户主导模式，农户主导项目实施，政府予以支持和配合
　　D.自下而上的农地整治项目企业主导模式，企业主导项目实施，政府予以政策支持
2. 您对实施这种农地整治项模式的满意程度（　　）。
　　A.非常不满意　　B.不满意　　C.一般　　D.满意　　E.非常满意

（二）农地整治政策的认知

3. 您对农地整治政策的了解情况如何（　　）？
　　A.没听说过　　B.知道一点　　C.大概了解　　D.比较熟悉　　E.很熟悉
4. 您对农地整治政策的总体认识是（　　）？
　　A.对农民根本没有好处，根本没有必要　　B.对农民没有好处，没有必要
　　C.对农民的好处不大，可有可无　　　　　D.对农民有一定的好处，有必要

E.对农民有非常大的好处,非常有必要

(三)农地整治的参与情况

【参与投资的情况】

5. 农地整治项目投资情况如何( )?
   A.完全由国家或地方政府投资
   B.国家和地方政府投资为主,农户有少许的投工投劳
   C.农户投工投劳,政府根据项目实施和验收的情况给予部分补贴
   D.农业产业化企业投资,政府根据项目实施和验收的情况给予部分补贴

【选址阶段】

6. 选址阶段的参与及项目确定方式情况如何( )?
   A.没有征求任何人的意见,项目选址由政府及相关部门确定
   B.简单地征求村领导或村民代表的意见,但项目选址中政府相关部门未采纳村里的意见
   C.详细地征求村领导或村民代表的意见,项目选址中政府相关部门采纳了村里的意见
   D.农户自发组织农地整治项目的申报,并获政府有关部门支持
   E.农业产业化企业自主组织农地整治项目申报,并获政府有关部门支持

【立项决策阶段】

7. 立项决策阶段参与权属调整的情况如何( )?
   A.没有涉及土地权属调整
   B.涉及权属调整,在政府有关部门指导下村委会成立权属调整小组,最终是少数干部确定权属调整方案,村民对权属调整方案的意见很大
   C.涉及权属调整,在政府有关部门指导下村委会成立权属调整小组,权属调整小组在充分考虑农户意见的基础上确定了科学权属调整方案,村民对权属调整方案满意
   D.涉及权属调整,村民自发组织并协商土地权属调整方案,村民对权属调整方案满意
   E.农地流转给企业,企业按协议给农户流转租金,不存在权属调整

【规划设计阶段】

8. 就规划设计方案征求您意见的情况或参与规划设计的情况如何（　　）？
   A.设计单位没有征求任何人的意见
   B.设计单位征求了村领导或村民代表的意见，但是并未采纳
   C.设计单位征求了村领导或村民代表的意见，但很少的意见被采纳
   D.设计单位征求了村领导或村民代表的意见，大部分意见被采纳
   E.设计单位公开征求村民的意见，大部分意见被采纳
   F.从农业生产等角度出发，设计单位充分吸纳了村民的意见
   G.从农业现代产业角度出发，设计单位充分吸纳了企业意见

【施工与竣工验收阶段】

9. 参与农地整治工程施工管理的情况如何（　　）？
   A.没有任何村领导和村民参与　　　　B.村领导或村民代表象征性偶尔参与
   C.村领导或村民代表参与主要工程监督　　D.村民自发组织全程施工管理
   E.农地整治投资企业全程参与施工管理工作

10. 参与农地整治项目竣工验收的情况如何（　　）？
    A.没有任何村领导和村民参与　　　　B.村领导或村民代表参与竣工验收
    C.村民有组织地参与竣工验收　　　　D.农地整治投资企业主持竣工验收

【后期管护阶段】

11. 农地整治项目完工后，参与后期管护的情况如何（　　）？
    A.没有人管理，有些设施很快就坏了，管护效果不好
    B.政府名义上委托村委会管理，但是没有明确的管护组织和职责
    C.村民自愿、分散地就涉及自身利益的须维护的项目偶尔投工投劳
    D.有明确的管护组织（如村、各小组）及职责，农户有组织地投工投劳，效果明显
    E.投资企业自行管护，有明确的管护计划和措施，管护效果好

（四）农地整治与农业产业结合情况

12. 农地整治项目与农业产业结合的情况如何（　　）？
    A.没有考虑与农业产业的结合，原来种什么现在还是种什么，基本没变化
    B.没有考虑与农业产业的结合，整治后基础设施条件得以改善，种植结构变化不大

C.适当考虑了与农业产业的结合，整治后基础设施条件得以改善，种植结构有较大变化

　　D.农地整治充分考虑了与农业产业的结合

（五）对农地整治项目的满意程度

13. 您对农田水利（所修建的抽水泵站、灌溉水渠、排水沟等）是否满意_____。
14. 您对所修建的田间道路、桥涵是否满意_____。
15. 您对所实施的田块合并、田面平整是否满意_____。
16. 您对所栽种的防护林或水土保持工程是否满意_____。
17. 您对农地整治项目的整体评价是：（　　）。
　　　A.非常不满意　B.不满意　C.一般　D.满意　E.非常满意

非常感谢您的支持与配合！祝您身体健康！家庭幸福！